創発する都市東京

カルチュラル・ハブがつくる東京の未来

Creative Tokyo Reborn

福川伸次／市川宏雄 編

都心のあたらしい街づくりを考える会
魅力検討委員会

福川伸次／青山佾／竹中平蔵／辻慎吾
野中ともよ／藤井宏昭／森浩生／市川宏雄

都市出版

はじめに

21世紀は「都市の世紀」と言われている。国と国とが覇権を争う時代は20世紀で終わりを告げ、現代は都市圏人口1000万人以上のメガシティ（巨大都市）が都市力を競い合う局面に入っている。これからは、国内有数の大都市がその国の競争力をいかに牽引していくかが重要になる。約3600万人という世界最大の都市圏人口を持つ東京は、今後わが国の国際競争力を高めていくためにも、これまで以上に都市力を強化していかなければならない。

都市力、すなわち、都市の持つ力とはどんなものなのか。経済力や政治力といった目に見える力だけでなく、私たちは、「文化的な魅力」もまた都市の力の源泉であると考える。人と人、人と都市、都市と都市を結びつける最も強固で普遍的な絆は、政治や経済ではなく、むしろ文化であるといえよう。

ただし、文化とは一朝一夕に形成されるものではない。文化が醸成されるだけの土壌となる、ある一定の時間と空間があって、その上で人と人との交流がなされなければならない。国内だけでなく国外も含めた人の往来によるカルチュラルミックスが起こることで、より高次の文化が発展し、その都市の文化的な魅力を高めていくのである。

東京の文化的な魅力を考えるうえで、明るい話題がある。ここ数年、訪日外国人旅行者数と東京への外国人旅行者数が急増しているのである。訪日外国人旅行者は2013年に初めて年間1000万人を超え、

２０１６年には、ビジット・ジャパン事業の当初の目標だった年間２０００万人を上回り年間２４００万人を突破した。こうした状況を受け、日本政府はすでに２０２０年の目標を年間４０００万人、２０３０年の目標を年間６０００万人と上方修正している。一方、東京都を訪れる外国人旅行者数も、２０１５年には年間１１８９万人に上り（前年比34％増）、ついに１０００万人の大台を突破した。都市別に見た外国人旅行者数の第1位は香港の年間約２７００万人（２０１５年）であり、東京都が掲げる２０２０年には２５００万人、２０２４年には３０００万人の目標は、世界最多を窺うものである。

日本政府がひとつの期限に設定する２０２０年は、１９６４年大会以来56年ぶり2度目の、東京オリンピック・パラリンピックが開催される年であり、私たちの東京にとってもひとつの大きな節目となり、おそらく重要な転換点となる。

オリンピックは世界２００以上の国と地域から、パラリンピックは世界１５０以上の国と地域から選手団が参加する、世界最大級のスポーツイベントである。この年、東京はいままで以上に全世界から注目を集め、多くの観光客を迎え入れることになるだろう。東京に、おそらく数十年に一度という、煌びやかなスポットライトが当てられるのである。熾烈な都市間競争を戦っている東京にとって、都市の魅力をアピールする千載一遇のチャンスといえよう。このとき、東京は世界に向けて何を発信し、訪れる人々に何を伝えればいいのか。これを都市政策に言い換えれば、「東京は、ひとつの都市としてどのような相貌を整え、どのような未来像を提示すればいいのか」。「オリンピック・パラリンピック」という共通の目標があるからこそ、都市としても、それをバックアップする国家としても、かなり思い切った施策を打たなければならない。

私たち「都心のあたらしい街づくりを考える会」は、都市のあり方を主にソフト面から検証する「魅力検討委員会」と、主にハード面から検証する「都市構造検討委員会」とに分かれているが、本書では、魅力検討委員会のメンバーが、「東京の未来」や「世界にアピールすべき東京の魅力」についての提言を行う。本書の出版にあたり、私たちが委員会活動において着目してきたのは、政治でも経済でも産業でもなく、前述のとおり「文化的な魅力」である。ますます混沌とする国際情勢において、多国間で共感を醸成できるものがあるとすれば、それは文化においてほかならない。また、契機となるオリンピック・パラリンピックは、そもそも文化との親和性がきわめて高い。グローバル化が進む現代にあって、他の都市との違いを生み出すものも、文化的なオリジナリティ、ユニークネスだ。

東京の魅力を文化的な面から捉えようとするとき、私たちがテーマとして掲げた言葉が「創発」である。これからの東京は、ぜひとも「創発する都市」を目指すべきではないか。

「創発」は、本来物理学や生物学で使われる用語で、そもそもは「emergence」の訳語であった。「個々が相互に作用することで、全体の総和を上回る創造が誘発されること」、「生物進化の過程で、予測不能な特性が生みだされること」などを意味するが、私たちはこの言葉に、「創造し、発信すること」の意味も重ねたい。現代の東京に点在する多種多彩な文化的な資源を有機的に組み合わせ、一種の化学反応を起こすことで、独創的な成果と爆発的なエネルギーが発現し、それが「東京の魅力」として対外的に発信されるのではないかと期待するからである。そして、対外的に発信された東京の魅力はさらに多くの人々を引き寄せ、多くの叡智や感性を集約させて、それが現状の文化を再認識したり、新たな文化を創り出したりする原動力となる。文化を創造し発信することが、さらなる文化の創造・発信へとつながっていくのである。

こうした、都市における「創発」のメカニズムを機能的に実現できる空間領域の存在としてイメージした言葉が「カルチュラル・ハブ」である。これは、本書を編むにあたって私たちが考案した造語だが、その意味を簡潔に説明すれば、「文化が発信され、また集束される中心地」を意味する。東京がこれから目指すべき姿を、時間軸に沿って表したものが「創発する都市」であり、それを実現するための前提としての与条件が「カルチュラル・ハブ」である。

本書では、「文化」をキーワードに「創発」という概念を取り入れながら、都市と文化に関する既往の研究や江戸・東京の文化の変遷を振り返りつつ、委員8名の提言を軸に、2020年以降に向けての東京のビジョンを模索していく。そして終章では、市川から東京が国際文化交流のハブとなる「カルチュラル・ハブ」を目指すべき重要性について提言を行い、その試案として「テクノロジーアートの世界的なハブ」、「職人の技術を継承・発展できるハブ」、「伝統的な日本の文化をベースに欧米の文化を融合するハブ」という3つのハブを提案している。

2017年2月

福川伸次
市川宏雄

目次

第1章

文化の力が都市を魅力的にする

市川宏雄

1．都市における文化の意味

(1) いま見直される「文化」の重要性

20世紀は、産業革命を契機に力を持ち始めた国家と、その中核をなす大都市の勃興が明らかになった時代であった。そんな20世紀の世界情勢を基盤に始まった21世紀は、「都市の世紀」としての歴史を刻みつつある。すでに今世紀に入って15年以上の時間が経過するなかで、「地球上に存在するいくつかのメガ・シティが力を競い合う」という構図が明確になってきている。

1980年代に顕著になったグローバル経済の拡大によって、資本と労働力が国境の垣根を越えて自由に移動することは、ごく当たり前の現象となった。実はこのことは、国家の趨勢はその国の第一都市の力に委ねられていることを暗示するものであった。なぜなら、資本と労働力は、ある一点に集中すればするほど、爆発的なスケールメリットを生むものだからだ。すなわち、ある国において、その国の第一都市のみが巨大化する可能性を秘めていることになり、その第一都市が巨大化すればするほど、国もその恩恵を受けて発展する、という構図が透けて見えるのである。20世紀終盤から21世紀にかけて、東京がグローバル経済における地位を急浮上させたのも、ニューヨーク、ロンドンとともに、世界の三極構造の一角としての役割を担ったことに起因する。

都市の力がその経済力に大きく依存していることは、世界の主たる都市の例をみれば明らかであろう。しかしながら、その経済力も、そもそも都市が魅力を持ち、その都市に暮らす人々の支持を得ることでより大きな力を持ってきたことは、歴史的な事実であると言える。

たとえば、地中海を統治する都市国家として隆盛を極めたアテネも、その栄華の背景には成熟したギリシャ文化があった。エーゲ海に広く展開した文明をあまさず吸収した古代ギリシャ人は、ポリスの自由な気風を追い風にして、すぐれた独自の文化をつくりだしたのである。合理性を重んじ、真善美を追求した彼らの文化は、神話、美術、哲学など、多くの分野において、その後のローマからビザンツ、ルネサンス、バロックへと連なっていく文化に大きな影響を与えることになる。文学では紀元前8世紀にホメロスの「イリアス」と「オデュッセイア」の二大叙事詩が生まれ、哲学はピタゴラスらの自然哲学者に続き、ソクラテスやその弟子のプラトン、アリストテレスなどを輩出する。彼らが自由な議論を展開したアゴラは、いわば多機能な用途を持つ巨大広場であり、都市活動の一大拠点となったのである。

また、イタリアにおけるルネサンスの文化は、フィレンツェやヴェネチアなど都市の隆盛の大きな礎となった。さらには、フランスのルイ14世はバロック文化の集大成としてヴェルサイユ宮殿を建設するが、そこで用いられた庭園造園の手法は、後のパリ大改造における都市デザインのツールとして大きく花開くのである。

こうした過去の歴史に鑑みるとき、都市において、文化の持つ重要性に改めて思い至る。すなわち、いかに政治力と経済力があって、さらに軍事的優位性が保たれていたとしても、そこに他の都市と比べて明らかにすぐれた「文化」が存在しなければ、シュープリームでスーパーな都市にはなり得ないのである。

翻って考えてみると、東京の都市力向上を推進していくうえで、「文化」という視点はこれまであまり重要視されてこなかったのではないだろうか。だとすれば、東京にはまだ、都市力の「のびしろ」が十分残されていることになる。私たちはいまこそ、東京ならではの「文化」の醸成に努め、東京の「文化」を対外的に発信していくべきではないだろうか。

2. 都市のなりたち

（1）都市はどのようにできあがったのか

都市の魅力とは何か。都市を魅力的にするものは何か。

この問いに答えるためには、そもそも「なぜ都市ができあがったのか」に答えなければならない。

都市は、まず人が集まることにその起源がある。北米大陸の五大湖の一つ、オンタリオ湖に面したカナダ最大の都市トロントの名前は、アメリカ・インディアンの「集まる」という言葉に由来しているという。オンタリオ湖からは、大西洋に向かってセントローレンス川が流れているため、トロントには、内陸部から外洋に出るコンタクトポイントとしての地の利があった。そのため、この地には早くから人が集まり、物が集まり、次第に都市が形成されていったのであろう。「トロント」というネーミングは、そうした現象面での特徴をとらえてなされたことになる。

とはいえ、「人が集まる」という一つの現象だけで都市を説明することはいささか乱暴であろう。ただ集まるだけでは、単なる集落との違いを説明できない。

では、単なる集落が「都市」と呼ばれるには、どのような条件が必要なのだろうか。

たとえば、２０００人以上の住民が集まることが条件という、量的な基準によって判断する考え方がある。これは、都市が動的に変化するものであることを踏まえたうえで、それ以前に、静的にある一定の人口集積を持っていなければならないという前提をもとにした考え方だ。このように、都市の条件として「住民数」に着目することは、時代や国の状況によって人口規模は異なるものの、都市の一つの物差しとして使われてきた概念である。

あるいは、ドイツの経済学者マックス・ウェーバー（1864〜1920年）が提唱するように、「都市」とは農村社会のような閉鎖的なコミュニティではなく、「何らかの自治意識を持った人々による恒常的な市場に立脚した集まり」とする考え方もある。また、アメリカの都市史家パトリック・ゲデス（1854〜1932年）のように、生産・流通・文化・住居といった経済・社会的機能の尺度を当てはめて「都市」を定義しようとする説もある。

ともあれ、このようにして集落は「都市」として成立し、都市はやがて産業の力を蓄え、それを力の源泉として国内外への統治能力を高めていったのである。

（2）都市を運営する要素

都市の成長していく過程で、特筆すべきは中世ヨーロッパにおける都市運営のあり方だろう。

古代以降の世界を牛耳ってきたローマ帝国の崩壊により中世に突入したヨーロッパでは、地中海から中東にかけて権力をほしいままにしていた東ローマ帝国（ビザンツ帝国）など、巨大国家の地盤沈下が起こった。代わって台頭したのが、イタリアのヴェネチアやフィレンツェといった都市であった。

これらの中世ヨーロッパの都市に共通していたのは、都市の住民と資産を守るために、外敵の侵入を防ぐ城壁で囲まれていたことだ。当時の都市の空間構成としての要素は、都市を囲む城壁、見張り塔と人の出入りをチェックするゲート、ゲートから都市中心部に向かう街路や広場などのオープンスペース、商業活動の中心となるマーケット、住民の心の拠りどころとなる教会、狭い場所に密集した住民たちの住居や庭、などである。

このうち城壁は巨大かつ強固な構造物であるため、人々に圧迫感を与え、往来の邪魔になる障害物でもあった。その一方で、城壁によって都市の領域が明確に規定されることは、都市の住民にとって重要な意味を持ってもいた。市民にとっては、市民として認知されることで、安全な都市内に住む資格が与えられることになる。また、外部からの訪問者にとっては、城壁をいかにスムーズにくぐって都市活動に参加できるかが関心事になった。ひとたびゲートを通って城壁の内側に入れば、そこではさまざまな生産活動や商取引、さらにはそれらに付随したサービスの提供が活発に行われていたからだ。中世の都市では、都市全体が大きな交易の場になっていた。そして、その城壁内では密度の高い都市運営がなされ、交易で得た富を用いて新たな資産をも生みだしていく。その資産はかならずしも物的なものだけではなく、ギリシャ文化、ビザンツ文化の影響も受け、そしてルネサンスに象徴されるような、都市の新たな「魅力」を創造したのである。

外部から城内を訪れる者は、主に農産物を売りに来る農民などであったが、都市を訪れる者はゲートで守衛のチェックを受け、パスした者だけが入場税を払って都市に入ることができた。入場税は、都市にとって重要な財源になった。ただ、守衛によるチェックには時間がかかるため、ゲート付近には必然的に人のたまり場ができた。閉門時間を過ぎて都市に入れなかった者はその場で待たされたので、城壁の外側には飲み食いや寝泊まりができる場所がつくられ、そこに新たな都市が出来上がることにもなった。こうした城壁外の都市は「フォーブール（フランス語で「郊外」）」と呼ばれる。

さて、城壁内に暮らす市民はどのような生活を送っていたのか。

都市の機能からみれば、都市内は市民にとって生産・交易・居住の場であった。だが、城壁内のスペースは最初から限られていたため、市民の「職」と「住」は分離でも近接でもなく、同一であった。中世の都市では、生産や交易が「主」、居住が「従」という不文律があり、通常は1階が商店や作業場で、２階は身体を休めるだけの場所になっていた。

一方、都市内のオープンスペースは、各戸からはみ出した生産・商業活動に気兼ねなく使われた。都市内の街路の多くは石畳で、外に通じるゲート付近の道幅がもっとも広く、都市の中心に向かうほど迷路のように入り組み、狭くなっていた。農産物を早く売ってしまいたい農民は、都市に入ってすぐに商いを始めるため、ゲート付近は道幅の広いほうが都合が良かった。また、狭い街路の先の中心部には教会や役所が広場を携えて建ち並び、鐘楼が高くそびえていた。

こうした中世ヨーロッパの都市の特徴は、城内（都市内）に住む市民の多くが「ブルジョア」と呼ばれる中産階級であり、封建君主や政治的権力者を除いては、市民同士がほぼ対等な関係にあったことだ。だが、中世後期の14世紀中頃になると、本来は中産階級を意味する「ブルジョア」が３つの階層に分化していく。第１が貴族や大商人などの上流階級、第２が富裕商人と職人（テクノクラート）の中流階級、第３が人口では大多数を占める労働者たちの下流階級である。

都市に暮らす市民たちの階層分化は、都市の空間パターンにも影響を与えた。政治力と経済力を持つ上流階級が、都市中心部の市街地を買い占めていったのだ。そして15世紀の中頃までには、都市中心部で、いまでいうオフィスビルや金融業を営み始めた。たとえば、フィレンツェのメディチ家は、都市中心部に自分の銀行と大邸宅を構えた。その結果、それまで「職住一体」が基本だった都市生活者の居住パターンが崩れ、住居を失った労働者は城外（郊外）から通勤するようになった。こうした現象は中世都市の終焉を意味すると同時に、現代に通じる都市の空間構造が出現する先駆けともなったのである。

メディチ家に代表される大商人や富裕商人は、都市空間の形成のみならず、ルネサンスの文化を生み出す原動力ともなった。もちろん貴族が文化発展の大きな礎であることは歴史が証明している。宮廷画家やおかかえ建築家がその時代のコンテンツを創造してきたのである。イタリアの諸都市で広がったルネサンス文化の担い手は、権力と富を有したエスタブリッシュメントたちの存在という相乗効果の上に成り立っていたのである。

3. 文化はなぜ都市に必要なのか

(1) マンフォードが語る都市の文化

アメリカの著名な文明評論家であるルイス・マンフォード(1895~1990年)は、1938年に上梓した『都市の文化』という古典的名著の中で、都市と文化の関係について示唆に富んだ指摘を行っている。

「完全な意味における都市とは、地理的モザイク、経済的組織体、制度的過程、社会活動の劇場、集合的統一体の美的象徴である。一方においてそれは共通の家庭的・経済的活動の物理的枠組であり、他方においてそれは人間文化の意味ある活動と昇華された衝動の意識的な舞台装置である。都市は芸術を育てるとともに芸術であり、都市は劇場をつくるとともに、劇場である。人間のより目的的活動が人間や出来事や集団と争い協力しながらさらに意義深い頂きへと形成され、実現されるのは、都市において、劇場としての都市においてである。」(『都市の文化』/ルイス・マンフォード著/生田勉訳/鹿島出版会/1938年/引用文、以下29ページまで引用元同)

ここで彼の述べていることは、都市は空間としての存在を前提として、そこでの経済活動、社会的活動を可能にする制度や組織体があり、それぞれが機能することで枠組みが成立し、それが「美の象徴としての」都市となるのだとの解釈と期待ではないか。その装置が文化を生みだすことができるので、すなわち、都市は劇場となるのである。と同時に、そこでの文化の発生が、都市をより魅力的にすることになる。結局、劇場としての都市がなければ文化は生みだされないが、今度は、その文化の熟度が都市の趨勢を左右することになる。「文化はなぜ都市に必要なのか」との問いに対する答えは、より熟度の高い文化を求めない都市は、都市そのものの価値を高められないという結論になるのではないだろうか。

(2) 文化とは何か

それでは、「文化」とはいったい何なのか。その定義から確認しておきたい。

岩波書店『広辞苑（第六版）』では、「文化」を次のように定義している。

「人間が自然に手を加えて形成してきた物心両面の成果。衣食住をはじめ技術・学問・芸術・道徳・宗教・政治など生活形成の様式と内容とを含む。文明とほぼ同義に用いられることが多いが、西洋では人間の精神的生活にかかわるものを文化と呼び、文明と区別する。」

また、三省堂『新明解国語辞典（第五版）』では、「文化」を以下のように定義している。

「その人間集団の構成員に共通の価値観を反映した、物心両面にわたる活動の様式（の総体）。また、それによって創り出されたもの。〔ただし、生物的本能に基づくものは除外する。狭義では、生産活動と必ずしも直結しない形で、真善美を追求したり獲得した知恵・知識を伝達したり人の心に感動を与えたりする高度の精神活動、すなわち学問・芸術・宗教・教育・出版などの領域について言う。この場合は、政治・経済・軍事・技術などの領域と対比され、そのことを強調するために『精神文化』と言うことが有る。また、最も広い用法では、芋を洗って食べたり温泉に入ることを覚えたサルの群れなど、高等動物の集団が後天的に特定の生活様式を身につけるに至った場合をも含める」」

さらに、小学館『日本大百科全書（第二版）』には、「文化とは」と題して、以下の解説が続いている。

「動物の行動はもっぱら遺伝と本能によって支えられているが、人間は、遺伝と本能に加えて、経験と模倣、および言語を通して、集団の一員としての思考、感情、行動を仲間から学習（習得）し、獲得したものを同世代、後世代の人々に伝達する。こうして集団の一員として学習、伝達されるものが、一つのセットとして統合性をもつ総体を文化と定義できる。たとえば国家、民族、部族、地域、宗教、言語などのレベルで、アメリカ文化、漢族文化、エスキモー文化、オセアニア文化、イスラム文化、ラテン文化などがあげられる。これらの一部分を構成して相対的な独自性をもつものをサブカルチャー（下位文化）という。たとえば、個別文化における農民文化と商人文化、東日本文化と西日本文化、貴族文化と庶民文化などが下位文化の例としてあげられる。」

以上見てきたように、一口に「文化」といっても、実はかなり多様な概念を含んでいることがわかる。そこで本稿では、広義の文化と狭義の文化を以下のように定義し、語るべき内容に合わせて使い分けたい。

・（広義）文化とは、ある人間集団において、経験・模倣・学習によって後天的に獲得された、思考・感情・行動に関わるひとまとまりの様式、またはその成果物。
・（狭義）文化とは、政治・経済・軍事・技術とは異なる領域に属し、国家・民族・地域・宗教・言語などの単位で形成される、学問・思想・芸術・芸能・教育などに関する精神活動、またはその表現。

（3）文化は現代都市にとって不可欠

次に、「都市」と「文化」の関係性に注目してみたい。そもそも、私たちが暮らしている「都市」と、私たちの社会が共有している「文化」との間には、どのような関係性があるのだろうか。
先ほど紹介したマンフォードは、次のように述べている。

「（都市）計画の基本単位はもはや住宅でも住区でもない。基本単位は都市である。」（『都市の文化』）

なぜなら、都市には確かに人が住むための住宅、仕事を行うためのオフィスが必要であるが、それは内部にコミュニティや活動のグループを内包する社会的枠組みを持つ空間があってのことであり、それが存在するのが都市そのものだからである。つまり、都市では産業の効率化のための様々な装置や施設を有し、人々の健康を維持するための仕組みや設備・施設、さらには人々の生活に楽しみを与えるエンターテインメントなどの提供を行える装置や施設をもつ。しかし、それだけではない。すなわち、都市には多くのドラマが日々展開されることになるため、彼はあえて「劇場としての都市」という表現を用いているのである。都市で暮らす人々はドラマの主役であるとともに観客でもある。多種多様なドラマが日々、展開されることによって、ありきたりの生活（食事、仕事、結婚、睡眠などのルーティンな活動）がもっと充実するようになるのである。

「生活は断絶される時間もあるが、芸術にみられるような集団的労働の調和と統一性をもっている。そのような背景をつくり、そのような洞察力を獲得し、知的で美意識を刺激する全体のなかで表現することによって各個人の能力を鼓舞すること、それは都市建設という芸術の本質である。そして、それ以下では十分ではない。」（『都市の文化』）

難しい表現を用いながら、都市にとって文化は不可欠で、人々の活躍によって魅力ある文化が都市の価値を高めていくことを示唆している。現在のように、人口１０００万人を超える大都市圏が世界中に30以上も存在していなかった80年近くも前から、彼は現代都市における文化の重要性を説いていたのである。

さらに、マンフォードはこう述べている。

「現代社会を記述するためには、現代人の生活の潜在的可能性を詳細に調べなければならない。（中略）社会生活の堅固な構造をつくるような人びとの関心が文化をあらゆる形態において統合しなければならない。大地の保護としての文化、人間の欲求の経済的満足をめざしたエネルギーの規律的入手と利用としての文化、肉体の育成としての文化、出産と育児としての文化、感覚、感情、思考、行動などの人間の各能力を十分に育成するものとしての文化、また、権力を政治へ、経験を科学と哲学へ、生活を芸術の統一性と意味へと変形するものとしての文化。都市の文化は究極的にはその高度な社会的表現としての生活の文化である。」（『都市の文化』）

ここでマンフォードが用いる文化の領域は、人々が都市を構成し、運営するときの規範やモラルまでも含んでいることが分かる。東京のような都市圏で３６００万人を優に超してしまう世界最大の都市が整然と運営されている秘密は、実はこの「広範な文化」が人々の間に根付いているからだと筆者は常々考えている。

マンフォードがレトリックを駆使したこれらの難解な文章で言いたかったことは、きわめて明快である。それは、文化が現代都市にとって欠くことのできない、重要な構成要素であるということである。なぜなら、現代の都市に生きる人間が豊かな生活を送るためには、政治・経済・科学・芸術など、広い意味でのさまざまな文化を都市が統合して持っていなければならないからである。そしてそのとき、そういった都市をつくることそのものが芸術であり、文化ともなりうる。都市は、文化という物語を上演する劇場でもあると言えよう。

（４）マンフォード　都市の発展と衰退の６段階

先のマンフォードの論考が注目されるのは、彼自身の師であるパトリック・ゲデスの都市発展論を修正・発展させながら、都市の「発展と衰退の輪廻」を６段階に分けて図式化しつつ、文化の果たすべき役割について言及しているからである。

マンフォードによれば、都市は次の６つの段階を経ながら発展と衰退を繰り返すという。

第1段階——原ポリス

村落の生起。植物栽培と動物家畜化で永続的定住が実現し、経済的・文化的エネルギーが蓄積する。道具や農具が発達し、火を暖炉や祭壇に使用。新石器文化のイメージ。

第2段階——ポリス

村落や血縁集団の連盟。社会的分業が進み、共同の神殿をもつ。自由なエネルギー、自由な時間が解放され、芸術・思想・科学などの文化的蓄積が増大する。ギリシャ・ローマ文明のイメージ。

第3段階——メトロポリス（大都市）

母都市の出現。世界貿易が発達し、経済競争が激化する一方、異文化交流が多くの発明を生み、文化的エネルギーが最大限解放される。ルネサンス期・産業革命期を含む13～19世紀のヨーロッパのイメージ。

第4段階——メガロポリス（巨大都市）

巨大都市の出現。衰退の始まり。資本主義的神話により、巨大都市に権力とエネルギーが集中。利潤追求こそが大きな意味を持ち、芸術・文学・建築・言語における文化的産物は金銭的見地から標準化される。機械生産が独創的な芸術に取って代わり、量の大小が意味に取って変わる。紀元前3世紀のアレキサンドリア、3世紀のローマ、10世紀のコンスタンティノープル、18世紀のパリ、20世紀初頭のニューヨークのイメージ。

第5段階——ティラノポリス（専制都市）

国家以外の公共生活、市民生活の機関が絶命。帝国主義戦争が起こり、国内外に飢餓、伝染病、生活頽廃が拡大する。消費が文化活動の一切を麻痺させ、やがて弾圧と検閲で芸術と科学の創造停止。20世紀イタリアのファシズム、20世紀ドイツのナチズムのイメージ。

第６段階――ネクロポリス（死者の都市）

戦争・飢餓・疾病が都市と農村を疲弊させ、都市は物理的な殻にすぎなくなる。都市にとどまる者は生活を維持できず、都市空間は荒れ果て、やがて廃墟と化す。

この６段階の発想はおおむね当たっているが、21世紀の現在を知っている者からみれば、第４段階が終わって、次の第５段階か第６段階に移行する前に、新たな「ポスト第４段階」が発生していることを加えなければならないであろう。すなわち、第２次大戦後の20世紀後半は、第３次産業の飛躍的な成長と情報化された社会の出現により、第４段階で考えていたメガロポリスとは異なったタイプの都市が登場したのである。「メガロポリス」のネーミングにこだわるなら、「スーパーメガロポリス」、「超巨大都市」ということになる。

これについては、ギリシャのコンスタンティノス・ドクシアディス（１９１３～１９７５年）が「連坦したメガロポリス」としての「エキュメノポリス」という概念を１９６０年代に打ち出しているが、このドクシアディスの考えについても、修正が必要であろう。なぜなら、東京もロンドンもパリもニューヨークも、そして香港も上海も、確かにエキュメノポリスという形で周辺の大都市との連携を形づくっているものの、これらの都市は他の都市を圧倒するスーパーメガロポリスとなっているからである。すなわち、単独都市であるメガロポリスがエキュメノポリスとして連坦都市に移行していくという仮説は、結局、その中での上位にあるメガロポリスが隣接する都市を飲み込んでしまう実態を見れば、成り立たなくなってしまうのだ。東京に隣接する川崎や横浜の姿を見れば、それはうなずけるはずである。これに対して、際立ったスーパーメガロポリスになれない大阪は、隣接する神戸と京都と連担する形となるので、ある意味、ドクシアディスの考えたエキュメノポリスに近いといえよう。ただし、規模としては彼の想定したものより、かなり小型になるが。

結局、マンフォードが定義した第6段階のネクロポリスは、新たにスーパーメガロポリスが割り込むことによって、第7段階へと後退するか、あるいは、それが訪れない可能性についても検討する必要があるかもしれない。18～19世紀に始まった産業革命からの伝統的な都市産業に取って代わって、都市で膨張し続けるサービス産業が主役の立場を奪ったいま、「巨大都市は衰退しない」というシナリオもあり得るからである。

（5）都市を再生させる文化の力

では、衰退していく都市を再生させるために、マンフォードはどうすればいいと考えたのか。

ここで彼が提言しているのが、販売と利潤のための生産が重視される「金銭経済」から、消費と奉仕が優先される「生技術経済」への転換である。

「生技術経済のもとでは、消費は生命の保持と高揚に向けられる。ここでは質的規準がなによりも大切である。生活ということばはけっして漠然としたものではない。それは出産と育児、健康と充実した生活の維持、人格の形成、これらすべての活動の舞台としての自然と都市の環境の充実などを意味する。（中略）金銭経済は機械の役割を拡張するのにたいして、生技術経済は専門的サービスの役割を拡大する。収入と使えるエネルギーの大部分は、芸術家、科学者、建築家と技術者、教師と医者、歌手、音楽家、俳優を支援するために使われる。」（『都市の文化』）

しかしながら、現代的な解釈であれば、生技術経済は機械産業に資し、金銭経済は専門的サービスの役割を拡大するものなので、使うべき用語が反対ではないかとの疑問が湧く。これに注釈をつけるならば、すでに述べたように、マンフォードの頭の中には、金融業のようなマネーゲーム的な第3次産業がここまで発達することなど想像できない時代背景（製造業が主要産業であった）があったことを考えなければならない。

さらにその観点で、マンフォードの述べた2つの経済タイプの英語原文を見ると、その疑問は解けてくる。金銭経済の原語はMoney Economyであり、生技術経済の原語はLife Economyである。すなわち、マンフォードが著した1938年、邦訳がなされた1970年という時代背景を考えれば、現代の経済メカニズムを前提にした説明ではなかったことが分かるのである。当時の金銭経済（Money Economy）はきわめて狭い範囲でのMoneyの動きで解釈しており、さらに生技術経済（Life Economy）に至っては、日本語に存在しない造語である。おそらく生活と技術が先導する経済との解釈から造られたものであろう。

こうした時代背景の違いから、表現としては現代に合わないものになってはいるが、都市を活発化させ、都市環境を充実させ、そこに暮らす人間の生活を豊かにすることは、都市の文化的エネルギーの解放につながるというマンフォードの主張は現代でも正解である。先に示したポスト第4段階のスーパーメガロポリスを含む7段階の都市発展段階において、第1段階の原ポリスと第7段階のネクロポリスは別として、第2段階のポリスからポスト第4段階のスーパーメガポリスにおいては、それぞれの段階で、都市に内在するエネルギーによって多様な文化が生み出されてきている。すなわち、都市の文化の発展は、同時に都市を魅力的にする重要な原動力だということである。

4．都市における文化の構成要素と役割

(1) 現代都市における文化の構成要素

前節では、文化が都市に与える力について考察し、都市の発展における文化の重要性を説いた。本節ではまず、現代都市における文化の中身について概説してみよう。東京の文化は、具体的にはどのような構成要素で成り立っているのか。

東京に限らず、現代の都市の文化の組成を考えてみると次の３つの要素で構成されていることが分かる。すなわち、過去からの時代の経緯から連綿と受け継がれ、形成されてきた多様な蓄積は、財産と言ってもよいかもしれない。次に都市空間の中で人々が様々な工夫をして生み出してきた娯楽や活動。そして、それらに裏付けされた生産活動と、そこから生まれる旺盛な消費活動が生み出す商業の集積、それは同時に人々のライフスタイルまでもを変える、あるいは決定するものとなる。この歴史的資源、エンターテインメント、多様な商業集積とライフスタイルの３つから、東京では、それぞれにどんなものが当てはまるのかを見てみよう。

「歴史的資源」

歴史的資源とは、史跡や歴史的建造物など、歴史と文化を感じさせるハードウェアの総称である。

東京は、１９２３年（大正12年）の関東大震災と１９４５年の東京大空襲という2度の大災禍に見舞われ、江戸時代から続く街並みの多くを焼失してしまっている。そのため、ロンドンやパリなどヨーロッパの古都

に比べ、歴史的資源として見るべきものはあまり残っていない。

それでも、墨田区向島界隈から台東区浅草界隈にかけては比較的古い街並みが残っており、向島百花園、牛嶋神社、浅草寺などの名所旧跡も揃っている。付言すれば、東京スカイツリーのお膝元でもある。

また、２度の大災禍に見舞われながらも、東京には意外と歴史ある神社仏閣が残っている。観光的に人気のある歴史的な神社仏閣としては、前述の浅草寺ほか増上寺、神田明神、根津神社、題経寺（柴又帝釈天）、日枝神社、上野東照宮、寛永寺、愛宕神社などがある。

明治以降に建てられた洋風建築物にも、歴史と趣を感じさせるものが多い。たとえば迎賓館、ニコライ堂、旧岩崎邸、日本銀行本店、三井本館、法務省庁舎などがある。

ちなみに、１９５９年の建設ながら、ル・コルビュジエ設計による国立西洋美術館が世界文化遺産に登録されたのは記憶に新しい。

東京ならではの地形も、歴史的資源と呼べるかもしれない。東京の場合、特徴的なのは水辺と丘だ。たとえば葛飾北斎は、遠景に富士山などを配しながら、特徴的な江戸の風景を描いている。これらも一種の歴史的資源と言えるかもしれない。

「エンターテインメント」

江戸・東京には、人びとの娯楽に供するエンターテインメントも各種現存している。先の歴史的資源がハードウェアだとすれば、こちらは無形文化財的な文化のソフトウェアと言っていいだろう。

伝統的なものでは歌舞伎、能、狂言、大相撲などがある。これらのエンターテインメントは、現代においても専用の興行施設（歌舞伎座、国立能楽堂、両国国技館等）を有しており、公演期間中であればチケットさえ入手すれば楽しむことができる。

また、東京では江戸時代後期から現代にかけて大衆文化が大いに発展している。江戸時代に発展したものには、例えば浄瑠璃、落語、浪曲、講談などがある。また、踊り（日本舞踊）、三味線、生け花、茶道なども、習い事やお稽古事として庶民の間でたいへん流行した。

文芸、絵画などの芸術作品では、俳諧の松尾芭蕉、南総里見八犬伝の曲亭馬琴、東海道中膝栗毛の十返舎一九などが、絵画では、江戸名物にも数えられた浮世絵（錦絵）の喜多川歌麿、東洲斎写楽、葛飾北斎、歌川広重などが代表的だ。

近現代以降も、小説、随筆、絵画、彫刻、映画、流行歌、ラジオ・テレビ番組などで多くの作品が生まれており、そうした潮流はマンガ、アニメ、ゲーム、アイドルなど今日のサブカルチャーにも受け継がれている。

「多様な商業集積とライフスタイル」

現代の観光にショッピングが欠かせないように、買い物も娯楽の一種である。そして、買い物によってある種のファッションやライフスタイルを実現することは文化である。東京には、独自の商業集積を持つ街がいくつも存在しており、その都市空間が文化を体現していると言える。

特徴的なショッピング街のひとつが銀座だ。銀座は江戸〜明治期に西洋文化を初めて取り入れた街であり、いまでもハイセンスな街として知られ、多くのファッショントレンドが発信されてきた。

１９６４年の東京五輪前後から台頭したのが青山である。青山通り沿いに多くのファッションブランドが軒を連ね、「アイビー」の代表格であるＶＡＮも青山に本社を構えた。青山〜表参道〜神宮前エリアは現在でも数多くのブランド店が並んでいる。また、このうち原宿エリアは、ＫＡＷＡｉｉ文化の聖地でもある。

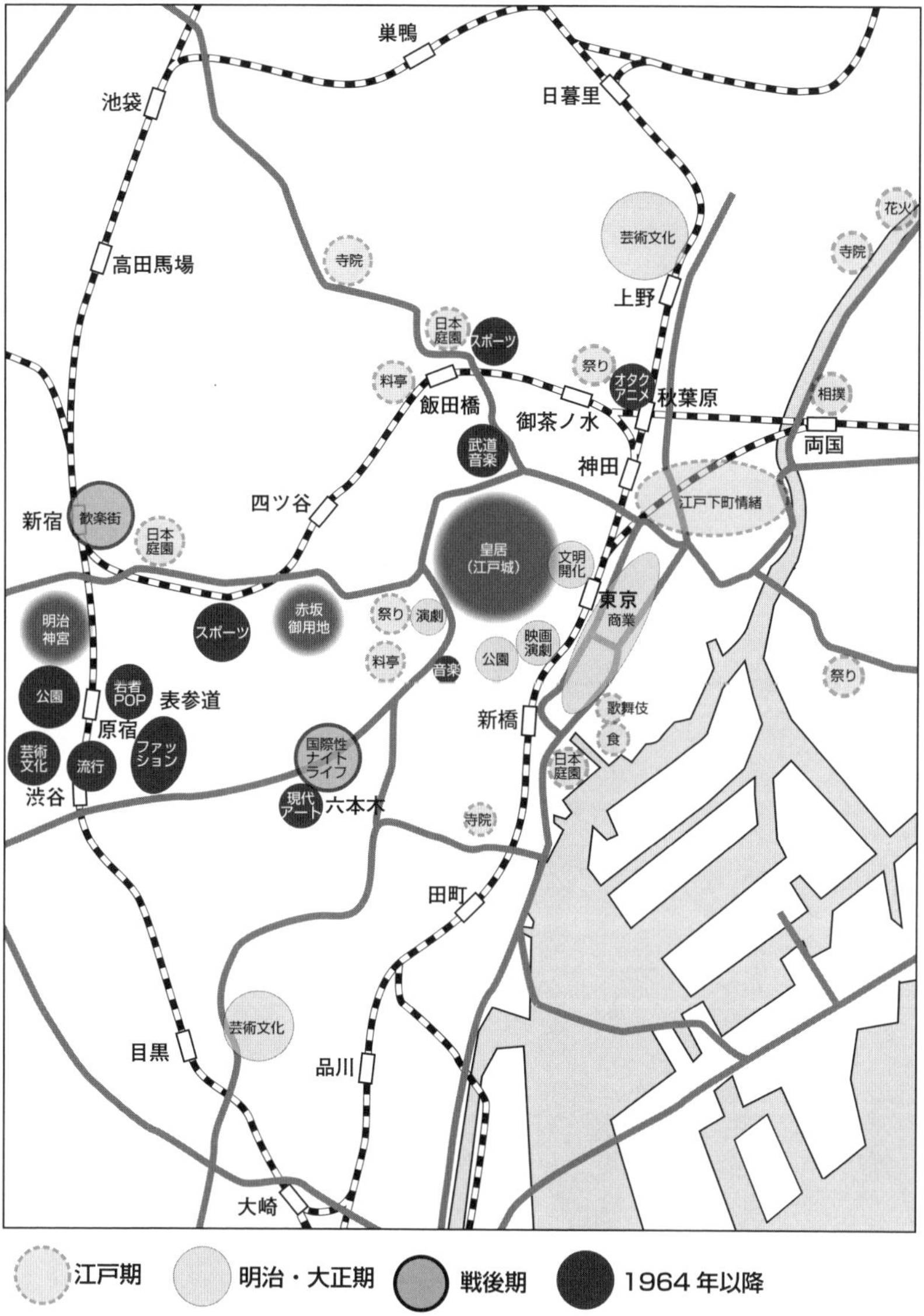

図表 1-1　都心部における文化の構成要素の一例

また、渋谷、新宿、池袋、六本木、恵比寿、日本橋、大手町、上野、吉祥寺、下北沢などにも特色ある商業集積が見られ、秋葉原電気街、神田古書店街、築地市場などの専門店街も独自の文化を形成している。

なお、江戸時代後期に、江戸の小売店・飲食店2600店を網羅した『江戸買物独案内』というショッピングガイドが発行されたことも知られているように、多様な商業集積は古くから江戸・東京の特徴であった。

5. 文化の力が都市を魅力的にする

(1) 都心の魅力をめぐる相乗効果

都市において、とりわけ再生を目指す都市において、文化の果たす役割が大きいというマンフォードの発想は、時代が変わった現代都市において、実は私自身の考え方ともきわめて近い。

図表1-2は、2008年に上梓した『グローバルフロント東京』(福川伸次・市川宏雄編著/都市出版)の中で、「都心の魅力をめぐる相乗効果」を解説するために作成したものである。もちろん、「都心」ではなく「都市」としてもよいが、このテーマの対象は「都心」が相応しい。なぜなら、都心こそ都市活動が最も集積し、そして先鋭化しているからである。

そうした理由から、本稿では東京の都心を前提にして、論考をすすめていく。

ここで、都心の魅力を高める3要素として私が抽出したのは、「文化の成熟」、「国際的な接触・融合」、「産業の創造」である。ちなみに、マンフォードは都市の本質的な機能として、文化的貯蔵、伝播と交流、創造的付加の機能を挙げている。私の抽出した3要素をひとつずつ説明しておこう。

「文化の成熟」とは、その都市や国における独自の特色ある文化が独自性を保ち、また深め、海外からの

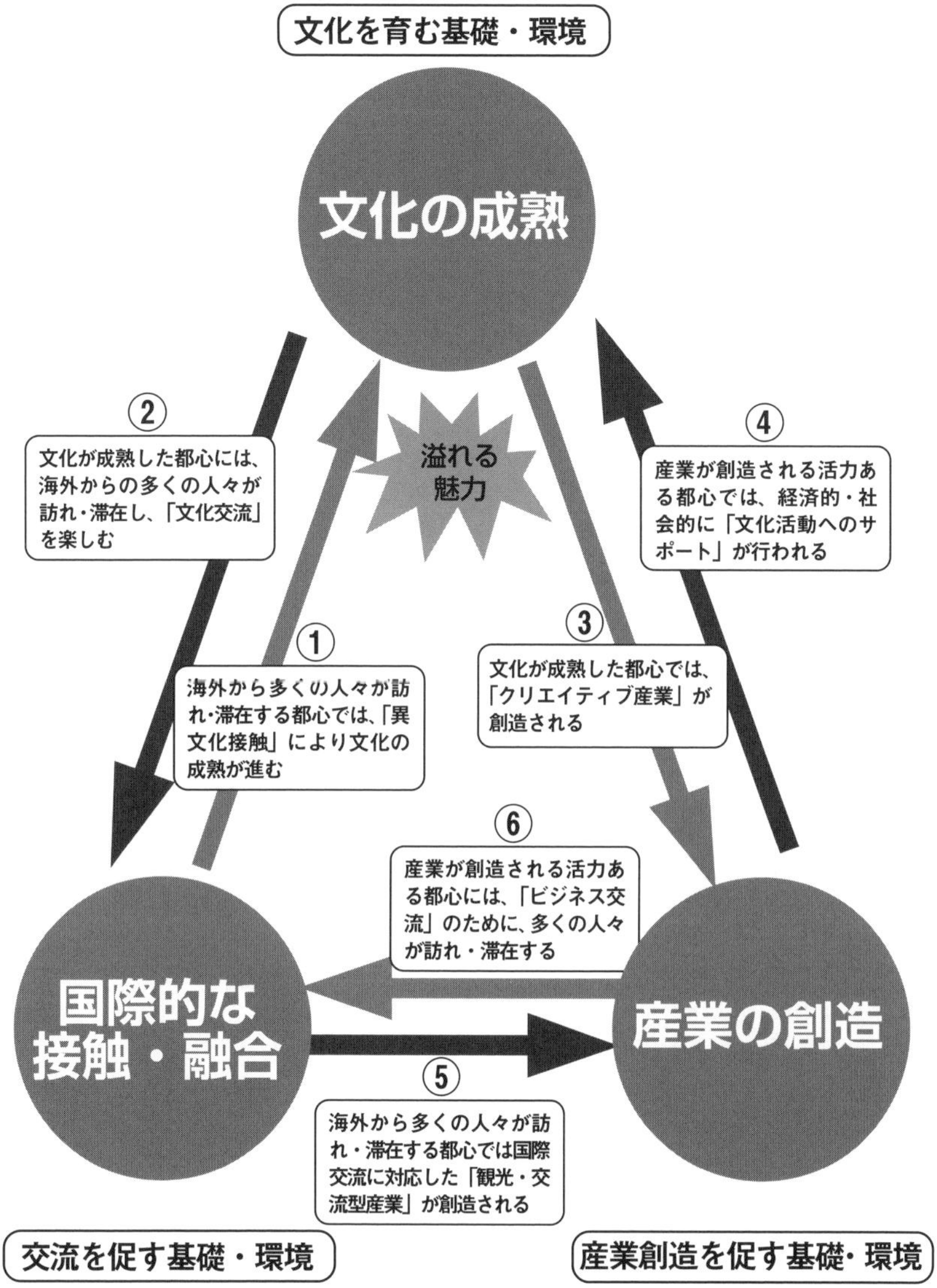

図表 1-2　都心の魅力をめぐる相乗効果（出典：『グローバルフロント東京』）

文化を受容することによって新たな文化を醸成していくことを意味している。ここでいう文化とは、学問・思想・芸術・芸能といった狭義の文化だけではなく、日々の生活の中で醸成されるライフスタイルをも含んでいる。

これからの時代、文化の成熟はより大きな意味を持つだろう。グローバル化が進展し、さまざまな分野で特定のブランドが世界を席巻しているいま、標準化されたグローバル文化の対極にあるのが、成熟した独自の文化だからである。こうした、均質化されない成熟した文化こそ、都市の魅力の底力として注目されている。成熟した独自の文化を持つ都市は、グローバル化の中でもつねに独自性を発揮することができ、世界中から人を集める吸引力を持ち、さらに新たな文化や産業を生み出す潜在力をも備えることになる。

「国際的な接触・融合」とは、ある都市において多くの国や地域の出身者たちが出会い、会話し、交流し、協働することを指している。SNSなどネット上だけの関係では不可能な対面式のコミュニケーションを取ることで、人びとはより親しく、より深く接触・融合でき、相互理解も加速するだろう。

これからの時代の到来の中で、人と人との対面による接触・融合は、さらに大きな意味を持つことになる。世界の人びとを惹きつけることのできる都市は、そこでの多彩で多様な人的交流によって、さらに多くの刺激を発信し、いままでにない化学反応を引き起こすことで、新たな文化や産業を生み出していくことができるからである。

「産業の創造」とは、21世紀以降急速に進んでいるグローバル化、ICT化、ナレッジ・カルチャー（知識文化）化といった環境変化の中で、新たな革新を担い得る産業群の創造を指している。産業の具体例としては、ICTを駆使したソフト産業、メディア産業、放送通信産業、ナレッジ産業、カルチャー産業など。こうした産業を総称して、クリエイティブ産業、コンテンツ産業という場合もある。

さて、これらの都市の魅力を高める3要素は、相互に関係し合うことで、きわめて大きな相乗効果を上げることが期待できる。それをビジュアル化したものが、先ほど紹介した図表1-2である。

まず、「文化の成熟」と「国際的な接触・融合」の関係において。国際的な接触・融合の多い都市では、その都市固有の独自文化と新たな外来文化が融合し、成熟した新しい文化が生まれる可能性がある（図の矢印①）。たとえばパリ、ニューヨーク、ロンドンにおいても、その都市の文化の継承者が、他の文化圏からやってきた多くの外国人であることが広く知られている。日本においても、土地や風土に根ざした固有の文化を育みながら中国大陸や朝鮮半島、さらには西欧文化を積極的に取り入れてきた歴史があるが、世界中から観光客やビジネスマンが来訪する現代の東京においては、異文化接触が先鋭化しており、よりエッジの立った文化へと成熟していく可能性が高い。

また、文化が成熟した都心には、海外から多くの人びとが訪れ、滞在し、その都市の文化や観光交流を楽しみながら、国際的な接触・融合がさらに進むことが予想できる（図の矢印②）。たとえば、ロンドンでコンサートを聴いたり、パリでオペラを鑑賞したり、ニューヨークでミュージカルを楽しんだりするのがそれに当たる。そこで文化が成熟しているからこそ、世界中から人びとが集まり、現地人と外国人の間で、さらには外国人と外国人の間で交流が深まり、それが実りの多い異文化交流に発展するかもしれない。

「文化の成熟」と「産業の創造」においても、相乗効果が期待できる。たとえば、文化が成熟することで、実際に新しい産業が創出されるケースが少なくないのだ（図の矢印③）。近年、このように文化と結びついたクリエイティブ産業、コンテンツ産業は、ロンドンやシンガポールなどでは、戦略産業のひとつと位置づけられ、国家レベルで育成が図られていたりもする。わが東京においても、オタクによるアニメ文化やＫＡＷＡｉｉ文化などから、新たなコンテンツ産業がさまざまな形で創造されてきている。

その逆方向の現象として、産業の創造が都心のどこかの場所で、特徴ある文化が開花するケースもある。産業が創造される活力ある都心では、所得水準の向上にともない、文化への社会的・経済的サポートが活発化し、それが新たな文化を育て、成熟させる力ともなるからだ（図の矢印④）。市場メカニズムでいえば、人気のあるビジュアルアート施設の入場者が増加したり、パフォーミングアート施設のチケットの売上げが伸びたりすることで、結果として、文化活動を後押しする力が増すことになる。また、そうした現象に触発されて、政府による文化予算や企業・個人からの文化団体への寄付が増加し、文化活動がさらに発展・普及していくことも考えられる。

なお、本書のテーマである「文化」とは直接的にあまり関係ないが、「国際的な接触・融合」と「産業の創造」の関係についても簡単に触れておこう。

世界中から観光客やビジネスマンが訪れ、滞在する都心においては、その影響で新たな産業が創出（育成）される（図の矢印⑤）。人と人の国際的な接触・融合に対応したホテル、コンベンション、土産物などの観光・交流産業だ。ここでは、宿泊施設の慢性的な不足から、新たな民泊ビジネスなどが産業として開花する可能性もある。

一方、産業が創造される活力ある都心には、ビジネスチャンスを求めて多くのビジネスマンや企業家が訪れ、そこからさらなる国際的な接触・融合がもたらされることにもなる（図の矢印⑥）。実際、ニューヨークやロンドン、そして東京には、多くの外国人が会議や商談に訪れている。

（２）２０２０年を好機ととらえよ

これまで見てきたように、文化は現代の都市を考えるうえで、欠かすことのできない重要な構成要素である。そして、文化には都市を創造させる大きな力があり、文化を成熟・発展させることで、その都市の持つ魅力も大いに高めることが期待できる。

このような、「文化」の持つ力を意識したうえで、２０１７年という時間軸に置かれた現在の東京について考えてみると、ここにひとつの大きなチャンスが巡ってきていることに気づく。東京という都市の魅力を、国内外に広く強力にアピールするための大きなチャンスが、いままさに巡ってこようとしているのだ。

私は先ほど、都心の魅力は、文化の成熟、国際的な接触・融合、産業の創造という３要素の相乗効果で飛躍的に高まると説明した。

そこで改めて、東京の「今」に注目していただきたい。すると、「国際的な接触・融合」、「産業の創造」という２つの要素において、とりわけ前者について、きわめて強い追い風が吹いていることを実感できるであろう。

図表１-３は、訪日・訪都外国人旅行者数の推移を表したグラフである。ここ数年で目につくのは、訪日外国人旅行者数の急増ぶりだ。東日本大震災が起こった２０１１年には６２２万人だった訪日外国人旅行者数が、２０１３年には１０００万人の大台を超え、２０１４年には１３４１万人、２０１５年には１９７４万人へと急増している。これまで、「観光立国の実現」はビジット・ジャパンを掲げて以来の日本政府の悲願であり、２０１４年には「２０２０年までに訪日外国人旅行者数２０００万人」を目標としていたが、この目標は４年早く２０１６年に達成された。そのため政府は２０２０年までに４０００万人、２０３０年まで

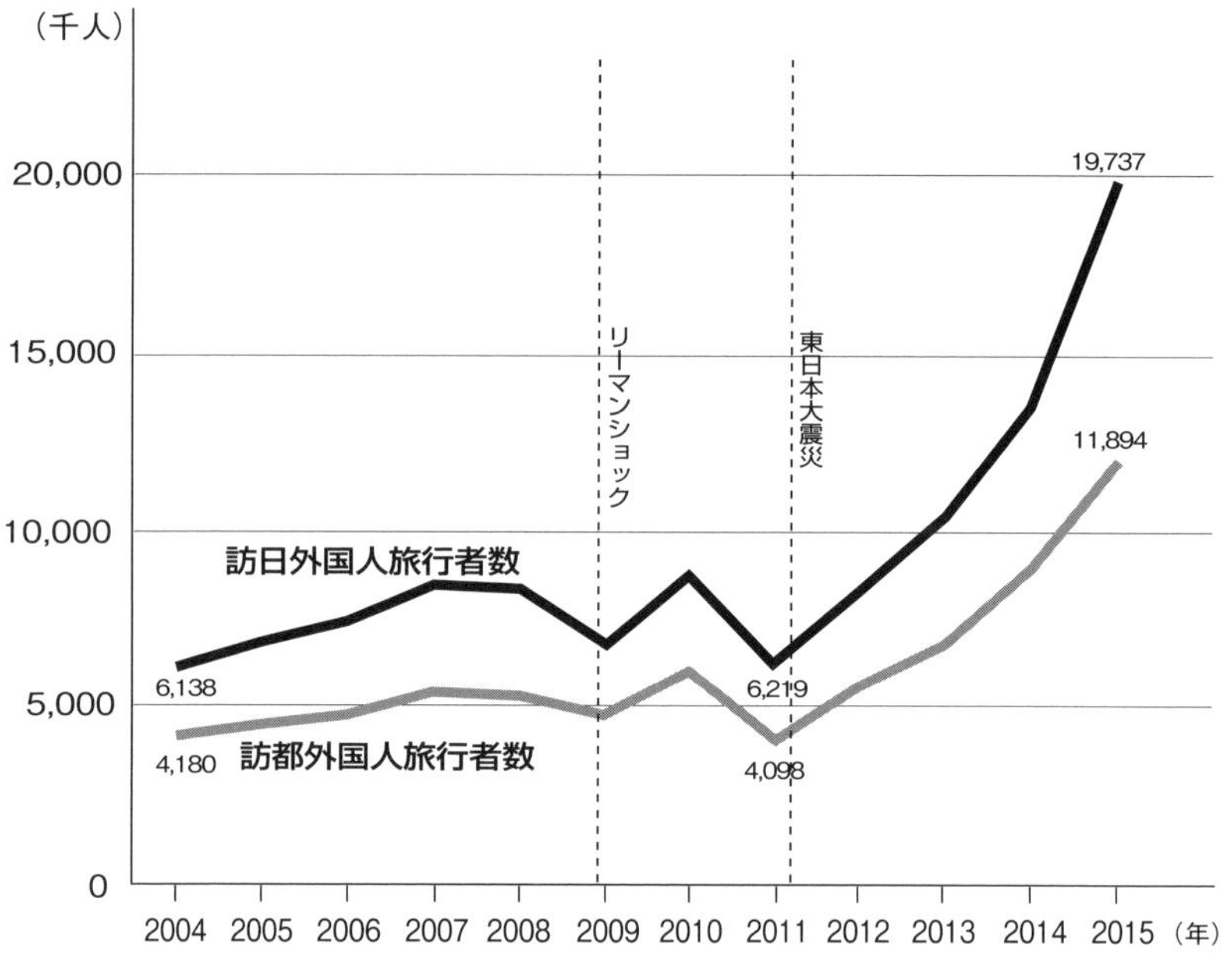

図表 1-3　訪日・訪都外国人旅行者数の推移
（出典：訪日外国人旅行者数「訪日外客数」／日本政府観光局 =JNTO
訪都外国人旅行者数「東京都観光客数等実態調査」／東京都）

に６０００万人と、目標を上方修正するに至っている。

　訪日外国人旅行者数が急増する背景には、アベノミクスによる円安の進展、数次ビザなどビザ発給要件の緩和、ＬＣＣ（格安航空会社）の路線拡大など、いくつかの要因が考えられる。だが、やはり大きく作用しているのは、２０２０年東京オリンピック・パラリンピックの開催が決定したことだろう。訪日外国人旅行者数は、開催が決定した２０１３年に初めて１０００万人を突破し、東京都を訪れる外国人旅行者数も２０１３年以降に急増。２０１５年は訪都外国人旅行者数だけで１０００万人を突破している。２０２０年には、訪都外国人旅行者数だけで２０００万人を超える可能性も十分あり得るのではないだろうか。東京都も、２０１６年12月に策定した「２０２０年に向けた実行プラン」において、2020年の訪都外国人旅行者数の目標を2500万人に設定している。

2020年の東京オリンピック・パラリンピック開催に向けて、訪都外国人旅行者数は今後さらに増加していくだろう。これにより、私が先ほど掲げた都心の魅力を高める要素＝国際的な接触・融合も、機会と回数を急速に拡大していく。すると、どんなことが起きるのか。

まず、都心部でこれまで以上に異文化交流が緊密に行われることになり、それにより都心の魅力は高まる。東京を訪れる多くの人、そしていま東京に暮らしている多くの人が、人間らしい絆や思いやりを感じ、温かく幸せな気分に浸れるだろう。異文化に接することによる、新鮮な驚きや発見もあるだろう。もちろん、国際的な接触・融合と産業の創造との相乗効果も起こる。

だが、私がもっとも期待しているのは、もうひとつの要素、文化の成熟との相乗効果だ。

文化は、広義の意味においても、狭義の意味においても、表現されることではじめて他者へと伝播していく。すなわち、文化の伝播にはパフォーマンスの受け手や媒体を必要とするのだ。もしも、2020年に2000万人の外国人が東京を訪れるとすれば、それは2000万人のオーディエンス（観客・聴衆）と2000万のメディアを同時に獲得することを意味する。なぜなら、東京を訪れた外国人は、その場で東京文化のオーディエンスになるだけでなく、フェイスブック・ツイッター・インスタグラムなどのSNSを駆使する情報発信者にもなり得るからだ。そしてその情報は、おそらくあっという間に世界中に拡散していく。訪都外国人に東京文化を伝えることは、総数2000万の海外メディアに情報提供することに匹敵するだろう。東京文化を広く強力に世界に発信するには、東京オリンピック・パラリンピックこそ、千載一遇のチャンスと言えよう。

来るべき2020年に備え、現在の東京文化を、いかに発信しがいのある、魅力的なものに成熟させていくか。これこそが今後の重要な課題になるはずだ。

（3）東京に集積するコンテンツ産業

現在、東京が置かれている状況を、都心の魅力を構成するもうひとつの要素、産業の創造からも見ておこう。東京らしさを形づくる産業として、2000年以降、特に注目を集めているのがコンテンツ産業だ。

コンテンツ産業とは、「コンテンツ＝情報の内容・中身」を扱う産業の総称で、具体的には映画・テレビ番組・音楽・書籍・雑誌・ゲームなど、娯楽性の高い情報材全般を指す。

これらコンテンツ産業の事業者は、東京都区部に集積している。なぜなら、こうしたコンテンツ産業の多くは、新聞社・出版社・放送局・レコード会社・映画会社などマスメディア本社と業務的に強い結びつきがあるからだ。その、マスメディア本社の立地は東京都区部に集中しているから、コンテンツ産業事業者も必然的に東京都区部に集まっているのだ。ある調査によれば、アニメ制作会社、レコード制作会社、テレビ制作会社、ゲーム会社、映画・ビデオ制作会社のそれぞれおよそ半数が東京都区部に立地しているという。驚くべき集積度である。もはやコンテンツ産業は、東京を代表する産業と言っていい。

これらの、コンテンツ産業事業者の立地をプロットしたマップが図表1－4である。

2020年に向けて、これらのコンテンツ産業がさらに充実していけば、東京の魅力もさらに高まり、文化の成熟や国際的な接触・融合への相乗効果も期待できるだろう。

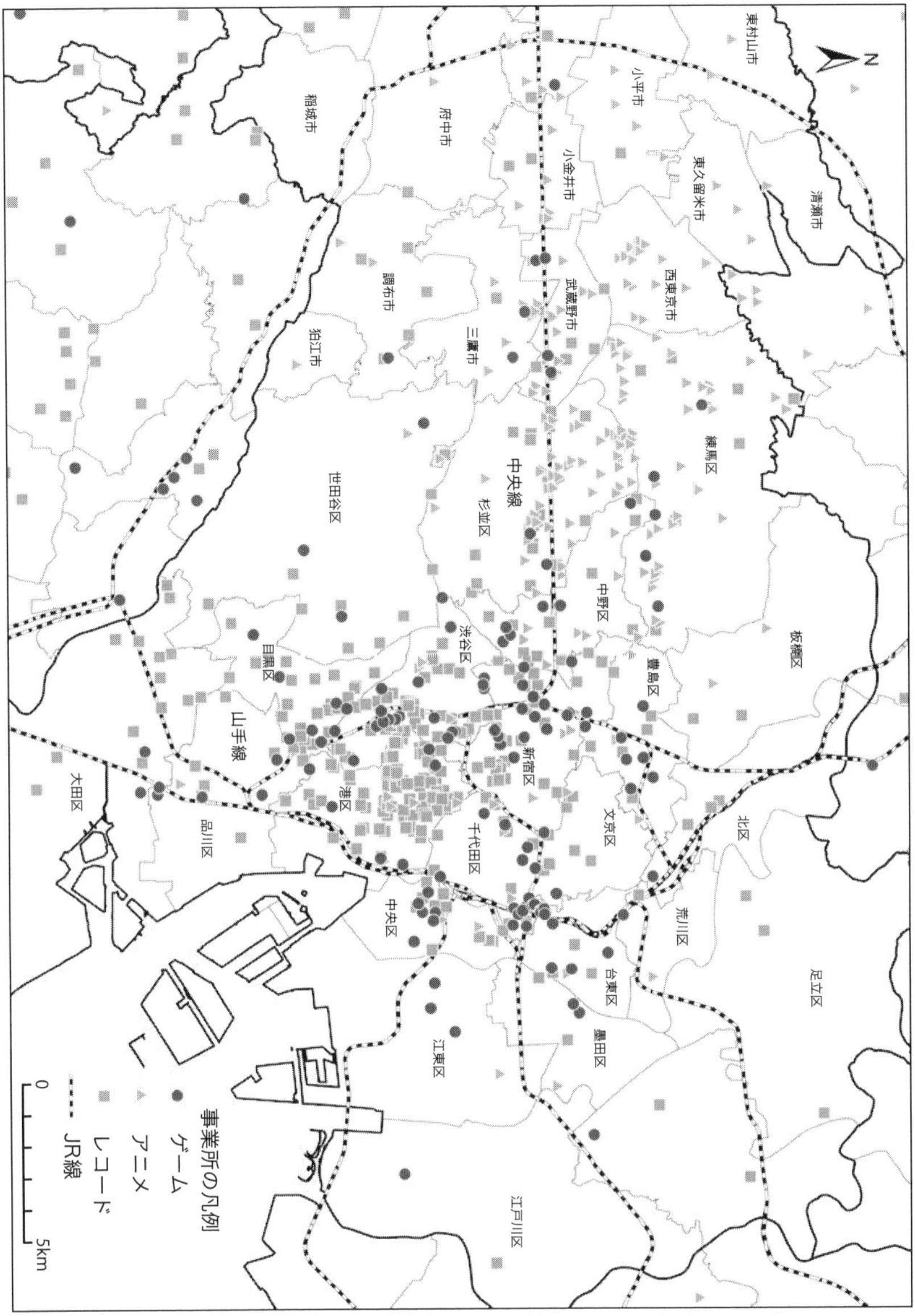

図表 1-4　東京都近辺のコンテンツ産業立地
（提供：帝国書院　作成：明治学院大学准教授 半澤誠司）

6. 現代都市における文化の役割——都市研究者の解釈

ここまでで私は、現代の都市には「文化」が不可欠であり、文化の力が都市を再生し、魅力的にすると述べてきた。では具体的に、文化のどのような要素が、都市の機能や魅力を高めるのだろうか。言い換えれば、文化は現代の都市にとって、どういった役割を果たしてくれるのだろうか。

そこで、ここからは、現代都市学研究の第一線で活躍している論客たちの言葉から、現代の都市における文化の役割を確認しておこう。

(1) ジェイン・ジェイコブズ　〜商業的な多様性は文化を生む土壌〜

『都市の経済学』（1986年）などの著作で知られる、アメリカのジャーナリストであり都市思想家のジェイン・ジェイコブズ（1916〜2006年）は、彼女の代表作となった『アメリカ大都市の死と生』で、都市の多様性に着目している。

「商業的な多様性は、それ自体が都市にとって、経済的にだけではなく社会的にもすさまじく重要なのです。わたしがあれこれ描いた多様性の用途は、ほとんどが直接的にせよ間接的にせよ、便利で多様な都市商業がたっぷりあることに依存しています。でもそれ以上に、商業が途方もなく種類と量を持つ都市地区を見つけたら、そこには数多くの他の多様性も見つかるのが常だし、そこには文化的な機会や各種の場面も多く、住民構成や他の利用者構成もとても多様なのが普通なのです。これはただの偶然ではありません。多様な商業を生み出す、物理的経済的な条件は、他の都市の持つ他の面でのバラエティ創出力や存在と密接に関連しているのです。」（『アメリカ大都市の死と生』ジェイン・ジェイコブズ著／鹿島出版会／1961年）

ここで、ジェイコブズが強調しているのは、商業的な多様性が都市にさまざまな恩恵を与え、その恩恵がさらに都市の多様性を豊かにしているということだ。

彼女の主張は、たとえば東京の六本木ヒルズをひとつの都市としてイメージすれば理解しやすいだろう。ご存じのとおり、六本木ヒルズは大小約230のショップとレストランが集積する複合商業施設だ。だが、六本木ヒルズの多様性は、店舗数の多さだけにとどまらない。オフィスや集合住宅に加えて、ホテル、映画館、美術館といった非日常的な空間が併設されているうえ、テレビ局とFMラジオ局までその懐に抱えている。そして、広場やイベントスペースでは年間を通して、さまざまな年齢の人びとを対象にした多彩なイベントが開催されている。このように、集客のための多様な施設やイベントが出現するたびに、六本木ヒルズの持つ多様性は無限に拡大していく。そこには当然、いままでなかった驚きや楽しみも生まれるはずで、そこから新たな文化が生まれ、六本木ヒルズはさらに魅力的になっていく。この話は都心全体に置き換えることもできる。都市の多様性こそが、文化を育む土壌になり、それが都市を経済的にも豊かに潤していくのである。

(2) 川添登　～都市が文化を育み、文化が都市をつくる～

川添登（1926～2015年）は、雑誌「新建築」編集長を長く務め、1970年の大阪万博にも尽力した建築評論界の重鎮である。民俗学への造詣も深かった川添氏は、『都市と文明』の中で、文化の役割について次のように言及している。

「マヤの土地は、肥沃とはいえず、しかもその農法はきわめて原始的なものでしかなかった。従って土地に対する人口は、おどろくべき疎らなものであった。一方、北アメリカは、広大な平原を背景としており、しかも、マヤ人たちのもっていなかった馬車、そして後には自動車を持っていたから、きわめて広範囲に散開していた。このような分散した生活の中で、かなり高度な文化を維持していくためには、なんらかの手段によって、集まる場所が必要であり、その集まる場所を生み出すための手段が、宗教的儀式やスポーツや映画を見ることであった。これら分散した人々が共通して持っていたのは、マヤの場合は天体であり、現代アメリカ人は貨幣であった。」（『都市と文明』／川添登著／朝倉書店／１９６６年）

ここでは、かつて中南米でマヤ文明を築いたマヤ族と現代のアメリカ人を比較している。マヤもアメリカも、人口密度は驚くほど低く、人々は普段集まる機会が少なかったが、マヤ族の場合は独特の天文学に基づく宗教儀式を、アメリカ人の場合はスポーツ観戦（おそらくベースボールかアメリカンフットボール）を行うことで人々は集まり、文化を維持することができたとしている。つまり川添氏は、文化を育て維持するには、人々の集まる場所が必要だと言っている。これを都市論に置き換えれば、都市はそこに人々が集まるからこそ文化が生まれる。また、人々が集まる理由もまた、宗教儀式やスポーツ観戦などの文化活動に参加することであった。都市が文化を育み、文化が都市をつくる。都市と文化はこのように、それぞれがそれぞれの必要十分条件となっているのである。

（３）リチャード・フロリダ　～都市に人が集まり、文化と幸福が生まれる～

近年、特に注目を集めているアメリカの都市社会学者、リチャード・フロリダ教授は、「都市のクリエイティビティ」という新しい視点から、都市と文化の接点を次のように語っている。

「都市生活者は学校や雇用機会、治安を重視する。彼らは新たなビジネスパートナーに出会ったり、新しい友人を作ったりすることに価値を認め、劇場、美術館といった多様な文化施設や、活気のあるナイトライフを重視する。

（中略）

幸福になれる場所を見つけることは、普段以上にクリエイティブになったり、画期的な発明を行ったり、会社を興したりといった私たちの「活性化」に大きく役立つ。これらはいずれも達成感があると共に、経済的にも生産性が高い行為である。（アイリーン）ティナグリの研究によると、この種の活性化は場所に備わる視覚的、文化的刺激によるところが大きい。公園や公共空間、文化施設などを、彼女は「象徴的なアメニティ」と呼んでいる。これらは持続可能な好循環を生み出す。要するにアメニティの刺激がクリエイティブなエネルギーを放出し、やがて他の地域からエネルギッシュな人々を惹きつけるのだ。その結果としてイノベーション率も高まる。経済的にもさらに繁栄し、生活水準が高くなり、アメニティの刺激がさらに増えるのだ。」（『クリエイティブ都市論』／リチャード・フロリダ著／ダイヤモンド社／２００９年）

フロリダ教授の発言は、先ほど紹介した川添氏の主張に実は近い。すなわち、人が集まらなければクリエイティビティは醸成されないと言っている。この場合、「クリエイティビティ」は「文化」と言い換えて問題ないだろう。文化はそもそも、クリエイティビティを前提にした概念だからだ。人が集まるところに文化が生まれ、文化が生まれるところに人は集まる。そして、文化的なものに囲まれた生活こそ、人間の幸福だと言っている。

今回引用した文章には含まれていないが、フロリダ教授はクリエイティビティを生む要件として、3つのT、Technology（技術）・Talent（才能）・Tolerance（寛容さ）を挙げている。これからの時代、特に重要視されるべきはTolerance（寛容さ）だろう。性別・人種・民族・宗教・思想の違いを超えて何でも受け入れる寛容さこそが、新たな文化をつくっていくのだろう。

(4) シャロン・ズーキン　～文化の重層性を表すオーセンティシティ～

アメリカの都市社会学者シャロン・ズーキン教授は、都市の価値基準に「オーセンティシティ（authenticity=本物らしさ）」という概念を初めて持ち込み、唯一無二の都市論を展開している。

「もしオーセンティシティが分裂した性質を持つならば、そのオーセンティシティはこまごました文化的な要素の参照によって構成されているのでしょう。たとえば店の窓に描かれた芸術的な落書き、ミュージックバーのフロアのおがくず、荒れてはいるものの完全な犯罪多発地域ではない地域の住所、といったものが構成要素だったりするのです。

（中略）

オーセンティシティを、『都市に住み、働く全ての人々の恒久的な〝場（ホーム）〟を形成するための文化的な権利』と再定義すれば、近年の高級化に向けた都市成長の負の効果を打ち負かすための潜在的なツールになりうるはずです。

（中略）

どの都市でもいいので、一日でも大都市に滞在したことがある人は、都市空間が近年消費者文化によって再編されていることを容易に感じられるでしょう。

オーセンティシティに魅了されるということは、我々が永遠に変わらない、時間を超えた都市という理想に執着していることを示しています。我々は、歴史上のある特定の時間の文化的イメージに代表されるこの理想を、都市体験の絶対的評価基準として用いているのです。」（『都市はなぜ魂を失ったか』／シャロン・ズーキン著／講談社／２０１３年）

限られた文字数でズーキン教授の主張を説明するのは難しいが、オーセンティシティをいっそ「その街らしさ」と言い換えたほうが、あるいはわかりやすいかもしれない。つまり、彼女が「都市は魂を失った！」と嘆いているのは、彼女の故郷であるニューヨークが「らしさ」を失ったから。なぜ「らしさ」を失ったかといえば、グローバル企業のコーヒーショップや家具店が軒並み出店してきて、古い街並みが消失し、街の風景が均一化・画一化してしまったからだ。つまり、「私が好きだったニューヨークらしさはどこに行ったの？ オーセンティシティを返して！」というわけである。

こう説明すると、オーセンティシティがいかに定義しにくい概念であるかわかるだろう。「その街らしさ」は、人によって感じ方が違う。１９７０年代からニューヨークに暮らしている人なら、当時のヒッピー文化こそオーセンティシティだと感じるかもしれない。また、リーマンショック以降ニューヨークに住み始めた人なら、自然派志向の食生活こそこの街らしさだと感じるかもしれない。

いずれにしても、都市の文化は彼女の言うように多層的かつ重層的であり、一言で定義するのは難しい。ただひとつ確かなことは、グローバリゼーションの進展で世界中の都市が画一化していけば、いつかその都市固有の文化が死んでしまうということだ。そういう意味で、彼女はかつてジェイコブズが着目した都市の多様性に、別の角度から光を当てたと言えるだろう。

7．海外都市の事例

本章ではこれまで、文化の力が都市をいかに魅力的にするのかを解説してきた。ここでは、海外の主要都市が文化振興のためにどのような政策やイベントを行っているのか、時期や対象を区切っておさらいしておこう。

ロンドンは２０１２年にオリンピックを開催したが、それに合わせて推進した文化政策を見てみる。ニューヨークではマンハッタンにおける若者を主体とした文化の発生と街の姿を追ってみる。パリについてはこれまでの文化の歴史を振り返ってみる。そして、経済力で発展を続けるアジアの主要都市、シンガポール、上海、香港については、それぞれの文化政策を概観してみる。

(1) ロンドン

ロンドンは２０１２年、ロンドンオリンピック・パラリンピックの開催に合わせて、カルチュラル・オリンピアードを実施した。その会期は、ロンドンの前回大会である北京オリンピック・パラリンピックが閉幕した２００８年9月から、２０１２年9月のロンドンオリンピック・パラリンピック閉幕までの4年間（オリンピアード）。イギリス全土で約12万件の文化イベントが開催され、参加アーティストはおよそ4万人。一般参加者と出演者・関係者を合わせて、延べ４３４０万人が参加したという。

このうちロンドンオリンピックと並行して開催された文化プログラム London 2012 Festival では、パラリンピックが閉幕するまでの12週間にわたって、２０４の国から2万５０００人以上のアーティストが参加して、音楽・演劇・ダンス・美術・映画・文学・ファッションに関する多彩な文化イベントが行われた。London 2012 Festival の期間中に行われた文化事業は約６００件。公演・展示会などのイベント総数は1万２０００件。開催場所はイギリス全土の９００カ所以上で、延べ１０００万人以上が参加した。

こうした文化プログラムは、ロンドンオリンピック・パラリンピックのときに限って行われたわけではない。実は、オリンピック憲章（２０１１年版）の根本原則の1には、次のように書かれている。

「オリンピズムは人生哲学であり、肉体と意志と知性の資質を高めて融合させた、均衡のとれた総体としての人間を目指すものである。スポーツを文化と教育と融合させることで、オリンピズムが求めるものは、努力のうちに見出される喜び、よい手本となる教育的価値、社会的責任、普遍的・基本的・倫理的諸原則の尊重に基づいた生き方の創造である。」

つまり、そもそもオリンピックでは、スポーツは文化や教育と融合させるべきものと位置づけられているのだ。そして、同じくオリンピック憲章（２０１１年版）第5章オリンピック競技大会の39条には、文化プログラムについて定めた次の条文がある。

「ＯＣＯＧ（オリンピック競技大会組織委員会）は短くともオリンピック村の開村期間、複数の文化イベントのプログラムを計画しなければならない。このプログラムは、ＩＯＣ理事会に提出して事前の承認を得るものとする。」

これを読むと、ロンドンはオリンピックに合わせて複数の文化プログラムを催す義務があったことになる。だが、文化プログラムの数そのものに規定はない。ロンドンが４年間かけて約12万件ものイベントを実施したのは、やはりロンドンという都市自体が、「文化」の持つ力に着目し、重視したからにほかならない。

国立国会図書館の福士輝美専門調査員によると、大ロンドン市文化部長のサイモンズ氏は、２０１４年時点でのロンドン大会の文化プログラムの評価として、①観光客の増加、②国家ブランド指数の上昇、③優れた芸術作品の創出を挙げている。

これは、ロンドン市政府が年に1回とりまとめているレガシーレポート（Inspired by 2012 : the legacy from the Olympic and Paralympic Games / MAYOR OF LONDON）でも明らかにされている。このレガシーレポートの２０１６年版によると、オリンピック前と２０１５年とでイギリスへの来訪者数は５１０万人増加し、旅行客による消費は約４１００億円（32億ポンド）増加し、イギリスのブランドイメージも向上したとされている。また、Lumiere（ウェストエンドで実施している都市空間を使ったメディアアートのイベント）やThe Streets（アウターロンドンの7本の大通りで行われる音楽祭）、Totally Thames Festival（テムズ川全域で行われる1カ月間にわたるイベント）といった都市空間を活用した文化イベントが、ロンドンオリンピックの文化プログラムをきっかけに誕生し、ここでも賑わいや経済効果がもたらされている。

このように、ロンドンが着目した「文化」の持つ力は大きなレガシーをもたらしており、オリンピックに合わせた大々的な文化プログラムはロンドンの魅力を高めたと言えるだろう。

なお、その後改訂されたオリンピック憲章（２０１４年版）でも、スポーツと文化が融合する重要性、オリンピックに合わせての文化プログラム実施の義務は同様に明記されている。直近のリオデジャネイロ・オリンピック・パラリンピックでも、数多くの文化イベントが開催されたようだ。日本は、リオオリンピックの閉会式のパフォーマンスで世界から高い評価を得たが、日本・東京ならではの文化プログラムを開催し、この評価を２０２０年の東京オリンピック・パラリンピックの成功につなげていくことが期待されるのである。

(2) ニューヨーク

ニューヨークは、オリンピックこそ行われていないものの、古くから多様な民族が移住してきて、さまざまな異文化の融合した独特の都市文化を形成している。

ニューヨークで特筆すべきなのは、若者文化の発生が地域を少しずつ変えて連鎖的に起こっていったことである。

まず１９６０年代、ニューヨーク・マンハッタン区のダウンタウンにあるグリニッジ・ヴィレッジに才能ある若者たちが集まり出し、この地を拠点に、音楽・演劇・文学・アートなどの文化活動を行いはじめた。グリニッジ・ヴィレッジは19世紀から開発された住宅街だったが、街の賑わいはすでに北部に移っており、１９６０年頃は煉瓦造りの古いビルが建ち並ぶ、さびれた地域であった。アパートも、安い家賃で借りられる。そこで、才能はあるがお金のないアーティストたちがこの地に移り住んできて、さながら〝文化村〟を

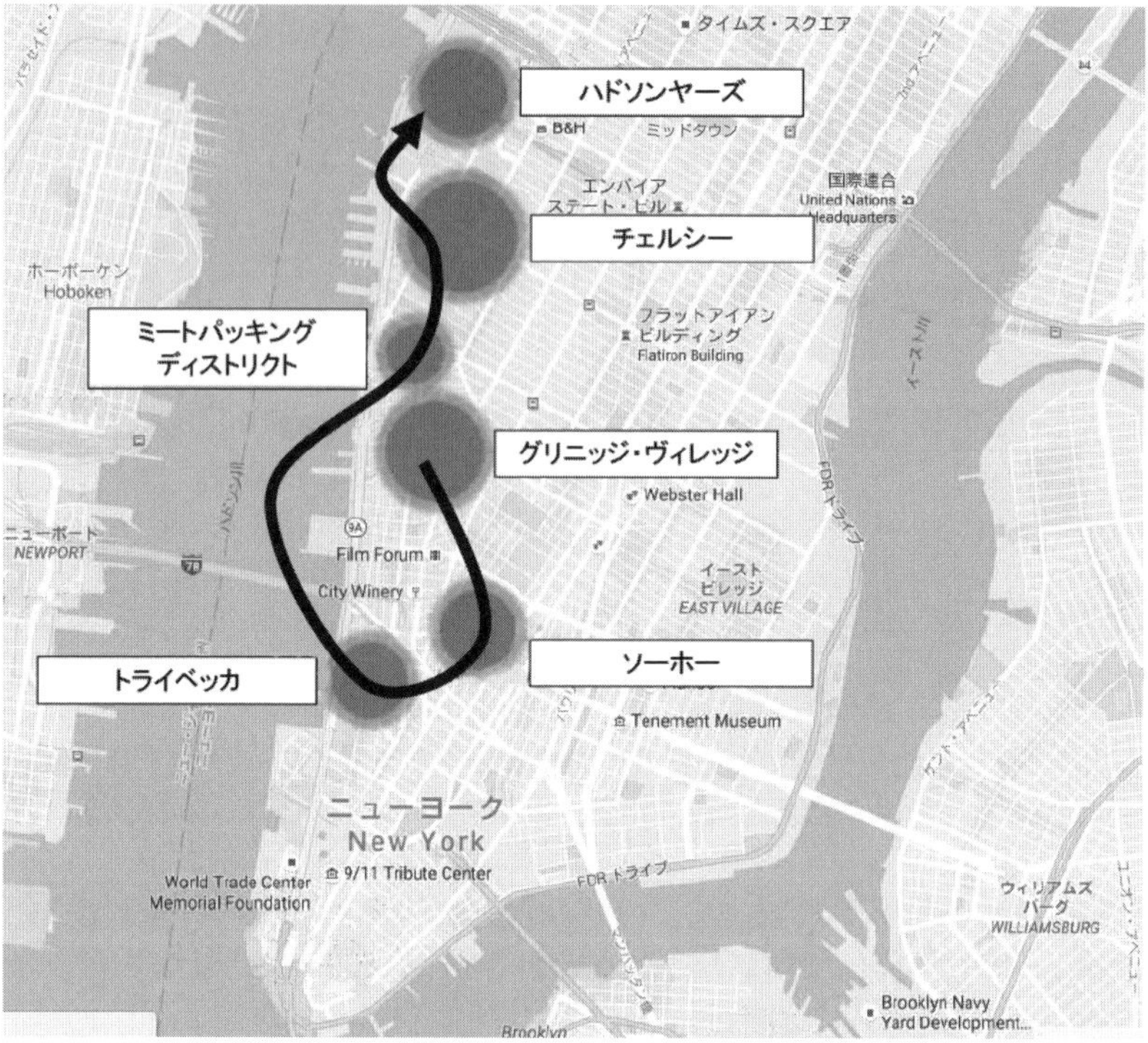

図表 1-5　ニューヨークにおける若者たちの主な文化拠点の推移

形成し、お互いに刺激し合いながら、それぞれの芸術活動を高めていった。マーク・ロスコ、ロバート・マザウェルなど、アメリカ抽象表現主義の画家たちは、この地で交友を深めていった。初期のボブ・ディランがこの地で活動していたことはよく知られている。フォークソングが広がり、ピーター・ポール・アンド・マリーなどがそれに続く。

　こうして、グリニッジ・ヴィレッジが「アーティストの集まる街」として徐々に知られるようになると、この街自体の人気が高まり、アパート家賃など不動産価格が高騰してしまった。もはや、お金のないアーティストには暮らしにくい街になってしまったのだ。そこで、お金のないアーティストたちはグリニッジ・ヴィレッジから少し南にいった、やはり当時さびれていたソーホーに活動拠点を移してしまった。廃倉庫をアトリエに改装するなどのロフト文化は、このソーホーで生まれたといってもいい。1970年代のことだ。

だが、ソーホーが有名になると、またしてもグリニッジ・ヴィレッジと同じ現象が起こる。ソーホーはアーティストが自由に暮らすオシャレで素敵な街、というイメージが広まり、ヤッピーと呼ばれるエリートサラリーマン層が移り住み始めたのだ。すると、ソーホーの地価はたちまち急騰し、結果的に、この地から若手アーティストを追い出すことになる。こうした現象は「ジェントリフィケーション（地域の再生・高級化現象）」と呼ばれる。

ニューヨークでは、こうしたジェントリフィケーションが次々に起こり、若者たちの文化拠点は、グリニッジ・ヴィレッジ→ソーホー→トライベッカ（ロウアー・マンハッタン）→ミートパッキング・ディストリクト→チェルシー→ハドソンヤーズと、徐々に北へと移動している。

ニューヨークといえば、ブロードウェイのミュージカルが有名だが、若者たちの間で自然発生的に生まれたカウンターカルチャーのあり方にも注目すべきであろう。

（3）パリ

長い歴史を有するパリは、いくつかの民族によるさまざまな王朝が栄え、多様な文化を形成していった。そのため、その文化は歴史的に見て、きわめて多彩である。

パリの歴史は、シテ島にケルト系パリジィ人が定住を始めた2000年以上前にさかのぼる。BC51年にはカエサルのガリア遠征によってローマ人の支配下に入り、リュテスの町が開かれた。その後3世紀頃までにセーヌ川左岸（南側）はローマ人の居住地となり、公共浴場や劇場などローマ風建築物が数多く造られた

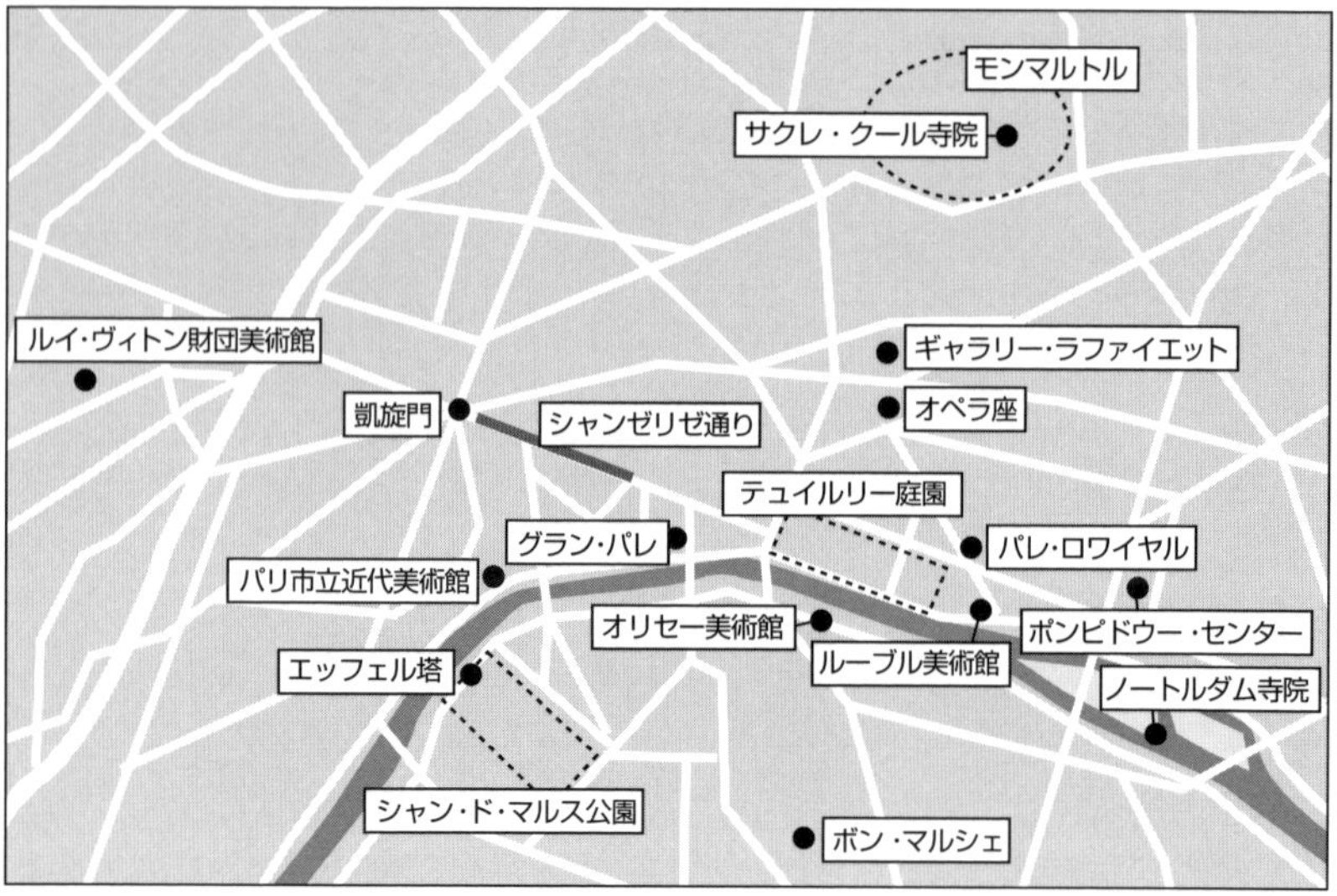

図表 1-6　パリの代表的な文化資源の一例

が、ローマ帝国は3世紀末に異民族の侵入を受け、リュテスからパリに改名された町もフランク民族の支配下となる。そして6世紀初めにフランク王国の首都となったことが、パリのその後にとって決定的な出来事となった。

　フランク王国はその後3つに分裂し、10世紀終わり頃、西フランク王国を母体にフランス王国が誕生する。シテ島には12～14世紀にノートルダム寺院が、13世紀にはサント・シャペルが建設されるなど、キリスト教巡礼の拠点のひとつとなり、現在でもゴシック建築をいまに伝える代表的建築物となっている。また、この時代以降、パリはキリスト教世界最大の都市として大きく発展し、ルーブル宮殿、テュイルリー宮殿、パレ・ロワイヤル、ヴェルサイユ宮殿など多くの宮殿、庭園がパリおよびその郊外に造られた。現在に続くアカデミー・フランセーズ（フランスの国立学術団体）や芸術アカデミーが設立されたのもこの時代であり、パリの学術・芸術は強大な王権の下、宮殿を舞台に発展していく。

　18世紀から19世紀には、ナポレオン1世によるシャンゼリゼ大通りの整備や凱旋門の建設、ナポレオン3世治世下のセーヌ県知事オスマンによるパリ市大改造など都市計画の大事業が行われ、現在のパリの姿が出来上がった。パリ市大改造では市街地・街路だけでなく、17世紀から続く「パリ国立オペラ」の主要な公演会場であるオペラ座（ガルニエ宮）などの文化施設も整備されている。この時、多くのパリ市民が市の外縁部へと移転するが、その移転先のひとつであったモンマルトルは、ムーラン・ルージュに代表されるキャバレーが多く集まるなど歓楽街として発展した。モンマルトルには20世紀初めにサクレ・クール寺院が建設され、そのオリエント風の建築から当時のパリ市民には歓迎されなかったものの、現在ではパリの象徴のひとつとなっている。また、ルノワールが描いた「ムーラン・ド・ラ・ギャレット」もこの地区にあるダンスホールであり、彼のほかにも、ゴッホやピカソ、マティスらの名だたる芸術家たちがモンマルトルに制作の場を置くなど、当時の最先端の芸術文化の中心地となった。この頃、グラン・ブールヴァール周辺には、パッサージュ（商業施設）やカフェ、レストラン、バー、テアトル（劇場）、映画館などが集まり、パリの商業・娯楽文化の中心地のひとつとなっている。

パリの文化を振り返る上で欠かせないのが万国博覧会である。１８５５年から１９３７年の間、およそ10年おきに7回も開催され、何度も会場となったシャン・ド・マルス公園を中心に、世界中から多くの観光客が集まった。この間に、エッフェル塔（第4回）や、オルセー美術館（第5回）、グラン・パレ（第5回）、シャイヨ宮（第7回）、パリ市立近代美術館（第7回）などがパリ万博の施設として建設され、現在もパリの名所となっている。世界最古の百貨店とされるボン・マルシェの現在の建物はエッフェルの手により１８８７年に完成し、その集客方法もパリ万博を参考にしたと言われ、また、特徴的なドームを持つギャラリー・ラファイエットもこの時期にオープンするなど商業文化も発展した。

20世紀後半以降も文化面での新しい取組みは続いている。１９７７年にはポンピドゥー・センターがオープンし、現代アートの拠点となっている。ルーブル美術館は1988年にナポレオン広場のガラス製ピラミッドと地下ロビー、1993年に地下のショッピングモールと逆ピラミッドにより広大な地下エントランスが完成したことで動線上の課題が解消され、入館者数もそれ以前の2倍以上に増加している。2014年には、パリ西部のブローニュの森に先鋭的な建築のルイ・ヴィトン財団美術館がオープンし、早くも新たな名所となっている。

文化政策の面では、1959年に設立された「文化省（現文化・コミュニケーション省）」が中心となり、国家予算の1％以上を文化予算として、文化芸術の振興や文化財の保護、国際文化交流に力を入れている。文化の多様性、アーティストやクリエイターの表現の自由に取り組む一方、1980年代以降のアメリカ型メディア文化に対する警戒心からフランス語、フランス文化の保護・育成に重点を置いている点も特徴的である。

このように、パリは2000年以上の歴史に培われた伝統をただ守るだけでなく、その間にも常に最先端の芸術や建築、生活文化などを取り込むことで、現在に至るまで文化の中心地であり続けている。都市や文化は絶えず変化するものであり、現在のパリの名所の多くがこの150年程の間につくられたものであることには、特に注目すべきであろう。

(4) シンガポール

欧米だけでなく、アジアの都市についても見ておこう。

シンガポールは、今日のような都市になってからの歴史が浅いので、伝統文化のようなものはあまり見られない。

そんなシンガポールの地方自治開発省（Singapore's Ministry of Culture, Community and Youth）は、文化政策の方針を「芸術とスポーツを通じて市民を刺激し、目覚めさせ、コミュニティの連帯を強め、奉仕活動や慈善活動を促進すること」と定めている。２０１２年には、芸術・歴史的遺産・スポーツ・地域の若者に対してより積極的に援助する方針を打ち出している。

ユニークなのは、「カルチュラル・マッチング・ファンド」という基金制度を創設したことだ。これは、民間がある文化団体に対して活動資金を寄付すると、政府もそれと同額の補助金を交付するという制度である。

このほかにも、１５００万シンガポールドルを歴史的な遺跡や建築物の保護のために補助金として交付する「エンハンスド・ナショナル・モニュメント・ファンド」や、海外で活躍する自国アーティストに対して５年間で２０００万シンガポールドルを補助する仕組みなども始めている。

ただし、コンテンツ、すなわちシンガポール文化とは何なのかは、まだ確立していない状況にあると言ってもよいであろう。

（５）上海

上海の文化政策は比較的はっきりしていて、創造的で文化的な産業をサポートすること、だとしている。ここでいう創造的で文化的な産業とは、ファッション、アート、テレビ、映画、そして各種メディアだという。このように、産業と結びつけて文化を見ているのが上海の特徴だと言えるだろう。

人口の規模でいえば、上海は中国有数の都市であるが、悠久の歴史を持つ西安や北京など中国の他の都市に比べると、その歴史はごく浅い。もともとは地方の漁村であり、都市として繁栄してから、まだ２００年も経っていない。近代都市としてのスタートは、アヘン戦争後に締結した、1842年の南京条約からだと言われている。この条約によって上海は開港せざるを得なくなり、イギリス、アメリカ、フランスにそれぞれ租界（外国人居留地）を提供することになった。各国はそれぞれの租界で独自の街づくりを進め、その結果、かつて上海租界だった黄浦江沿いの外灘《バンド》地区には、いまも欧米風の建物が数多く残されており、一種の文化財として保存されている。

かつての上海租界で盛んに演奏されていたのがジャズである。1930年代には、カウント・ベイシー楽団のトランペッター、バック・クレイトンら多くのジャズメンが上海に長期滞在し、アメリカ租界やフランス租界のナイトクラブで熱い演奏を繰り広げた。日本のジャズ・トランペッターの草分けである南里文雄も、当時の上海で腕を磨いている。そうした文化的背景があるせいか、上海では今日でも、和平飯店（フェアモント・ピース・ホテル上海）などで盛んにジャズが演奏されている。これは上海文化のひとつの特徴と言っていいかもしれない。

上海万博が開催されたのは、北京オリンピックの2年後の2010年で、そのときは黄浦江を挟んで外灘と対岸の西側を中心に都市開発が進んだ。ただし、いま上海で伸びているのは産業と経済が主であり、文化についてはこれからという印象もある。

(6) 香港

香港の自治省は、香港の文化政策について次のようなビジョンを発信している。「香港は、中国の伝統的な歴史を持ちながら、世界につながる巨大都市である。こうした特徴を活かし、中国文化と西欧文化を融合させた、新たな魅力づくりを目指す。都市開発については、文化や芸術的要素をできるだけ取り入れるように工夫し、革新的なものをつくる場合でも、伝統的な文化が保護されるよう留意しなければならない。そうすることで、香港は世界的な文化・交流のセンターを目指す。」

このビジョンに基づいた新たな文化政策には、芸術家グループや団体に対する民間の経済的支援を政府もバックアップする「アート・ディベロップメント・マッチング・グランツ・パイロット・スキーム」という実験的な政策がある。先ほど紹介した、シンガポールの「カルチュラル・マッチング・ファンド」と発想的には似ている制度のようだ。「ディベロップメント・オブ・アート・スペース」という、活動の場を求めているアーティストグループに、政府が場所探しを支援し、場合によっては学校などの公共スペースを提供する制度もある。

また、文化や歴史に対する市民の意識を高めるために、政府が管理している美術館や博物館の入館料無料化も実施するようだ。

以上見てきたシンガポール、上海、香港のアジア主要都市は、欧米の都市とは明らかに「文化」の内容とそのフェーズが異なっている。しかし、文化を軸にした政策を都市の開発に組み入れる姿勢は明確である。経済主導で急速な発展をしてきたこれらの都市が、いかなる文化を確立することができるのか、その答えはもう少し待たなければいけないだろう。

第2章

東京都心の文化の変遷と現状

市川宏雄

1. 東京文化の特質

(1) 文化の受入・模倣・消化・融合・創造のプロセス

これまでの日本の歴史を振り返ってみると、江戸時代までに受入・模倣・消化・融合してきた文化は、中国大陸や朝鮮半島からのものが主体であった。明治以降は、まず近代化のための制度や技術を欧州から取り入れ、第二次大戦後に経済大国となる過程の中で、工業化のための技術やライフスタイルを主としてアメリカから受入・模倣・消化してきた。そして、日本が成熟国家となり、人口減少社会を迎えるいま、これらの文化や技術、産業などを融合し、新しい日本文化の創造に向けて模索すべき時代になったと言えるだろう。

外来の文化を受入・模倣・消化することによって、異文化を融合しながら独自の新しい文化を創造するというサイクルは、そもそも、日本のお家芸である。こうしたサイクルは他国でも見られるものの、日本は以下の3点で独自性を持っている。第1に、海外とりわけ先進国からの文化を、あまり否定しないで受け入れてきたこと。第2に、進んで、その時代の先端の文化を受け入れることに専念してきたこと。第3に、海外の文化の特質とすべき部分を日本なりに消化・吸収して、それまで培ってきた日本固有の文化と融合しつつも、その一方で日本文化としての同一性、一貫性を失わなかったことである。こうした例は、中国から取り入れられた奈良や京都の建築技術と文化が、単に模倣されただけでなく、日本古来の文化と融合されたことでもわかる。また、もう少し近い例では、欧州で生まれアメリカ経由で入ってきた自動車に対して、日本人の自然と共生する感性によって独自に進化させ、ハイブリッドカーや電気自動車といった形に結実されたことにも見てとれよう。

（２）江戸・東京文化の重層性

文化の受入・模倣・消化・融合・創造のプロセスのなかで、いま、ふたたび新たな創造の局面にあたって必要なことは、これまで培ってきた文化を再認識することであろう。そこで本章ではまず、江戸時代以降の東京の文化の流れをおさらいする。その結果として、改めて気づくことは、江戸・東京文化が重層性を持っていることである。

江戸・東京の歴史の基層にあるのは、２６０年余にわたる江戸文化であり、また、その後の欧米文化の洗礼を受けた１４０年余のニュータイプの東京の文化である。

江戸・東京文化の重層性とは何か。まず、ハードとしての都市空間の特徴である。東京の場合、日本の伝統的な木の文化に根ざした都市空間であったことを背景にして、建築物の恒久性が弱く、江戸・東京の都市ストック、特に江戸のそれは、日常生活のなかに埋もれ、見えづらい。ところが、目を凝らしてみると、水辺と丘陵からなる東京の地形に刻み込まれた道や堀割こそが、中世以来の人々の営みを伝える歴史的な遺構というふうにも見えてくる。

都心部を見ても、多くの道や区画が江戸のそれを継承していることが多いことに加え、寺社がその緑とともに、都市の記憶を伝えている。その意味で、一見わかりづらいが、江戸・東京の歴史的な基層は大地に刻み込まれた味わい深いものと言えよう。こうした味わいを引き立たせるうえでも、工業化で急速な経済成長が進んだ時代に失われた江戸・東京の水の都としての歴史的特徴を回復することや、そのための歴史的建築物の復元などが期待されるのである。

重層性の二つ目は、ソフト面での都市活動やライフスタイルである。江戸・東京の歴史性は、ハード面よりむしろ、都市における人々の活動に刻み込まれている、という見方がある。視覚化こそされないものの、ソフトの領域では、いまも欧州以上に過去のノウハウが生かされている可能性がある。過去のノウハウを具有する例としては、祭り、浮世絵、食文化、歌舞伎、相撲などが挙げられよう。祭りを例にとると、神田祭、山王祭、深川祭といった歴史ある三大祭りをはじめ、実に多くの祭りがコミュニティごとにいまでも行われている。これだけの大都市はほかにあまりないのではないだろうか。

（3）東京文化の特色は「自然との共生」と「多様性」

江戸・東京文化の特色を挙げるなら、一つは自然との共生、もう一つは多様性であろう。

まず、自然との共生について見てみる。

日本人は、四季の変化のなかで、美しさ・優しさ・繊細さを愛でる感性を高めてきた。西洋の庭園は幾何学的な美しさを強調するものが多いが、日本庭園は、自然美と人工美を兼ね備えた魅力を持ち、借景をも大切にする。庭園の周囲の山や川と調和を保ちながら、日の出や月の出、あるいは鳥が飛び交う姿を視野に入れて設計されているのだ。

次に多様性について。

たとえば、江戸・東京の文化には、伝統的な文化と近代的な文化が共存している。奈良や京都ほどの歴史性はないものの、東京には護国寺や増上寺などの伝統的な建物が現存していると同時に、六本木ヒルズや東京ミッドタウン、丸の内ビルディングなどの超近代的な建物も屹立している。また、歌舞伎や能などの伝統芸術や寄席などの大衆芸能が根強い人気を保ちながら、アニメ、ポップアート、ゲームなどきわめて現代的な娯楽も人気である。

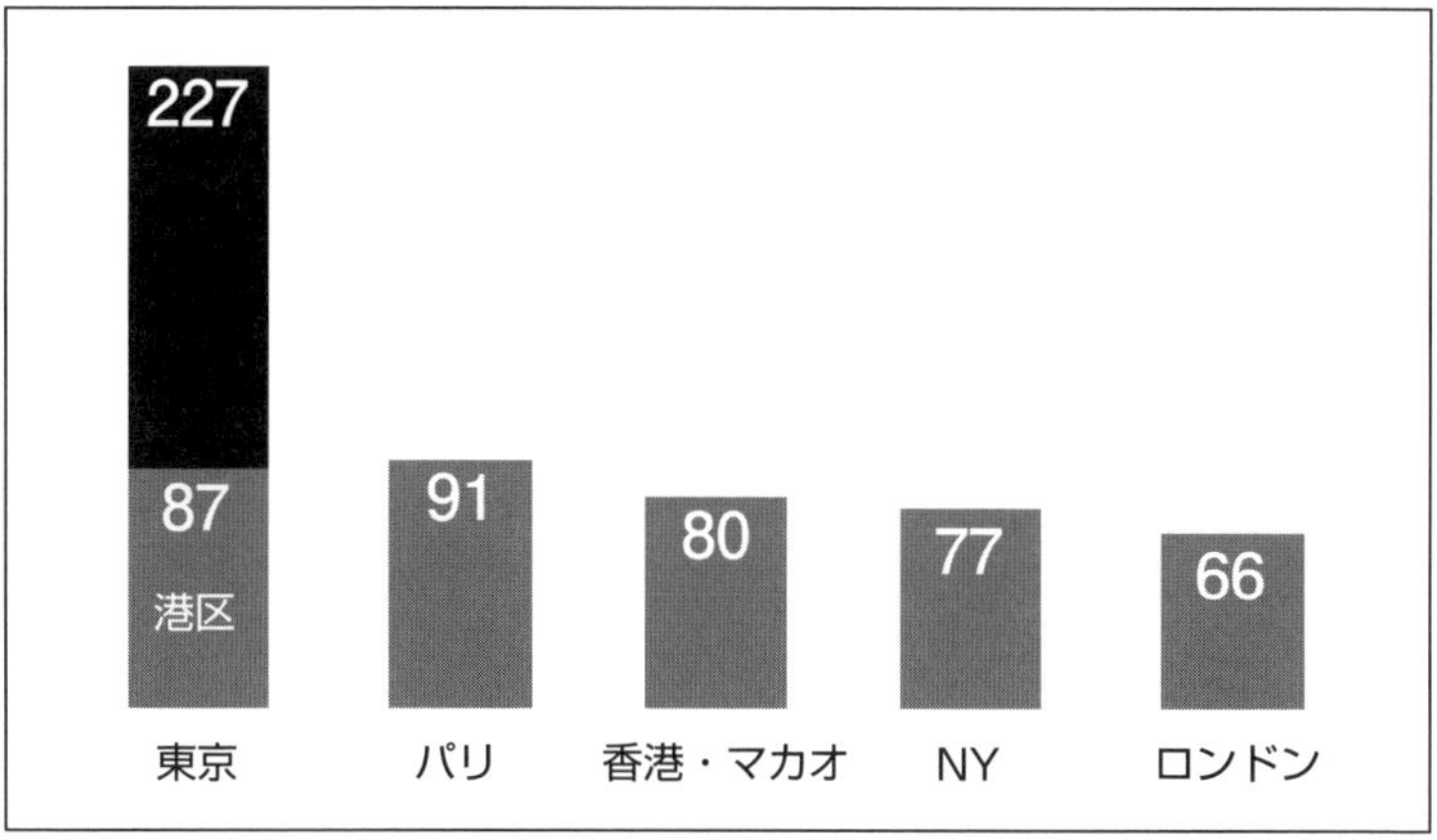

図表2-1　ミシュランの星獲得店舗の数（出典：2017年版ミシュランガイド）

東京の文化はまた、国際色が豊かである。明治神宮、浅草寺、築地本願寺などの神社仏閣や新宿御苑、浜離宮のような日本庭園もあれば、代々木体育館、東京スカイツリーなど欧米に引けを取らない斬新なデザインの建築物もある。歌舞伎や文楽など日本の古典芸能に触れることもできれば、オペラ、バレエ、クラシック音楽、ミュージカル、各種コンサートなど、古今東西のさまざまなパフォーマンスを楽しむことも可能だ。

東京の食文化もまた多彩である。西洋料理が銀座に登場したのが１８７２年（明治5年）、中国料理が築地に出現したのが１８７９年（明治12年）、韓国料理が上野にお目見えしたのが１９０５年（明治38年）であるが、いまではありとあらゆる国の料理を、しかも一流の調理法で味わうことができる。たとえば、ミシュランのガイドブックに掲載されているレストランの数でいうと、東京にはなんと２２７店もの星獲得店舗が存在している。世界の主要都市と比較しても、東京は断然1位であり、2位のパリ（91店）の2倍以上の数の名店が並んでいることになる。

2. 江戸の文化の変遷

（1）文化文政時代の江戸文化①～錦絵～

来る2020年に向けて、東京はどのような文化を発信していくべきなのか。その答えを探るために、まず、東京という都市空間で育まれてきた文化の変遷を概観しておこう。東京がまだ江戸と呼ばれた時代から、江戸・東京はどのような文化を育み、その文化が江戸・東京の都市空間にどのような影響を与えてきたのだろうか。

わが国の文化史を振り返ってみると、江戸時代に大きく花開いた文化が二つ確認できる。一つが江戸時代前期、おおよそ元禄年間（1688～1704年）前後に花開いた元禄文化であり、もう一つが江戸時代後期、おおよそ文化・文政年間（1804～1830年）前後に隆盛を誇った化政文化である。

どちらの文化も、都市の経済発展から生まれた町人文化である点に特色があるが、元禄文化が上方（京・大坂）で発展したのに対して、化政文化は江戸を舞台に発達した、まさに江戸ならではの文化であった。

建築史研究家である内藤昌氏の『江戸と江戸城』（講談社）によれば、この化政文化の担い手は「江戸っ子」たちであったという。

江戸っ子とは、18世紀なかばに生まれた「江戸に生まれ、江戸なくしては育たない階級」である。すでに江戸開府から200年以上経っていたが、内藤氏によれば、武家という権力に対抗できる個性が町人の間に育つまでに、長い年月が必要だったのだという。江戸の町人はかつて「江戸者」、「江戸衆」などとも呼ばれたが、その最終形態が「江戸っ子」なのである。

わが国では長い間、文化の中心地は京都であった。京都から見れば、関東人は「東夷《あずまえびす》」、「板東武者《ばんどうむしゃ》」など、蔑みの対象だった。それだけに、18世紀後半から19世紀にかけてようやく江戸ならではの文化を生み出すに至った江戸っ子たちは、自分たちの気風を「粋で、いなせで、向こう見ずで、喧嘩っぱやい」と自負し、いままでバカにされていた上方の人々を逆に「贅六《ぜいろく》」と揶揄するようになったらしい。

内藤氏は、先に引用した『江戸と江戸城』の中で、化政文化の特徴を「軽妙な諷刺と皮肉な滑稽味が表現されるとともに、その根底には人生に対する省察と愛情があり、粋と『いき』が極限の形式として尊ばれた」と述べたうえで、「新しい芸術としての分野を開拓した創造的な面と、芸術として昇華しえない『あそび』の世界に属するいわゆる芸能の二面がある」としている。すなわち、この時代の江戸文化には、優れた芸術にまで高められた文化と、庶民の間で「遊び」として普及した文化の二つの階層があるというのだ。

化政文化の芸術的な分野としてまず挙げられるのが、多色刷り浮世絵版画の錦絵だろう。江戸時代中期以降になると、木版画技術は飛躍的に向上し、絵師・彫師・摺師の技が三位一体となった独自の絵画作品が次々に誕生し、多くの傑出した浮世絵師が登場する。

この時代の代表的な浮世絵師には、葛飾北斎や歌川広重、東洲斎写楽などがいる。特に北斎と広重は、モネやゴッホなどヨーロッパの印象派画家たちに多大な影響を与えたことでも知られる。

これらの錦絵は、絵屋や絵草紙屋で広く庶民に販売され、「江戸みやげ」として上方や地方の人々にも珍重された。また、浮世絵以外では、この時代、谷文晁、渡辺崋山らの文人画が江戸で全盛期を迎えた。

図表2-2 『仮名手本忠臣蔵第十一段目大切両国橋引揚之図』（所蔵：京橋図書館）

（2）文化文政時代の江戸文化②～読本・歌舞伎・相撲～

この時代の木版画印刷技術は、錦絵だけでなく、黄表紙《きびょうし》・滑稽本・読本・人情本など、多くの文学・文芸作品を出版物として世に送り出した。滑稽本では、十返舎一九『東海道中膝栗毛』など。読本では、曲亭馬琴の『南総里見八犬伝』『椿説弓張月《ちんせつゆみはりづき》』など。人情本では、為永春水の『春色梅児誉美《しゅんしょくうめごよみ》』などが有名だ。

また、元禄時代に松尾芭蕉が芸術の域にまで高めた俳諧は、与謝蕪村や小林一茶を得て、この文化文政期にさらに発展した。

さらに、粋でいなせな江戸っ子たちを熱狂させたのが「江戸歌舞伎」である。文化文政時代になると歌舞伎の中心地は京・大坂から江戸三座（中村座・市村座・森田座）に移り、四代目鶴屋南北の『東海道四谷怪談』など多くの新作狂言が上演された。また、七代目市川團十郎が歌舞伎十八番の原型を定めるなど、今日の歌舞伎のスタイルが次第に確立されていった。特に1842年（天保13年）以降、江戸三座が猿若町（現・台東区浅草6丁目付近）に集められてから、それぞれ役者の貸し借りも容易になり、江戸歌舞伎は全盛を極めた。

歌舞伎の伴奏音楽だった邦楽も、この時代に大きく発展する。義太夫節から分化した清元節、常磐津節、長唄などが、歌舞伎を離れ独立して演奏されるようになり、演奏の名手も数多く登場した。

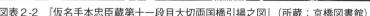

歌舞伎と並ぶ、江戸庶民のもうひとつの娯楽といえば、相撲である。相撲は神道にゆかりのある神事として古くから行われていた。見世物として成立するのは平安時代以降で、武家社会となった中世以降は、大名など武家だけが楽しむ娯楽だった。

相撲が広く庶民に親しまれるようになったのは江戸時代以降である。寺社が建立や改修の資金を集めるために、勧進相撲として、境内でしばしば相撲興行が行われるようになったのである。1744年（延享元年）には、幕府もついに四季勧進相撲を公認するに至る。これは、おもに夏は京都、秋は大坂、冬と春は江戸と、三都でそれぞれ晴天10日ずつ興行を行うというもので、谷川・小野川の両横綱と雷電らの強豪力士が揃った天明・寛政期（18世紀末）に相撲は最初の全盛期を迎える。1791年（寛政3年）には、11代将軍徳川家斉の上覧相撲が開催され、これ以降、相撲は江戸が本場になっていった。当時の人気力士は、歌舞伎の人気役者と並ぶ庶民のスターであり、力士を描いた錦絵の相撲絵も数多く残されている。

なお、力士が土俵入りの際に打つ柏手や、横綱が締める注連縄《しめなわ》など、今日の大相撲にも神事としての要素が色濃く残っている。

（3）遊びから始まった芸事と大衆芸能

一方、「遊び」として庶民の間に広まった文化もある。

古代には貴族や僧侶の、中世以降は武士のたしなみだった華道・茶道・歌道・香道などの芸道がこの時代、家元制度が確立されたこともあって、庶民に習い事として広まっていった。また、義太夫・清元・常磐津・新内・長唄・箏曲（お琴）などの音曲も、江戸市民の素養や一般教養として、盛況を見たという。このような、町内のお師匠さんから音曲を習うという文化は、現代のピアノ教室・音楽教室といった文化につながっているのだろう。また、遊びで始めた芸事に精進するうちに、素人から芸人に転身する者も多かったと言われている。

大道芸などの大衆演芸も盛んになった。浅草奥山、両国などの盛り場では見世物小屋が常設され、市内各所に寄席も開設されて（最盛期には市内に100軒を超えた）、江戸市民はさまざまな芸能を楽しんだ。神社仏閣で開かれたさまざまな祭礼でも、多くの大衆芸能が披露された。

特に、寄席で活躍した芸人の多くは大工・彫金師・とび職などの職人上がりで、気っぷのいい職人気質と「べらんめえ口調」が売り物になり、それに感化された江戸っ子はますます江戸っ子化していった。「江戸っ子は宵越しの銭は持たねえ」ことを誇りとしたが、これは当時の江戸ではきわめて火事が多く、庶民は蓄財できなかったこと、火事が多い分だけ大工など職人の仕事も多く、仕事に困らなかったことなどを表しているようだ。

（4）ホスピタリティの高い江戸しぐさ

江戸の町は武家地・寺社地・町人地に分かれていたが、その面積比はおおよそ70対15対15だったと言われている。一方、それぞれの概算人口は江戸後期で武家地65万人、寺社地5万人、町人地60万人。つまり、江戸の面積の6分の1しかない町人地に、江戸全体の半分近くの人口が集中していたことになる。その人口密度は、現在の東京23区の4～5倍。こうした人口密度の異常なほどの高さも、江戸ならではの文化を育む土壌になった可能性がある。江戸の町人地には人口が密集しており、人々は狭い土地に肩寄せ合うようにして暮らしていたため、ささいなことで住人同士のトラブルに発展することも多かったらしい。「火事と喧嘩は江戸の華」と言われるように、実際、喧嘩も多かったようである。

訪日前の日本のイメージ		訪日後の日本のイメージ	
日本の人々が親切／礼儀正しい	28.9%	日本の人々が親切／礼儀正しい	37.8%
都市の景観が美しい	25.6%	都市の景観が美しい	21.5%
文化と歴史が素晴らしい	18.0%	食事が美味しい	18.3%
食事が美味しい	15.6%	サービスが良い	17.7%
サービスが良い	13.2%	文化と歴史が素晴らしい	16.7%
生活水準が高い	12.8%	交通機関が便利／発達している	15.6%

図表2-3　訪日外客実態調査 2006-2007 満足度調査編（出典：日本政府観光局 =JNTO）

だが、やがて江戸の人々は、住宅密集地で暮らしながらトラブルを未然に防ぐ工夫として、「江戸しぐさ」という、生活上の自主規制的なマナーを考え出したとも言われている。

代表的な江戸しぐさには、次のようなものなどがあると言われている。

・傘かしげ……雨の日に路上ですれ違うとき、相手に雨だれがかからないよう、傘を外側に傾ける。傘同士がぶつからないよう、高く掲げることもある。

・肩引き……狭い道ですれ違うとき、相手にぶつからないよう、相手に近い側の肩を互いに引いて、体を斜め横向きにして通る。

・こぶし腰浮かせ……乗合船などで、後から来た人のために、乗客たちがこぶしひとつ分ずつ座席を詰めて、座れるスペースをつくる。

・うかつあやまり……たとえば往来で誰かに足を踏まれた場合、踏まれたほうが「足を突き出している自分のほうがうかつでした。すみません」と謝ることで、その場の雰囲気が悪くなるのを防ぐ。

このように、赤の他人と密集して暮らすうえで身につけた生活の知恵はそのまま、江戸～東京市民のホスピタリティの高さの基礎になっているのであろう。

現代においても、東京を訪れる多くの外国人が感銘を受けるのは、店舗スタッフと一般市民を問わず、人々のホスピタリティの高いことだという。たとえば、訪日外客実態調査2006－2007満足度調査編を見ると、「日本の人々が親切／礼儀正しい」というイメージは、訪日前28・9％が訪日後37・8％に上昇し、「サービスが良い」も、訪日前13・2％から17・7％に上昇している（図表2－3）。

（5）江戸は世界有数の庭園都市だった

江戸の町を「文化」の視点で眺めた場合、もうひとつ見えてくるイメージがある。それは、19世紀頃の江戸が世界に類を見ない「庭園都市」であったということだ。

建築評論家の川添登氏は『東京の原風景　都市と田園の交流』（日本放送出版協会／1979年）の中で、「幕末の江戸を、もし上空から眺めることができたなら、大小さまざまな庭園が、人家の群れとモザイク状に組み合わさった都市として、眺められたであろう」と書いている。なぜなら、江戸には約300の大名の上屋敷・中屋敷・下屋敷があり、さらに有力な大名は抱屋敷《かかえやしき》まで有していたからであり、その屋敷の多くが、広い庭園を備えていたからだ。たとえば、緑豊かな現在の東京大学は元加賀前田候の上屋敷であり、六義園は柳沢吉保の下屋敷、後楽園は水戸徳川家の上屋敷につくられた庭園である。少なく見積もっても、江戸には1000を超える武家地由来の庭園があったはずだ。その最大のものは尾張徳川家の下屋敷があった戸山荘とされている（総坪数13万6000坪）。

それだけではない。江戸には数多くの緑あふれる寺社の境内があり、豪商がしつらえる庭園もあった。それらをすべて合わせれば、江戸には1万に近い数の庭園があったのではないかとも考えられている。川添氏が指摘しているように、幕末期の江戸はまさに世界史上最も緑の多い都市であり、世界最大の田園都市でも

図表 2-4　小石川後楽園の大泉水（所蔵：公益財団法人東京都公園協会）

あったのだろう。

それだけの庭園が江戸にあったということは、それだけ植木や花卉《かき》に対するニーズが高かったことにもなる。武家屋敷の整備期だった元禄の頃には、江戸近郊で植木が盛んに栽培された。武家屋敷の整備が一段落した享保の頃には、徳川吉宗による飛鳥山、御殿山、隅田堤、小金井堤などへのサクラの植樹が行われている。また、ソメイヨシノ発祥の地である上駒込村染井には十数件の植木屋が軒を連ね、当時からすでに園芸用植木供給センターとして機能していたようだ。また、俸禄の少なかった下級武士には内職として、万年青《おもと》、ツツジ、ツバキ、朝顔、菊、盆栽、釣りしのぶなどを栽培する者も多かった。花の苗を売り歩く棒手振《ぼてふ》り（行商人）もビジネスとして成立しており、江戸市民には花や植木など、園芸を愛でる文化があったようだ。今日でも、向島百花園など花が美しい公園が現存しているし、浅草寺のほおずき市や入谷の朝顔市など、祭礼の縁日で植木を購入する習慣も残っている。

江戸っ子と花との関係で、どうしてもはずせない要素が「花見」であろう。

わが国で「花見」の風習が庶民にも広まったのは江戸時代以降。江戸時代、花見の名所として最も名高かったのは上野のサクラだが、格式の高い寛永寺周辺で花見客が騒ぐことは許されていなかったため、後に徳川吉宗が植林した飛鳥山や隅田堤のサクラが花見の名所になった。御殿山や愛宕山のサクラも人気があったという。

この花見の文化は、現代の東京でもしっかり息づいており、サクラの花見は訪日外国人たちにも人気を博している。

(6) 江戸の花火と祭礼

ここで、花火についても一言ふれておこう。

両国の川開きに合わせて、隅田川で花火が打ち上げられるようになったのは、1733年(享保18年)からだといわれている。その前年、わが国は西日本を中心に大飢饉に見舞われ、江戸市中でもコロリ(コレラ)が流行して多数の死者を出した。そこで当時の幕府は、この年の旧暦5月28日の両国川開きの日に、飢饉とコロリで亡くなった者を慰霊し、悪病退散を祈願するための水神祭を行うことにした。その際、両国付近の船宿と料理屋は、幕府の許可を得て施餓鬼供養を行い、合わせて川辺で花火を打ち上げることにしたのだという。

この年以降、隅田川の川開きの日に、両国で花火を打ち上げることが恒例となった。そして多くの江戸市民が両国橋などへ花火見物に出かけるようになり、花火は江戸の夏の風物詩になったという。当時、花火を打ち上げる花火師は、両国橋上流側を「玉屋」が、下流側を「鍵屋」が担当していたため、花火が打ち上がるたびに江戸っ子は「たまや〜」、「かぎや〜」と声をかけ、花火師を讃える風習も生まれている。江戸市民が花火を楽しむ様子は、歌川広重『東都名所　両国花火ノ図』など、多くの錦絵に残されている。ちなみに、この隅田川花火大会は、戦争などの影響で何度も中断しながら、２０１６年現在も毎年７〜８月に行われている。

寺社で催される祭礼、縁日、開帳（寺の秘仏などを公開すること）も、江戸市民の娯楽の大きな柱になっていた。神田明神の神田祭、日枝神社の山王祭、富岡八幡宮の深川祭が江戸三大祭りといわれる。特に神田祭と山王祭は天下祭りと呼ばれ、幕府の保護の下で盛大に行われた。１８０７年（文化４年）８月の深川祭では、見物客が殺到して永代橋が崩落する事故も起きている。また、江戸三大祭りには数えられていないが、浅草神社・浅草寺の三社祭も高い人気を集めている。それ以外にも、江戸市中の多くの寺社では、四季を通してさまざまな祭礼や縁日、開帳が行われており、江戸っ子たちを楽しませていたようだ。

この時代、寺社がさまざまな祭りや縁日を催したのには理由がある。現代風にいえば、寺社の祭礼や縁日は、実は寺社のセールスプロモーションのためのイベントだったのである。

江戸時代、今日の戸籍に当たるものが宗門人別改帳《しゅうもんにんべつあらためちょう》だった。江戸幕府は民衆のキリスト教信仰を禁じていたから、人々はかならずどこかの寺の檀徒である必要があり、戸籍代わりとなる宗門人別改帳にも、家族単位の氏名・年齢とともに属する寺院名が明記されていた。つまり、江戸時代の人々は、生まれながらにして、どこかの寺の檀徒であることを義務づけられていたのだ。

これは逆にいえば、寺社の僧侶が人々にいくら説法しても、新たな檀家は得られないことを意味する。江戸時代の寺社は、檀家を増やしたくても増やせない状況に置かれていたのである。そんな寺社が収入を増やそうと思えば、境内で祭礼や縁日を開催して参詣客を呼び寄せ、お賽銭、お守り、お札などで売上げを伸ば

開催時期	名称	主催者等
1月	初詣	
2月	節分	池上本門寺、浅草寺、増上寺など
3月・4月	花見	
5月中旬	神田祭	神田明神
5月中旬	三社祭	浅草神社
6月中旬	山王祭	日枝神社
7月上旬	ほおずき市	浅草寺
7月・8月	花火大会	隅田川、葛飾、神宮外苑など
7月・8月	七夕まつり	阿佐ヶ谷、砂町銀座など
8月中旬	深川八幡祭	富岡八幡宮
8月	盆踊り・阿波踊り・よさこい	高円寺、錦糸町、原宿表参道など
9月中旬	根津神社例大祭	根津神社
9月中旬	赤坂氷川神社例大祭	赤坂氷川神社
10月中旬	池上本門寺 お会式	池上本門寺
10月中旬	雑司ヶ谷鬼子母神堂 御会式	雑司ヶ谷鬼子母神堂
11月	酉の市	浅草鷲神社、新宿花園神社など
12月中旬	浅草羽子板市	浅草寺

図表 2-5　東京の主な祭礼・風物詩の一例

すしかない。寺社の祭礼や縁日には、それぞれ由緒正しき故事来歴が存在するが、それらは、不特定多数の参詣客を集客する手段でもあったわけだ。

なお、東京都内では、江戸時代から続く祭礼がいまも数多く開催されていて、植木市、花火、舞踊（盆踊りを含む）などの文化と密接に結びついているものも多い。また、神社仏閣だけでなく、商店街のイベントとして開催されているものもあり、ほとんど毎週のように、東京のどこかで祭りが行われているという祭礼の多さも、江戸・東京文化の特徴のひとつと言えるだろう。

3. 近代都市・東京の文化の変遷

(1) 西洋風な都市空間が出現

江戸から東京に変わって、文化面で真っ先に行われたのは、「文明開化」の名のもとに西洋の文化を模倣しつつ、市民生活を西洋式に改めることだった。欧米列強からアジアの小国と軽んぜられることなく、堂々と近代国家の仲間入りをするために、まずは政府主導で、市民生活の形から改め始めたわけだ。

都市空間の変化でいえば、江戸時代末期から建設された築地の外国人居留地がその嚆矢となり、廃止される1899年（明治32年）まで、キリスト教宣教師が多く移り住み、青山学院や立教学院など多くのミッション系大学の発祥地となった。

次に街並みが西洋化されたのは銀座である。銀座煉瓦街は1873年（明治6年）、ロンドンのリージェント・ストリートを模して建設された。その前年の大火で銀座の街並みの多くが焼失したため、街の再建には耐火性に優れた煉瓦が建材として使われたのだ。また、前年には新橋～横浜（桜木町）間で日本初の鉄道が開業しており、銀座は新橋にほど近い「東京の表玄関」としての顔も持っていたため、時の明治政府は銀座に西洋的な街並みを造りたかったのだと考えられる。ちなみに、1869年（明治2年）には東京～横浜間で電信が開通。翌70年には富岡製糸場建設が始まり、さらに翌71年には東海道で郵便事業が始まっている。

現在の丸の内周辺も、早くから西洋風の街並みが出現した場所である。江戸時代、この地域は数々の大名屋敷が並んでいたことから「大名小路」とも呼ばれ、北町・南町の奉行所が置かれた地域でもあった。版籍奉還後、大名屋敷は取り壊されて明治政府の官有地となり、日本帝国陸軍の兵舎が置かれるなどした

図表 2-6　一丁倫敦と呼ばれた 20 世紀初頭の丸の内の様子（所蔵：三菱地所）

が、１８８８年（明治21年）からの市区改正事業で三菱財閥に払い下げられた。そこで三菱は１８９４年（明治27年）、日本初のオフィスビルである三菱一号館を丸の内に建設。設計は三菱のお雇い外国人であり、鹿鳴館（のちに華族会館）の設計でも知られるジョサイア・コンドルであった。これを皮切りに、丸の内一帯にはロンドンのロンバート街を模した赤煉瓦街が造られたため、「一丁倫敦《いっちょうろんどん》」と呼ばれるようになった。なお、三菱一号館は１９６８年に一度解体されたが、２００９年に復元されている。

ちなみに、明治維新から１８８７年（明治20年）頃までは、表面だけ西洋風にしつらえられた擬洋風建築が全国に建てられている。文明開化から現存する建物では長野県松本市の旧開智学校が有名だが、東京に擬洋風建築はほとんど残っていない。

(2) 服装や食生活の文明開化

文明開化における西洋化は、生活文化のあらゆる面に及ぶことになった。

ファッションでいえば、1871年（明治4年）の断髪令、1876年（明治9年）の廃刀令が大きかった。武士は髷《まげ》を散髪して散切り頭になり、帯刀が禁止されることで和服から洋服に。以後、男女とも和服から徐々に洋服へと切り替わっていく。

交通機関の変化として、日本初の鉄道が開業したことは先述したが、鉄道馬車や人力車も、東京市民の新たな足として利用されるようになる。鉄道馬車はその後1903年（明治36年）に路面電車へと置き換えられ、1911年（明治44年）から東京市電となった。

食生活も大きく変わった。日本人はそれまで、四つ足動物の肉はほとんど食べない習慣だったが、牛肉を食べる習慣が広まり、すきやき風の牛鍋を食べさせる牛鍋屋が明治以降に急増。現存する日本最古の西洋料理店、築地精養軒の開業は1872年（明治5年）。支店である上野精養軒の開業は1876年（明治9年）で、この店は夏目漱石の小説にもしばしば登場する。西洋料理はその後「洋食」と呼ばれ、トンカツ、コロッケ、カレーライスなど、数々の和製洋食が誕生。このように、異文化を上手にアレンジして取り込むのが日本文化のしなやかさだ。洋食はいまや、現代の日本人の食生活にとって欠かせないものになっている。

教育制度もめまぐるしく変わった。近代的な学校制度を定めた学制の公布は1872年（明治5年）。国民皆学を目指した法令で、フランスにならって全国を8学区に分け、それぞれに大学校、中学校、小学校を設置した（その後、学制は教育令、学校令に変化）。同年、太陰暦から太陽暦に切り替わる。

自然科学も大いに発展し、医学分野の北里柴三郎、志賀潔、野口英世、生理学分野の高峰譲吉や鈴木梅太郎らが活躍した。

文学界では坪内逍遙、二葉亭四迷、森鴎外、夏目漱石、正岡子規、樋口一葉や与謝野晶子らが文壇を牽引した。福沢諭吉らによる、自由主義・個人主義を説いた新思想の啓蒙書も盛んに読まれた。西洋画では黒田清輝、日本画では岡倉天心や横山大観、音楽では滝廉太郎らが名を馳せた。

(3) 教育の普及とジャーナリズムの大衆化

大衆におけるデモクラシーの発露として記憶されているのが、日露戦争の翌年（1905年）に起きた日比谷焼打ち事件である。戦争の講和条約であるポーツマス条約があまりに日本側に不利だとして、国民の不満が一気に高まり、反対集会が日比谷公園で計画され、一部が暴徒化して死傷者1000人を出す事態となった。そしてこの事件は、その後の普選運動や護憲運動に結びついていく。

大正デモクラシー期、多くの人々が民主主義運動に参加した背景には、文化的に次の二つの要因があったと考えられる。まず一つ目が、明治以降に学校教育が広く普及して、庶民の読み書き能力が飛躍的に向上したこと。もう一つが、明治以降に新聞・雑誌などのジャーナリズムが発達し、庶民が多くの情報に触れられるようになったことである。

わが国では、江戸時代から寺子屋や藩校などの教育機関がある程度機能しており、江戸時代の識字率は世界的に見ても高いほうだったと言われている。明治維新後には学校制度が本格的に始まり、児童の就学率は1879年（明治12年）頃は3割未満だったが、1904年（明治37年）頃には8割強、1912年（明治45年）頃には9割を超えたという。庶民は着実に、読み書き能力（読み書きそろばん）を身につけていったと思われる。

こうした教育の普及に伴い、新聞や雑誌などのジャーナリズムも大衆に浸透していく。新聞では、明治後半から大正期にかけて下町型の都新聞と、山の手型の万朝報が東京市民の人気を二分した。日本初の総合雑誌「太陽」（博文館）をはじめ多くの雑誌が創刊された。後の講談社となる大日本雄弁会講談社が生まれたのもこの時期で、「講談倶楽部」、「キング」などの人気雑誌を次々に世に送り出し、一大雑誌王国を築いた。

また、１８８０年代（明治10年代）、神田神保町付近に明治法律学校（後の明治大学）、英吉利法律学校（後の中央大学）、日本法律学校（後の日本大学）などの学校が相次いで設立され、それらの学生たち向けに、多くの古書店も立ち並ぶようになった。以来、神田神保町には国内有数の古書店街が形成され、そこから岩波書店（１９１３年創業）や小学館（１９２２年創業）など多くの出版社も育っていった。

教育の普及とジャーナリズムの進展により、人々が欧米流の自由主義思想を知ることで、それまでの男尊女卑的な考え方は徐々に薄れていき、日本の社会は女性解放の方向へ動き出す。東京では、高等女学校で学ぶ女学生が急増し、明治～大正期には「婦人世界」、「主婦之友」、「婦人公論」などの女性誌が多数出版されるようになった。これ以降、職業婦人の社会進出も広がっていく。

（４）第一次大戦後盛んになった、財閥による都市開発

１９１４年（大正３年）に第一次大戦が勃発すると、欧米からの受注を受け、わが国では重化学工業が発展した。多くの企業や工場は三井・三菱・住友・安田といった財閥資本のもとで系列化され、住友以外の三井・三菱・安田財閥はすべて東京に本社を置いたことから、東京は日本経済の司令塔として発展していく。東京にも多くの工業地帯ができ、交通網の整備が進み、郊外から多くの人口が流入するようになると、土地・建物への需要が増えた結果、不動産への投資も活発に行われるようになった。

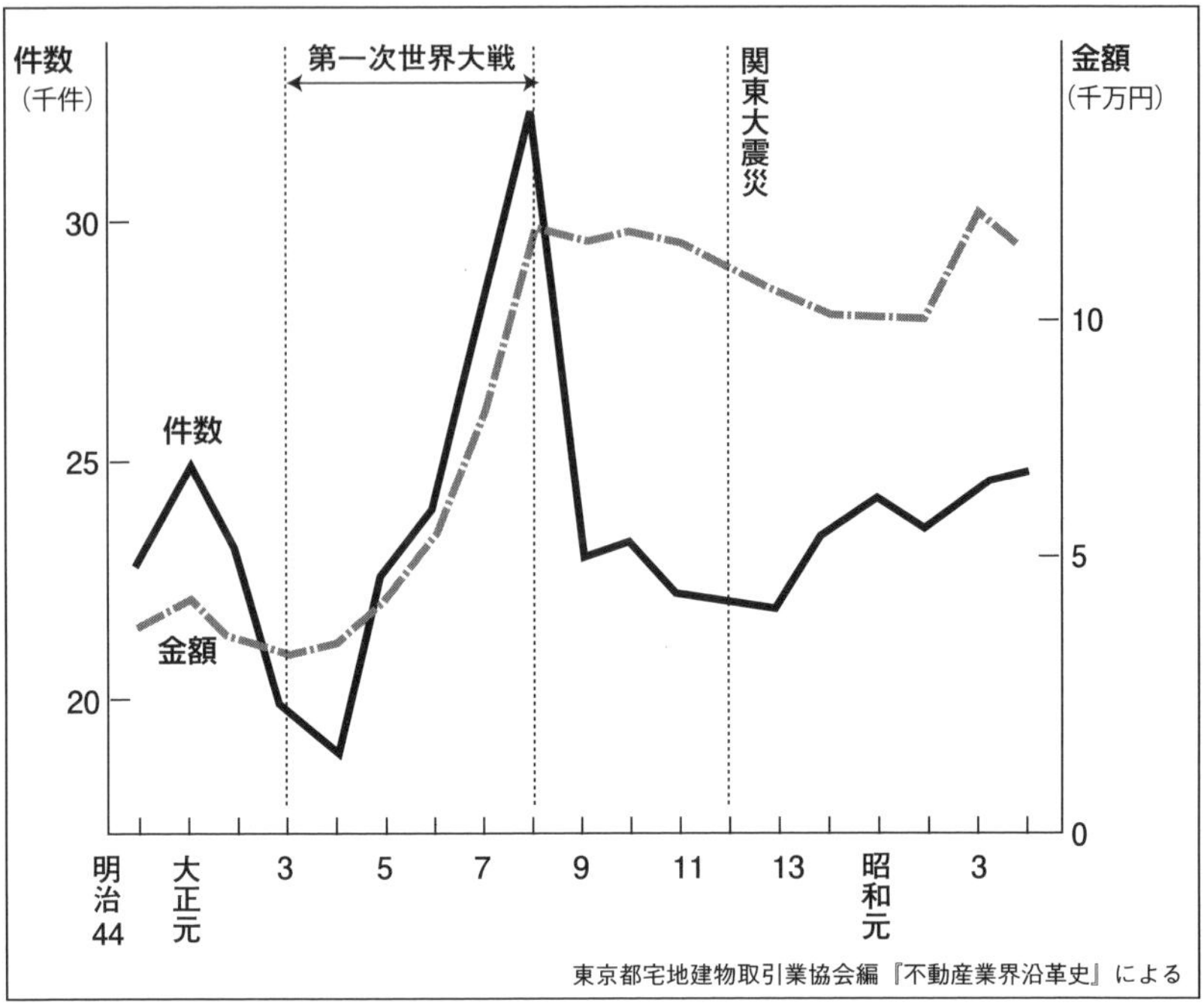

図表 2-7　東京における土地・建物取引の推移（出典：『東京都の百年』／山川出版社）

ここで積極的に動いたのが、大資本を持つ財閥である。

たとえば三井財閥は、政商として政府の支援を受けながら、日本橋兜町、駿河町（現・中央区室町）に拠点を定め、日本橋・麹町・神田・京橋・芝・四谷・本郷・深川などの土地を取得していく。

また、幕末に両替・海産物商から頭角を現した安田善次郎は、浅野セメントの埋立事業に協力して、京浜工業地帯の建設に尽力したほか、安田銀行（現・みずほフィナンシャルグループ）、後に東京建物を創設して東京の不動産を管理させ、さらには中国で日本人居留地の住宅建設にも携わった。安田善次郎は〝天下のケチの筆頭〟とも言われたが、東京大学安田講堂、日比谷公会堂などの建設費を寄付するなど、社会貢献にも積極的だった。

早い時期から、都市開発に最も積極的だったのは三菱である。三菱は幕末期、土佐藩出身の岩崎彌太郎が創立した三菱商会を基盤に三菱合資会社を設立。海運・造船・貿易・鉱業・鉄道事業などに手を広げていく。明治初期には本郷・駒込・巣鴨界隈の土地を取得し、柳沢吉保の庭園・六義園を岩崎家別邸にした。所有地が急拡大したのは、神田三崎町と丸の内の陸軍用地の合計35ヘクタールを購入したとき。丸の内に「一丁倫敦」と呼ばれる赤煉瓦街を建築したのは80ページで述べたとおりだ。

三菱はすでに１８９０年頃（明治20年代）から、丸の内で貸事務所業を営んでいたが、安田系の東京建物がサラリーマン相手の建売住宅月賦販売業を開始して以降、特に第一次世界大戦以降、東京における土地・建物取引が活発化していく。

（5）凌雲閣、活動写真、浅草オペラ

明治から大正にかけて、東京で最も賑わいを見せた盛り場は浅草である。

浅草は江戸時代から、江戸っ子の信仰と娯楽のメッカであった。浅草寺は関東屈指の霊場であり、祭り・開帳・縁日で参詣人を集め、仲見世などの商業を発展させた。江戸後期以降は、歌舞伎の江戸三座（中村座・市村座・森田座）が猿若町（現・台東区浅草６丁目）に集まり、浅草にはさらに多くの見世物小屋・茶店・屋台が集結する。もちろん、浅草の繁栄には、その裏手にあった新吉原遊郭の存在も大きく関係している。

東京随一の盛り場だった浅草は、明治の文明開化でさらに発展する。浅草寺の境内の一部が浅草公園として整備され、さらに１８９０年（明治23年）、パリのエッフェル塔を模したといわれる凌雲閣（浅草十二階）が建設された。凌雲閣は高さ60メートル以上もある煉瓦造りの塔で、浅草公園六区のひょうたん池を見下ろす位置に立ち、その周辺には球乗り・曲馬・射的・パノラマ・メリーゴーランドなどの興行施設も立ち並んだ。

１８９０年代後半になると、活動写真（映画）が新たな娯楽として人々の注目を集めるようにな

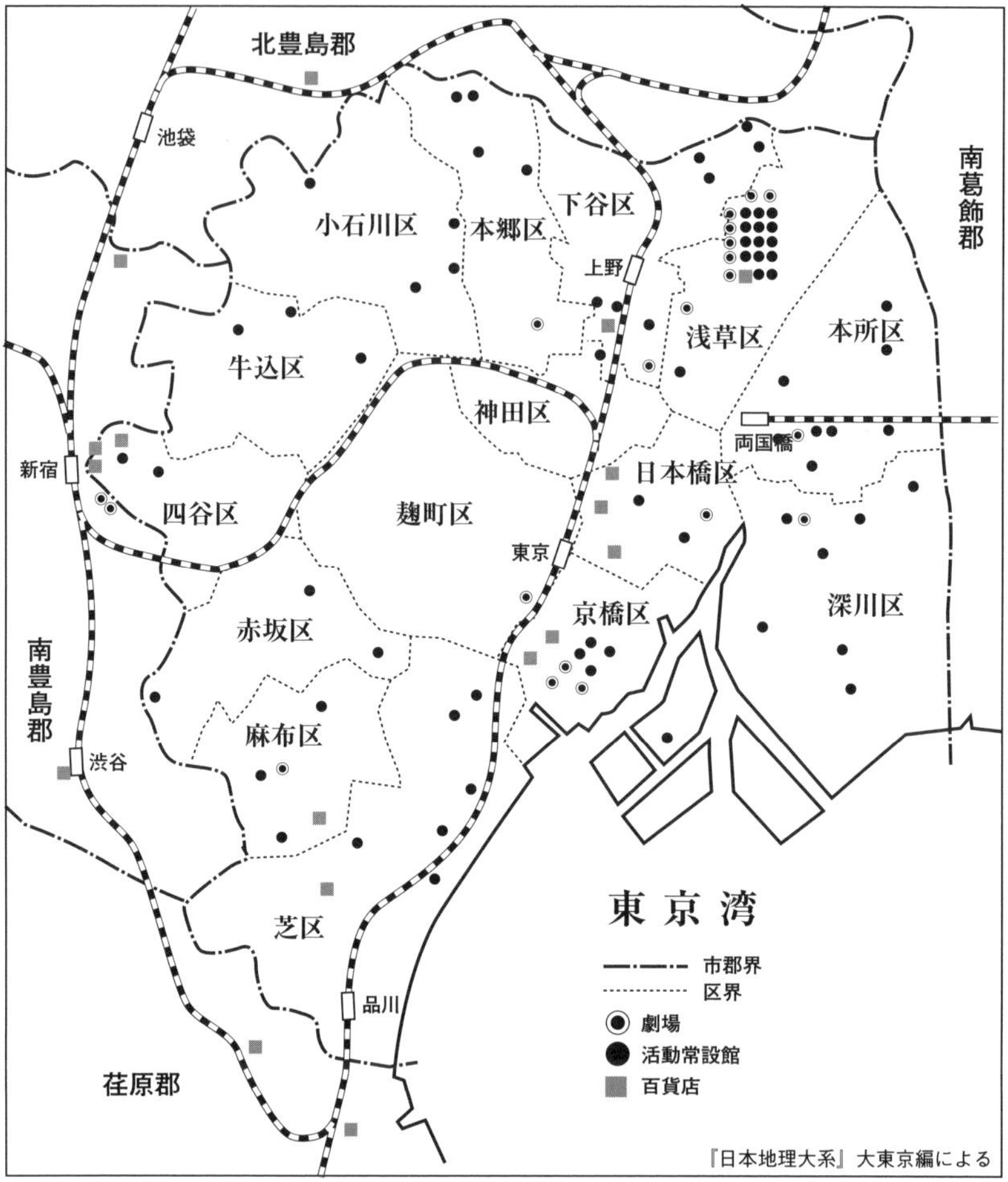

図表 2-8　東京市内のおもな劇場・映画館・百貨店（出典：『東京都の百年』／山川出版社）

る。東京で初めて活動写真が上映されたのは1897年（明治30年）、神田錦輝館においてだった。その後浅草でも、従来の見世物小屋に代わって活動写真館が次々に建てられるようになり、楽隊の伴奏と活弁士（活動弁士）の解説付きで活動写真（無声映画）が上映され、浅草公園六区は活動写真の殿堂として人気をさらった。特に大衆に愛されたのが、日本初の映画俳優と言われる、〝目玉の松ちゃん〟こと尾上松之助だ。また、フランス映画の怪盗ジゴマ物が大ヒットし、当時の流行語（ジゴマる）も生まれている。

さらに浅草では、浅草オペラのブームも生まれた。

浅草オペラとは、浅草六区で上演されたオペラやミュージカルの総称である。1917年（大正6年）から関東大震災までのわずか7年間であったが、安っぽいセリフと歌と踊りをミックスした大衆的なオペレッタに若者は熱狂し、熱烈なファンは〝ペラゴロ〟（オペラ＋ジゴロ）とも呼ばれた。浅草オペラに端役で出演していた榎本健一は、その後〝エノケン〟の愛称で親しまれて映画で大活躍し、日本最初の喜劇王となった。

（6）昭和初期の東京の盛り場

東京、特に東京都心部の街並みはこれまでに2度、大火に焼き尽くされている。最初が1923年（大正12年）9月1日の関東大震災のとき。2度目が太平洋戦争の終盤、1945年3月10日の東京大空襲とその後数カ月にわたる空襲のときである。

関東大震災は、相模湾を震源地としたマグニチュード7・9の大地震だった。建造物では、先ほど紹介した浅草の凌雲閣の8階から上が崩壊したほか、芝区三田の日本電気会社の工場や建設中の丸の内内外ビルディングが全壊するなどした。さらに、地震発生時がちょうど昼食時だったため、市内170カ所以上で火災が発生し、その火は瞬く間に市内全域に延焼して、紅蓮の炎は以後3日間にわたって燃え続けた。日本橋・

神田・浅草・本所区のいわゆる下町は9割以上を焼失した。東京では7万人以上が犠牲になり、その多くが焼死者であった。

この震災によって、東京の街に残っていた江戸時代の名残は、ほぼ完全に消失したといわれる。東京の街並みには欧米文化が急速に流れ込み、新しいモダンな東京が出来上がろうとしていた。茅場町、人形町、神楽坂、四谷など旧来の盛り場から、新たな繁華街へと人々の関心は向かい始める。

震災で壊滅的な被害を受けた浅草も一時は復活した。無声映画（サイレント）は音声入りのトーキーへと変わり、かつて一世を風靡した浅草オペラに代わって、ダンサーが脚線美を見せつける松竹歌劇団（SKD）などの西洋式「レビュー」が人気を集めた。さらに浅草常盤座で、古川緑波や徳川夢声らによる小劇団「笑の王国」も話題を呼んだ。

だが、東京最大の盛り場だった浅草は、次第にその地位を銀座に奪われていく。

銀座には松坂屋・松屋・三越などのデパートが軒を連ね、生活用品から贅沢品まで、多種多様な商品が展示販売されたため、多くの買い物客が訪れるようになった。街には、大震災で焼失した煉瓦街に代わってアメリカ風のビルディングが目立ち、街全体がモダンな雰囲気を醸成していた。街路樹に柳を植えた銀座通りをぶらぶら歩く〝銀ぶら〟という俗語も、この頃以降に市民権を得るようになる。西条八十作詞による流行歌「銀座の柳」もヒットし、銀座は東京だけでなく、日本を代表する繁華街の代名詞になっていった。

昭和初期の銀座の風物詩といえば、カフェーに女給であろう。当時のカフェーは、女給が接客する一種の風俗営業店で、社交喫茶とも言われた。銀座には、カフェーの草分けであるプランタン、美人揃いの女給を揃えたライオン、女給の化粧と着物が派手なタイガーなど、有名な店が乱立する。また、銀座には断髪（ボブカット）・洋装のモダン・ガールや、山高帽子・ロイド眼鏡のモダン・ボーイが出没するようになり、そ

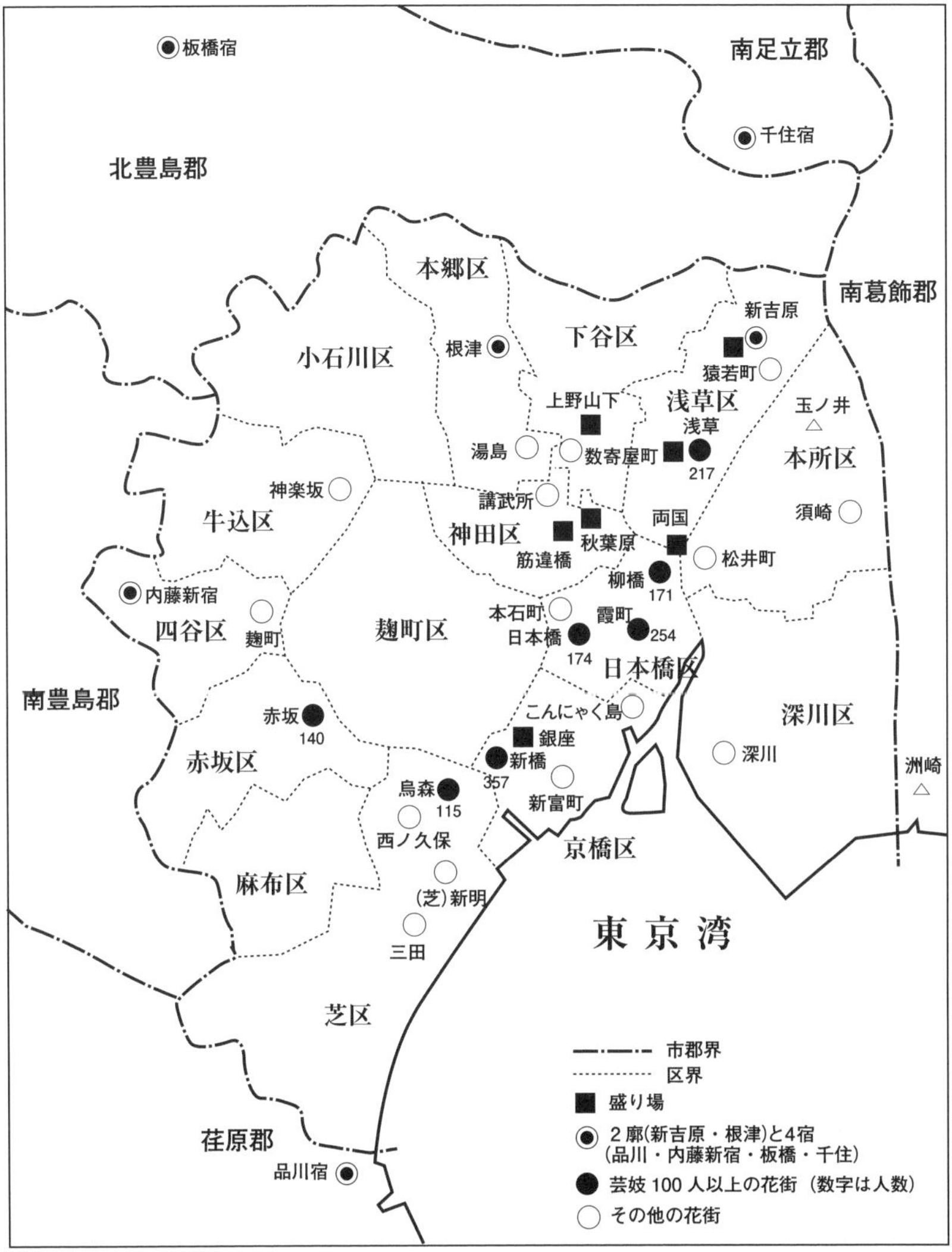

図表 2-9　明治・東京の盛り場と花街（出典：『東京都の百年』／山川出版社）

れぞれ「モガ」、「モボ」と呼ばれて、一世を風靡する。

この頃、新宿も繁華街として発展を見せ始める。それまで新宿は場末の盛り場に過ぎなかったが、国鉄・西武線・京王電鉄線・小田急電鉄線のターミナル駅として乗降客が急増。1930年頃には1日の乗降客が35万人に達したという。こうした人出を見込んで、二幸、ほてい屋、三越、伊勢丹などのデパートが開業したほか、武蔵野館、帝都座など映画館も充実していく。紀伊國屋書店、パンの中村屋、小劇場ムーラン・ルージュなども人気となり、浅草や銀座とは異なる客層が新たな新宿文化を生み出していった。

ちなみに、この時代はラジオ放送が庶民の娯楽のひとつであった。

日本初のラジオ放送は1925年（大正14年）3月22日、東京放送局（現在のNHK東京ラジオ第1放送）から発信された。昭和初期には、東京市内にラジオが約17万台（全国の65％）普及していたと言われるが、市民がおもに聴取するプログラムは、クラシックなどの洋楽よりも長唄・清元など邦楽が多かったという。庶民の生活様式は西洋風に変わっていったが、娯楽面では伝統的な価値観がまだ色濃く残っていたのだろう。

4. 戦後の文化の変遷

(1) 戦後、東京各所にできた闇市

東京都心部を襲った2度目の災禍は、1945年3月10日、アメリカ軍爆撃機B29、325機による東京大空襲である。これにより、隅田川と荒川放水路に挟まれた地域（現在の墨田区・江東区の一部）はほぼ焼失し、この日の空襲による死者約10万人のうちの4分の3はこの地域から出たと言われている。

また、4月13日と15日の夜にも大規模な空襲があり、5月に入ると軍事施設のない市街地までもが攻撃の対象とされた。これらの戦災で消失した面積は約1万6000ヘクタールに上り、これは東京区部の面積のおよそ40％に相当するものであった。

太平洋戦争終結後、戦災から少しずつ立ち直っていくなかで、東京の街はどのように移り変わっていったのだろうか。

街の風景でいえば、「ノガミ」と符丁で呼ばれた上野は、敗戦後の東京を象徴する場所だったと言えるだろう。上野駅周辺には闇市が立ったため、浮浪者たちが自然に集まり、駅地下道が彼らのたまり場になっていった。浮浪者たちは、占領軍に日雇い労働者として雇われる者もいれば、闇市のブローカー、モク拾い(タバコの吸い殻を拾う仕事)、ショバ屋(行列などの場所取りをする仕事)など、ありとあらゆる手段で生活の糧を得ていた。戦争で両親をなくした戦災孤児も、浮浪児として数多く駅地下道に潜りこみ、靴磨きや露天商の手伝いなどをしながら暮らしていた。

とはいえ、当時の食糧難はきわめて深刻だったので、闇市は浮浪者だけでなく、広く一般市民にも利用された。一般家庭の、配給物資と闇物資の家計支出の割合はおよそ3対7であったという。

警視庁調査によれば、闇市は都内234カ所に及び、主要ターミナル駅である上野・浅草・銀座・新宿・渋谷・新橋などの駅前で普通に見られた。赤羽はヤミ米がメイン、両国・錦糸町はサツマイモや海産物が多いなど、それぞれの闇市には特色があったようだ。

東京で、闇市がもっとも早く立った場所は新宿で、よしず張りの新宿マーケットが新宿駅東口に出店した。終戦5日後の1945年8月20日のことであった。その後、闇市の露店は雨後のタケノコのように都内全域で見られるようになる。およそ1年後の1946年7月の統計では、東京都露店商同業組合本部の組合員は

図表 2-10　新宿ゴールデン街の様子、いまも闇市時代のおもかげがうかがえる

6万人に及び、そのうち8割は他の職種から転身した素人であり、出店は1日平均1万店にも達したという。

闇市はその後「マーケット」に呼び名が変わる。マーケット第1号は池袋（ブクロ）で、池袋駅の東口にも西口にも、飲食・食料・日用雑貨を商う露店がひしめき合っていた。

そんな闇市に起源を持つ商店街が、21世紀のいまも残っている。代表的なものは上野のアメ横と、秋葉原電気街であろう。

上野駅から御徒町駅までの国電ガード下周辺にできたアメ横（アメ屋横丁）の名は、終戦直後の闇市時代、当時貴重だった芋アメ類を商ったことに由来するという。その後、占領軍の売店であるPXや救援物資横流しのアメリカ製品なども出回るようになった。今日のアメ横では、魚介類・乾物などの食料品、革ジャンなどの衣類や輸入雑貨、宝飾品などがそれぞれの店舗で売られているようだ。

秋葉原電気街のそもそもの始まりは、神田小川町・須田町付近に、電機工業専門学校（現・東京電機大学）の学生相手にラジオ部品や真空管を売る露店が多く集まったことだった。その後、これらの露店は電気部品ごとに専門店化していき、1951年の露店整理令により秋葉原駅ガード下に集められ、さらに高度成長期における長足の発展を経て今日に至っている。

なお、闇市時代のおもかげは、現在も新宿歌舞伎町の新宿ゴールデン街、新宿西口の思い出横丁、中野の中野サンモール、吉祥寺のハモニカ横丁などでも見ることができる。

(2) アプレゲールという戦後

終戦は人々の暮らしを大きく変えた。特に日本はアメリカの単独占領下にあったため、人々の暮らしぶりも自然とアメリカナイズされていったのである。すべてにおいて、アメリカ流の民主主義と、アメリカ型の消費文化がよしとされた。ともあれ、それまでの軍国主義に彩られた市民生活は一変することになり、その変化の度合いは、第二の開国と言ってもいいほどであった。当時、こうした生活様式の変化は、フランス語の「アプレゲール」（「戦後」の意）という言葉で表現された。この言葉は、「それまでの価値観や道徳観が崩壊した」という、戦後の負の側面に光を当てた言い方であり、「アプレ」などとも略され、「戦後派」という言葉とともに、新しい価値観を揶揄し、批判する響きもあった。

盛り場の様子も一変する。映画館や劇場が開館し、ハリウッド発のアメリカ映画が多数封切られた。ラジオからはジャズが流れ、アメリカ兵と腕を組んで歩く日本人女性も見られるようになった。

出版界では、雑誌の創刊・復刊ラッシュとなった。それまで、戦時体制下で出版は厳しく制限されていたから、活字に飢えていた市民はこぞって書籍や雑誌を買い求めた。雑誌では、その多くは数号でつぶれる

〝三号雑誌〟だったが、きわどい性風俗を扱った〝カストリ雑誌〟が百花繚乱状態だった。

書籍で戦後初のベストセラーになったのが『日米会話手帳』（科学教材社）である。これをきっかけに、各地で米会話教室がオープンするようになり、翌1946年2月から、NHKラジオで「カムカム英会話」なる番組も放送されることになった。

（3）団地族の出現

1950年6月から始まった朝鮮戦争は、わが国に特需景気をもたらし、都心部でビルの建設ラッシュが起こる。復興は一気に加速し、戦後5年間で、東京区部の人口は278万人から539万人へと2倍近くの伸びを示した。そこで、急増する人口の受け皿として、本格的な公営住宅である都営の戸山アパート（1144戸）が1948年に出現する。それ以後、日本住宅公団（現・UR＝独立行政法人都市再生機構）によって、三鷹市の牟礼（565戸）、葛飾区の青戸（681戸）、江東区の大島（624戸）、中央区の晴海（578戸）などに団地が立て続けに建設されていく。こうして、戦後の庶民の新しい生活様式としての「団地族」が登場するのである。たとえば、武蔵野市に建設された緑町団地（829戸）では、住人の大多数がサラリーマン世帯であり、夫婦ともに高等教育を受けた一世帯3～4人の核家族、というのがひとつの典型例であった。団地では、ダイニングキッチン（DK）など欧米型の居室区分が取り入れられ、通常より一回り小さい「団地サイズ」の畳が採用された。こうした新たな試みは、その後の日本の住宅建築に大きな影響を与えたと言えるだろう。

また、この緑町団地では、仏壇を持つ家庭は全戸の13％、神棚を持つ家庭は6％にすぎなかったという。仏壇や神棚の代わりに、2DKの室内に置かれていたのは、当時新製品の耐久消費財であった。電気洗濯機・電気冷蔵庫・電気掃除機（のちにテレビと置き換わる）の３つの電化製品は当時「三種の神器」と呼ばれ、新たな都市生活を象徴するアイテムとなっていた。三種の神器の登場は、家事労働の時間短縮と省力化につながり、女性の意識を変え、女性の社会進出を促す遠因となった。なお、後の１９６０年代には、カラーテレビ・クーラー・自家用車が「新・三種の神器」と呼ばれるようになる。

（４）オリンピック後に栄えた青山・原宿・六本木

東京のインフラ整備を飛躍的に高める契機となったのは、１９６４年にアジアで初めて開催された東京オリンピックである。道路網では、首都高速道路の建設、環状７号線西側部分の開通、国道２４６号線（青山通り・玉川通り）の拡幅など、羽田空港〜オリンピック関連施設間の道路が優先的に整備された。地下鉄の整備も進み、上下水道といったユーティリティの水準も上がった。また、競技場の建設された代々木・原宿周辺や駒沢地区には、それまでの東京にはなかった欧米的な都市空間が出現した。

オリンピックで変貌を遂げたのは、基盤施設だけではなかった。東京の都市空間を特徴づけてきた歴史的な盛り場で、その後は副都心として発達していく山手線沿いの新宿、渋谷、池袋などの景観が変化したのだ。また、道路整備で一番の恩恵を受けた青山通りに近接する赤坂、六本木、原宿などの現代的盛り場が台頭してきたのも、オリンピック後の東京の大きな変化であろう。新宿は西口の駅前広場を巨大なバスターミナルとし、これを地上と地下の広場で一体化し、すでに１９５９年に開通していた地下鉄丸ノ内線のプロムナードによって東口へもアクセスしたのであった。それは将来の西口を代表する超高層ビルの業務街と日本最大の歓楽街となる歌舞伎町という両極端を結ぶ線でもあった。

しかし、オリンピック施設との接点でいえば、その後の東京の景観と風俗を代表するものとなる渋谷駅周辺での面的な広がりの変化が特筆できる。北に向かえば建築家・丹下健三の手による吊り屋根構造のスタジアムと代々木公園、その延長に原宿があり、東へ向かえば六本木、赤坂が位置し、青山通り沿いは国際化する東京を象徴する都市空間となった。

都市の新しい文化は、既存の文化がすでに形成されているエリアから「少し外れた地域」で発生しやすい。なぜなら、新しい文化の担い手は基本的に若者であり、若者は基本的に経済的に恵まれていないからである。若者は既存の盛り場で活動したくても、地価の高い盛り場で活動の拠点を持つことができない。そこで、まだ人気がなく地価も安い地域で活動せざるを得ないというわけだ。これは、世界に通ずる一般原則とも言える。

そのいい例が、ニューヨーク・ダウンタウンの文化拠点の変遷である（詳細は第1章54ページ参照）。こうした文化拠点の変遷は、前回のオリンピックのとき、青山通り周辺でも起きていた。東京の盛り場のなかで、オリンピックの影響を最も強く受けたのは前述のとおり、渋谷である。だが、そこから少しだけ離れた地域でも、都市の繁栄は連鎖的につながっていった。

たとえば六本木は、旧日本陸軍の歩兵第一連隊と歩兵第三連隊の兵舎があった場所であり、六本木は戦前・戦中をとおして兵隊の街であった。戦後、それらの兵舎はアメリカ軍に接収され、付近に外国大使館もつくられ、六本木は進駐軍と外国公館の街として異国情緒を漂わせるようになる。そしてアメリカ軍が撤収した1959年頃、この地にテレビ局が開局し、新たな歴史が動き出すことになる。近隣の赤坂にも別のテレビ局があったことから、テレビや芸能関係者が六本木に集まり、もともとは米軍兵士向けに深夜まで開いていたバーなどで遊び始めたのだ。彼らはドドンパを踊り、ピザを食べ、一部のマスコミから「六本木族」と注目されたが、新たな文化を生むまでには至らなかった。

図表 2-11　1964 年のオリンピックを機に整備された国道 246 号線（青山通り・玉川通り）を軸に都市空間や文化が発展した

一方、青山は江戸から見ると街外れにあたり、大名の下屋敷や雑木林が広がっており、明治以降は青山墓地もつくられた静かな街であった。だが、東京オリンピックを控え、国立競技場〜代々木体育館〜選手村〜駒沢オリンピック公園を結ぶ青山通り（明治通り交差点以降は玉川通り）が整備されると、街はにわかに活況を呈するようになる。特に青山通りは、幅員が22メートルから40メートルに拡幅され、都市の景観はにわかに欧米風かつファッショナブル化した。すると、いつの頃からか、青山通り沿いだけでなく、青山通りと交差するみゆき通り、骨董通り、キラー通りなどにもファッション関連のブランドやブティックが建ち並ぶようになる。若いデザイナーたちが、まだ注目される前の青山通り周辺に集まり始めたのだ。その中でも青山通りとみゆき通りが交差する表参道と、明治通りと表参道が交差する神宮前（原宿）は、特に賑わいを見せた。

　オリンピックを機に、青山、表参道、原宿はおしゃれな街として認知されるようになった。それだけではない。実はオリンピックに合わせて六本木通りも整備され、オリンピックの同年の1964年に地下鉄六本木駅が開業したこともあって、六本木もオリンピックを機に輝き始める。こうして、渋谷から少し外れた青山、表参道、原宿、六本木は若者文化を発信する街となり、その後は、さらに少し外れた代官山、恵比寿、中目黒などにも文化の拠点が広がっていくことになる。

（5）バブル崩壊後の都心部再開発

　オリンピック後の東京都心部の繁栄は、高度経済成長期をとおして、ずっと続いていく。銀座、丸の内、浅草、上野、新宿、渋谷、池袋、原宿、六本木、秋葉原など、東京に複数存在する文化の拠点は、それぞれが独自性をもって発展を続けた。そして1980年代に入ると、都心の繁華街はほぼ飽和状態になる。さらに開発したくても、開発する余地がなくなってしまっていたのだ。

　そんなとき、臨海副都心構想を提言したのが、1979年に都知事に就任した鈴木俊一だった。彼は、東京湾埋め立て地の臨海部を7番目の副都心に設定し（それ以前に設定された副都心は新宿、池袋、渋谷、上野・浅草、錦糸町・亀戸、大崎の6箇所）、その中の台場、青海、有明北、有明南の4つの地区に新たなオフィス街を建設しようと考えた（実際に臨海部が副都心に追加されたのは1995年）。そして、臨海開発の起爆剤となることを期待されたのが、1996年に台場で開催予定の世界都市博覧会であった。鈴木は1970年の大阪万博で事務総長を務めた経験があり、首都圏で国際博覧会を開催するのが長年の悲願でもあった。

図表2-12　2003年にオープンした「文化都心」六本木ヒルズ

だが、１９９０年代前半にバブル経済が崩壊し、一気に潮目が変わる。臨海部進出内定企業の辞退が相次ぎ、新たなオフィス経営など成り立たない状況になった。そして１９９５年の都知事選では、世界都市博中止と臨海部開発の見直しを公約に掲げた青島幸男が当選し、臨海副都心開発はここで後退することになる。

バブル崩壊は、しかし、東京に別の作用ももたらした。バブル崩壊で国と企業が抱えることになった莫大な負債を返済するには、急落した不動産価格を押し上げるしかない。そのためには、不動産そのものの価値を高める必要がある。こうして、そもそも地価の高かった東京都心部で、さらに不動産の価値を高めるべく、大規模な再開発プロジェクトがいくつも立ち上がることになった。その際、小泉政権下で２００２年に制定された都市再生特別措置法が、都心部再開発を強力に後押しした。

その頃再開発されたのが、大手町・丸の内・

有楽町、いわゆる「大丸有」の超高層ビル群であり、汐留シオサイトであり、六本木ヒルズであった。特に2003年にオープンした六本木ヒルズは、複合機能を活かしたそれまでにない再開発プロジェクトとして注目される。従来の都心のビルは、オフィス棟に若干の商業施設を付帯させるものばかりであったが、六本木ヒルズはオフィス、住宅、商業、アート、エンターテインメント、緑といった多機能を複合させた点で斬新であり、森タワー最上階の美術館に象徴されるように「文化都心」としてのコンセプトを持っていた。経済最優先だった都心の開発に、文化の視点を取りいれるという、民間のディベロッパーとしては画期的な試みでもあった。六本木ヒルズのような、文化機能をも取り込んだ複合施設での街づくりは、その後の都心部再開発の大きな潮流になっていくのである。

5. 東京の文化の現状——海外都市との比較

これまでの節で、東京の文化が江戸時代からの歴史を色濃く反映していることを理解できた。また、東京文化の特色が「自然との共生」や「多様性」に関わっていることも確認した。

では、現在の東京を文化的側面から見た場合、客観的にどう評価されるのか。ここでは「世界の都市総合力ランキング（GPCI）2016」（森記念財団 都市戦略研究所）のデータに着目してみよう。「世界の都市総合力ランキング」は、「経済」、「研究・開発」、「文化・交流」、「居住」、「環境」、「交通・アクセス」の6分野70指標から、世界42都市を評価するランキング調査である。そのうち「文化・交流」分野は5つの指標グループと16の指標で構成されているが、本章では、以下の3つの指標グループ、「交流・文化発信力」、「文化資源」、「集客施設」に着目したい。なぜなら、この3つの指標グループこそ、世界的に見た東京文化の魅力度を端的に物語っていると考えられるからだ。

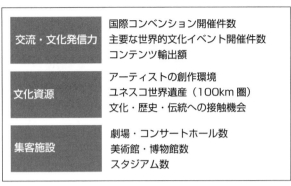

まず、「交流・文化発信力」について。文化は、人と人の交流によって伝播し、交流が密になるほど伝播する力は増大して、そこから新たな文化の生まれる可能性も高まる。ゆえに、ある都市に海外から多くの人が集まり交流するかどうかは、その都市の文化発信力を測る大きな指標になる。そういう意味で、「国際コンベンション開催件数」、「主要な世界的文化イベント開催件数」は重要なデータになる。また、国際化が極度に進んだ現代社会において、ある都市の文化は、メディアを介することで海外に広く急速に伝播する。その意味では、「コンテンツ輸出額」もある都市の文化発信力を表していると言っていい。

交流・文化発信力	国際コンベンション開催件数 主要な世界的文化イベント開催件数 コンテンツ輸出額
文化資源	アーティストの創作環境 ユネスコ世界遺産（100km 圏） 文化・歴史・伝統への接触機会
集客施設	劇場・コンサートホール数 美術館・博物館数 スタジアム数

図表 2-13「世界の都市総合力ランキング」における文化に関する指標

次に、「文化資源」について。文化資源こそ、海外から多くの人を招き寄せる重要なファクターであり、その都市の文化的な魅力度を高めるものだ。「アーティストの創作環境」は、文化を生み出し発信するアーティスト自身にとって、「その都市が創作しやすい環境かどうか」をアンケート調査で明らかにした指標である。また、世界的に見てポピュラーな集客力を誇る「ユネスコ世界遺産」が近くにあるかどうかも、その都市の魅力度を測る重要な指標になる。合わせて、住民や観光客にとっての「文化・歴史・伝統への接触機会」の多寡は、その都市の文化の浸透度や成熟度を見るのにふさわしい指標だと言えるだろう。文化資源がその都市にしっかり根付いていれば、対外的にも文化を広く正確に発信することができ、文化的魅力度も当然高まると考えられるからだ。

最後に、「集客施設」について。ある都市における文化イベントの上演・上映回数は「劇場・コンサートホール数」に比例し、地元住民や観光客の文化・芸術作品への接触頻度は「美術館・博物館数」に比例する。すなわち、「劇場・コンサートホール数」と「美術館・博物館数」は、対外的にも文化的魅力になり得るだろう。なお、同じ「集客施設」グループに属する「スタジアム数」は、「文化」に対する直接的な関わりが薄いと判断し、ここでは割愛した。

(1) 国際コンベンション開催件数

国際コンベンション開催件数は、国際協会連合（ＵＩＡ）の国際コンベンション統計による、対象都市での国際会議開催件数をカウントしたものである。開催件数が圧倒的に多いのはシンガポールだ。開催件数は年間約９００件であり、2位のブリュッセルとは１００件以上の差となっている。シンガポールが突出しているのは、ＭＩＣＥを積極的に誘致するという、同都市の国際戦略が功を奏しているからだろう。以下、3位ウィーン、4位パリ、5位ソウル、6位東京と続く。東京はアジアで3位だが、1位のシンガポールの4分の1強の件数に甘んじており、国際交流活動はまだまだ弱いと言われている。これは東京の「文化・交流」におけるひとつの課題であろう。

1	シンガポール
2	ブリュッセル
3	ウィーン
4	パリ
5	ソウル
6	東京
7	マドリッド
8	バルセロナ
9	バンコク
10	ベルリン

（出典：GPCI2016、以下図表2-21まで同）

図表2-14　国際コンベンション

ちなみにＭＩＣＥとは、Meeting（会議・研修）、Incentive（報奨旅行）、Convention（学会・国際会議）、Exhibition（展示会・

見本市）の略である。

（２）主要な世界的文化イベント開催件数

主要な世界的文化イベントとは、オリンピック・パラリンピック（１８９６～２０１６年）、博覧会国際事務局（ＢＩＥ）認定の博覧会（１９３５～２０１６年）、サッカーワールドカップ（１９３４～２０１４年）と、ワールド・トラベル・ガイド（World Travel Guide）に掲載されているイベント開催件数の合計値をカウントしている指標である。

1	ロンドン
2	バルセロナ
2	アムステルダム
4	ロサンゼルス
4	ボストン
6	パリ
6	ブリュッセル
6	サンフランシスコ
6	ニューヨーク
10	ウィーン
12	東京

図表2-15　世界的文化イベント

この指標で開催件数の最も多いのはロンドンであり、以下バルセロナ、アムステルダム、ロサンゼルス、ボストンが続き、東京は12位である。世界的文化イベント開催件数と、都市の規模との間にはあまり関係がないことがわかる。いずれにしろ、東京は世界的文化イベント開催件数においても、世界的に抜きん出ているわけではない。

（３）コンテンツ輸出額

世界の主要都市の中には、「ファッションのパリ」、「ミュージカルのニューヨーク」のように、その都市ならではの特徴的な文化を持つ都市がある。そういう意味で、東京が世界に誇れる文化の一つには、「マンガ・アニメ」があげられるであろう。たとえば「ドラえもん」、「ドラゴンボール」、「ＮＡＲＵＴＯ」などのアニメは世界数十か国で放映され、人気を博している。

1	ロンドン
2	ニューヨーク
3	香港
4	シンガポール
5	ロサンゼルス
6	シカゴ
7	アムステルダム
8	パリ
9	ブリュッセル
10	サンフランシスコ
16	東京

図表2-16　コンテンツ輸出額

1	ニューヨーク
2	ロンドン
3	北京
4	パリ
5	ベルリン
6	ロサンゼルス
7	ウィーン
8	サンフランシスコ
9	シカゴ
10	ボストン
11	東京

図表2-17 アーティストの創作環境

そこで、そういったコンテンツの輸出額を都市別に見たのがこのデータである。見ると、圧倒的な1位がロンドンであり、2位ニューヨーク、3位香港と続く。ロサンゼルスが5位に入ったのは、ハリウッドを抱えているためであろう。そして、東京がどのくらいの順位に入っているかというと、ずっと下って16位である。

東京が、なぜこれほど下位に甘んじているのかというと、前述のようにアニメやマンガが世界を席巻しているとはいえ、現地でのローカライズや印刷などを行っていることで、印刷物やメディア、インターネット配信など産業としての輸出額が小さくなっているためだ。日本や東京から生み出された日本由来のコンテンツが実態としてどの程度輸出されているのかを統計として捉えるのは困難である。

(4) アーティストの創作環境

アーティストにとって、創作環境は重要である。たとえば、コシノジュンコも高田賢三も、ファッションデザインを探求するためにパリに渡った。ファッションの都パリには、彼らの才能を伸ばすだけの環境が整っているからだ。そういう点に着目し、アーティストの創作環境をスコア化したのがこの指標である。

評価は二つのデータに基づいている。一つは、「アートプライス」による「現代アート市場レポート」における1年間の作品落札総額上位200人のうち、対象都市を拠点としている現代アーティストに順位に応じて与えた点数。もう一つが、対象都市に在住・在勤している有識者アンケートの結果を反映したものである。

結果は、1位がニューヨーク、2位がロンドン、3位はもともと軍事工場だった場所に多くのアトリエやギャラリーが集まる798芸術区のある北京、4位がパリ、5位がベルリンとなっている。東京は11位で、「まあまあ」といった評価であり、アーティストの創作環境がかならずしも整っているとは言えない。

(5) ユネスコ世界遺産(100㎞圏内)

この指標は、対象都市から100㎞圏内にあるユネスコ世界遺産の数をカウントしたもの。この指標ではブリュッセルが圧倒的な1位で、さらにアムステルダムとメキシコシティが同スコアの2位、ロンドン、ソウル、ウィーン、チューリッヒ、ミラノ、北京、マドリードが同スコアの4位で続く。東京は、シドニー、ストックホルム、コペンハーゲンの17位に続く20位である。東京の場合、富士山と富岡製糸場が100㎞圏内に入っている。また、2016年にル・コルビュジエの建築作品の一部として世界遺産に登録された国立西洋美術館もカウントされている。

ちなみに、京都はGPCIの対象となっている主要42都市に含まれないため、この指標による評価はされていないが、世界

1	ブリュッセル
2	アムステルダム
2	メキシコシティ
4	ロンドン
4	ソウル
4	ウィーン
4	チューリッヒ
4	ミラノ
4	北京
4	マドリード
20	東京

図表2-18　ユネスコ世界遺産

遺産の数でいえば、かなり上位に入るだろう。一方の東京は、徳川家康による1603年（慶長8年）の江戸開府から400年程度の歴史しかないのに加え、歴史的建造物の多くは木造だったため、江戸時代の大火や関東大震災、東京大空襲などでそのほとんどが焼失してしまっている。そのため、世界遺産という観点では、どうしても評価されにくいと言える。

（6）文化・歴史・伝統への接触機会

文化・歴史・伝統への接触機会は、対象都市在住者と有識者へのアンケート結果をもとに評価されている。対象都市在住者に対するアンケートでは、「あなたの都市は、他の都市から訪れた人にとって、魅力的な文化（歴史、伝統、芸術、風習等）に接する機会が多いですか」という質問を、また、有識者（15都市以上の訪問経験がある者）に対するアンケートでは、「文化的な魅力（歴史、伝統、芸術、風習等）に接する機会が多いと思う都市を、5つ以上お選びください。都市を5つ選べない場合は『これ以上はない』にチェックをいれてください」という質問をしている。その結果は、1位パリ、2位ロンドン、3位ウィーンとヨーロッパの歴史ある都市が上位を占めた。以下、4位バルセロナ、5位ニューヨーク、6位ベルリン、7位イスタンブールと続く。東京は18位と低い評価であり、文化や歴史に対する接触機会が多い都市とは考えられていない。

1	パリ
2	ロンドン
3	ウィーン
4	バルセロナ
5	ニューヨーク
6	ベルリン
7	イスタンブール
8	北京
9	アムステルダム
10	メキシコシティ
18	東京

図表2-19 文化･歴史･伝統への接触

（7）劇場・コンサートホール数

1	パリ
2	ニューヨーク
3	東京
4	ロンドン
5	ベルリン
6	ワシントンD.C.
7	メキシコシティ
8	ウィーン
9	アムステルダム
10	ロサンゼルス

図表2-21　美術館・博物館数

1	ニューヨーク
2	ロサンゼルス
3	シカゴ
4	トロント
5	パリ
6	ロンドン
7	ワシントンD.C.
8	マドリッド
9	ウィーン
10	アムステルダム
15	東京

図表2-20　劇場・コンサートホール数

この指標は、二つの代表的な旅行ガイドブック（「ロンリープラネット（Lonely Planet）」と「タイムアウト（TimeOut）」）に掲載されている劇場・コンサートホールの数をカウントしたものである。これを見ると、1位ニューヨーク、2位ロサンゼルス、3位シカゴと、上位をアメリカの都市が占めている。アメリカは比較的歴史の浅い国だけに、劇場やホールを積極的に建設することで、自国の娯楽や文化の振興をはかる狙いがあったのかもしれない。ちなみに東京は15位であり、劇場やコンサートホールの数は、世界の主要都市に比べて、まだまだ少ないと言わざるを得ないだろう。

（8）美術館・博物館数

この指標も、劇場・コンサートホール数と同様、前述の二つの代表的な旅行ガイドブックに掲載されている美術館・博物館の数をカウントしたものである。これを見ると、1位パリ、2位ニューヨーク、3位東京となっており、GPCIの文化関連の指標の中では最も上位になっている。非常に多くのストックを持つことは東京の強みだと言える。

しかし、入館者数で見ると年間900万人前後が訪れるルーブル美術館（パリ）や年間600万人以上が訪れるメトロポリタン美術館（ニューヨーク）、大英博物館（ロンドン）などに並ぶ施設はない。人気の企画展で集客している国立新美術館や東京都美術館の来館者数でも年間250万人前後に留まる。その来館者も、2015年の展覧会で言えばモネ展やルーブル美術館展などのように、あくまで海外からの来日作品の企画展に集中している。東京の美術館・博物館自身の魅力という点での課題は大きいと言えるだろう。

このようにランキングを振り返ると、総じて、次のように言えるであろう。東京は、世界の主要都市と比較すると、「文化・交流」分野において世界に発信する装置がまだ脆弱であり、発信すべき内容やコンテンツについても、質量ともに物足りない部分がある。発信すべき文化の内容については、東京の文化資源を改めて精査し、東京文化の魅力を発掘・再評価することで、より明確に見えてくるだろう。また、文化を発信する仕組みについても、一層の創意工夫が求められる。

6. 文化的側面から見た東京の強みと弱み

本章ではこれまで、江戸・東京文化の歴史的変遷と、海外主要都市とのランキング比較を見てきた。それらを踏まえたうえで、ここでは文化的側面から見た、東京の強みと弱みを概観しておきたい。

東京の強み、弱みを見る場合、その切り口には①文化的資源、②交流・発信、③場・空間、④産業、⑤仕組み・担い手、⑥教育の6つがあると考えられる。

(1) 文化的資源

東京の文化的資源には、時間的経緯と場所の特性という二つの根源的な軸から見れば、次の三つがある。江戸・東京ならではの伝統に裏打ちされたもの、東京の自然に由来するもの、そして現代の東京に由来するものである。

伝統的なものでいえば、歌舞伎、能、相撲、落語などの伝統的なパフォーマンスもあれば、大島紬、黄八丈、江戸切子、江戸指物などの伝統工芸品もある。現在、東京都の伝統工芸品として40もの品目が指定されている。

日本や東京ならではの自然も、貴重な文化的資源である。わが国には四季があって、日本人はそれを当たり前のものと感じているが、世界を見渡してみると、日本のように明確な四季のある国はむしろ少ない。春と秋がほとんどないような国も珍しくないのだ。

日本における四季の変化は、そこで暮らす人々にさまざまな楽しみや喜びを与えてくれる。春には花見で遊び、夏は花火に興じ、秋には月を愛で、冬には雪見を楽しむ。それらの体験を俳句に詠む楽しみもある。

また、東京には2300以上の神社と、2600以上の寺院があると言われており、神社仏閣だけでも非常に広い面積を占めていると思われる。そして、それらの境内には、巨木の緑など、豊かな自然が残されている。本章前半で紹介したとおり、江戸はそもそも、世界に類を見ない庭園都市でもあったのである。そして、それらの神社仏閣では四季を通じてさまざまな祭礼が行われている。コミュニティごとに、これほど多くの祭りが開催される都市は、世界的にも珍しいであろう。また、そういった祭礼を支えているのは、江戸時代から培われた、江戸っ子としての情緒や人情の機微であろう。神社仏閣とそこで行われる祭礼は、東京の伝統と自然が融合した文化だと言えるかもしれない。

文化的資源の3つ目は、伝統と自然をバックボーンに、現代の東京が生み出した若者文化やサブカルチャーである。まず真っ先に思い浮かぶのはアニメやマンガであり、あるいはゲームであり、そこから派生したコスプレやKAWAiiカルチャーなどであろう。

これら3つは、東京が持つ文化的資源であり、これらを持っていることは東京の強みだと言える。だが、それらが資源として有効に活用できているかというと、そこには大いに疑問が残る。たとえば、アニメやゲームは東京ならではの文化的資源だが、それらはどこかに行って見られるというものではない。サブカルチャーとして、原宿系、アキバ系、銀座系などさまざまな文化の芽はあるものの、それを確かな文化財にまで育て上げる方法論が確立できていないのである。

また、東京ならではの伝統的な資源も確かにあるのだが、ロンドンやパリの歴史遺産と比べると、貧弱なのは否めない。たとえばロンドンには、11～12世紀に建設されたロンドン塔やウェストミンスター寺院などがいまもそびえ、パリには13世紀のノートルダム大聖堂やサント・シャペル、16世紀のルーブル宮殿など多くの歴史資源がセーヌ河岸に残っているが、今日の東京では、歴史を感じる街並みは意外に少ない。なんといっても、東京は関東大震災と東京大空襲で2度も焼き尽くされているからだ。特に、江戸情緒が色濃く残っていたはずの本所や向島には、いまに遺されているものが非常に少ない。こうした歴史遺産も含め、文化的資源をどう発掘し、どう育てていくかが今後の課題であろう。

(2) 交流・発信

次に、文化を外に向かってどのように発信していくか、そのための交流をどのように行っていくか、という問題がある。

日本は伝統のある国であり、歴史的に豊かな蓄積がありながら、同時に現代最先端のテクノロジーを擁する国でもあり、実にさまざまな情報発信の手段を持っている。これは大きな強みである。また、アジアの国としては、西洋の文明と文化をもっとも早くから取り入れ、活用してきている国でもある。つまり、日本の首都・東京に来れば、東洋にいながら西洋のことがわかるのである。このように、西洋の情報も含め、情報に対してきわめてオープンであるという点は、東京のひとつの強みと言えるだろう。さらに、ここ数年、訪日外国人旅行者数が急増しているということは、それだけ国際交流と国際的な情報発信の機会が増えていることを意味している。

しかし現状においては、交流・発信がかならずしもうまくいっているとは言えない。たとえば、わが国のアニメやマンガが全世界的に人気を博しているものの、東京のコンテンツ輸出額は世界42都市中16位にとどまっており、人気が高いわりに産業としての発信力が不足していることがわかる。

また、日本人には英語力に引け目を感じている人が多く、シャイで非社交的という国民的な資質の影響もあって、自分から外国人に情報を発信していこうという人がまだまだ少ない。これは東京の抱えている弱みである。

だが、ひとつ嬉しいデータがある。少し前の統計になるが、外国人旅行者に訪日前と訪日後に、日本に対するイメージ調査を実施したところ、「日本の人々が親切／礼儀正しい」という項目は訪日前の28・９％から37・８％に、「サービスが良い」が訪日前の13・２％から訪日後の17・７％に増えているのだ（図表２－３）。つまり、日本に来てもらえさえすれば、日本人のホスピタリティの高さは、外国人にもきっとわかってもらえる。現在、訪日外国人旅行者数は年を追うごとに順調に増えているので、この勢いでさらに訪日外国人の数を増やしていけば、日本や東京の文化を自然に世界に発信していく可能性は高まるだろう。

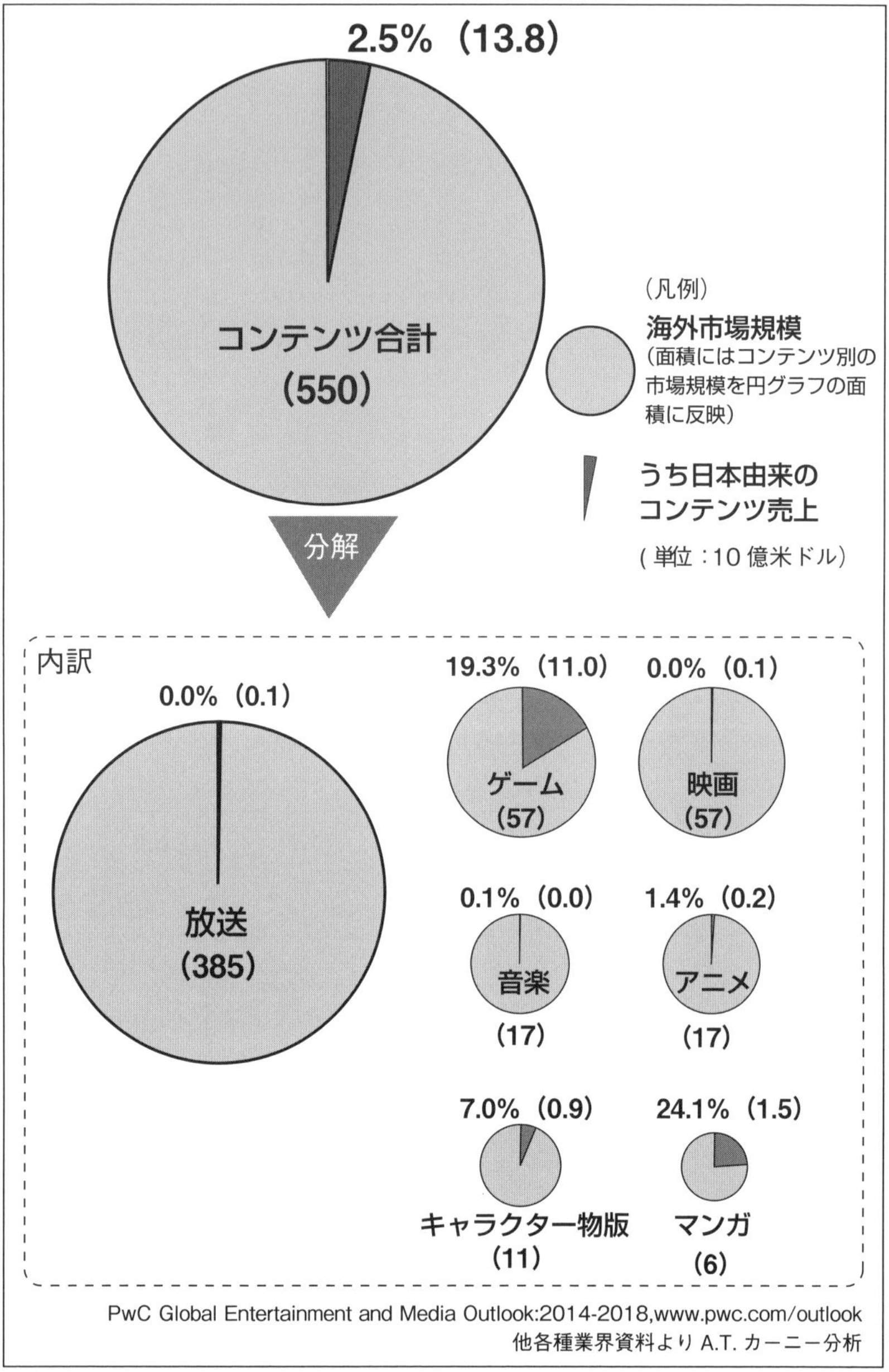

図表 2-22　コンテンツの市場規模と日本由来のコンテンツの売上シェア
（出典：経済産業省メディアコンテンツ課資料）

(3) 場・空間

文化を発信するには、発信するための場所がなければならない。しかし考えてみれば、都市の文化を発信する場合、実は都市の持っている魅力そのものが、ひとつの情報発信になっていると言えるだろう。まず、この点はきちんと押さえておきたい。例えば、下町を訪れたときには下町風情を感じるが、その際に感じた下町風情そのものが、実はその都市の文化の発信になっているのだ。

東京には、銀座、新宿、渋谷、六本木など、盛り場や繁華街と言えるいくつもの拠点がある。こうしたそれぞれの拠点が、それぞれに都市の魅力を発信することがきわめて重要である。言い換えれば、人がある街を訪れたとき、「ここには○○がある」と、その文化的資源が具体的にわかる都市空間になっていなければならない。

例えば銀座は、世界的に見ても、きわめてハイセンスなショッピング街である。だが、銀座の本当のすごさは、単に趣味のいいブランドショップや老舗飲食店が並んでいるだけではない。私から見れば、メインストリートである中央通りの裏の裏の通りにまで、センスのよい店舗が並んでいることのほうが重要である。なぜなら、こんなショッピング街は世界のどこにもないからだ。ニューヨークの5番街にしろ、ビバリーヒルズのロデオ・ドライブにしろ、メインストリート沿いには確かに高級店が並んでいるものの、そこから1本か2本裏通りに入れば、そこは何の変哲もないただの通りである。ところが、銀座は違う。1本、2本、3本裏通りに入っても、気の利いた店がぎっしり並んでいる。つまり銀座は、通りに面して高級店が並んでいるだけではなく、エリア全体で文化を語れる場所になっているのだ。

とはいえ、こうした銀座の魅力が、訪れる人にきちんと伝わっているかどうかはわからない。東京にはせっ

図表 2-23　渋谷スクランブル交差点

かく、個性豊かな拠点がいくつもあるのだから、これを東京の強みとして、それぞれが他の都市と差別化をはかりつつ、都市の魅力を発信していくのは可能なはずだ。要は、「原宿に行けば××がある」、「恵比寿に行けば○○がある」という「○○」や「××」が明確にわかっていればいいので、もしそれがないなら、新たに○○や××をつくっていけばいいのである。そうやって、東京の文化を何らかの形で象徴化する作業が求められる。

また、東京のいくつかの拠点のなかには、文化的な空白地帯も存在する。たとえば大手町や丸の内は、オフィス街としては世界屈指の機能と特質を備えているものの、原宿や六本木に見られるような独自の文化というものが見えにくい。しかし考えてみれば、オフィス街であっても、独自の文化を持つことは可能である。だとすれば、ビジネスに特化した業務地でも、今後は何らかの文化を醸成していく必要があるのかもしれない。

いずれにしても、現代の東京には文化の拠点と

図表 2-24　浅草仲見世通り

図表 2-25　銀座通り

なるべき街がいくつあって、それぞれがどんな魅力を発信していけばいいのか、棚卸しするような感覚で全体を整理する作業が必要であろう。

(4) 産業

産業も、実は文化と切っても切れない関係にある。たとえば、西欧のキリスト教文化に裏打ちされたキリスト教会を見てみよう。教会の建築技法や、そこに使用されているタイルやステンドグラスに着目してみると、文化が産業分野における技術の発展を促し、産業分野での技術革新が文化をより豊かにするという、相互の補完関係が見られることに気づく。わが国においても、奈良・京都の歴史的建造物は宮大工の技術がなければ成り立たず、文化からさまざまな伝統工芸が生まれ、逆に伝統工芸がさらに文化に還元されるという図式が成立しているのである。

文化的資源の頁でも少し言及したが、東京都は40品目の伝統工芸品を指定しており、それは東京のひとつの強みである。しかし、これらの伝統工芸品の中には、現代の人々になじみのないものも多いだろう。こういった資源と産業とをいかに結び付け、新たな文化につなげていくかは課題のひとつである。

また、東京は総じて、伝統的な文化産業が貧弱だと言わざるを得ない。誤解を恐れずに言えば、江戸・東京には本当の意味での「江戸・東京ならではの文化」が育たなかったからである。世界における都市の文化の発生を考えてみると、歴史的に見て、文化を生み出す者は常に貴族階級の側であった。「大衆文化」という言葉こそ確かに存在するものの、多くのハイカルチャーは貴族文化から発達しており、大衆から生まれた例はきわめてまれであった。その意味では、江戸時代の江戸の文化の担い手は武士・町人であり、ハイカルチャーはなかなか育たなかったのである。

村山大島紬 ※	江戸象牙	東京打刃物
東京染小紋 ※	江戸指物 ※	江戸表具
本場黄八丈 ※	江戸簾	東京三味線
江戸木目込人形 ※	江戸更紗	江戸筆
東京銀器 ※	東京本染ゆかた	東京無地染
東京手描友禅	江戸和竿 ※	東京琴
多摩織 ※	江戸衣裳着人形 ※	江戸からかみ ※
東京くみひも	江戸切子 ※	江戸木版画 ※
江戸漆器	江戸押絵羽子板	東京七宝
江戸鼈甲 ※	江戸甲冑	東京手植ブラシ
江戸刷毛	東京籐工芸	江戸硝子 ※
東京仏壇	江戸刺繍	江戸手描提灯
江戸つまみ簪	江戸木彫刻	
東京額縁	東京彫金	

※は国の伝統工芸品としても指定されているもの

図表 2-26　東京の伝統工芸品（東京都指定、2016 年現在）

現代における文化と産業の結びつきを考えると、卑近な例で言えば、絵画・アートのオークションがある。およそ世界の主要な都市ならどこでも行われているビジネスであるが、東京でアートのオークションの話題に接する機会はきわめて少ない。東京は、アートがビジネスとして成立しにくい環境なのであろう。とはいえ、アーティストにとって作品が売れることが、次の作品を生み出す原動力にもなるはずであるし、アーティストはアート市場が充実している都市に集まるはずである。その意味で、アートをビジネスとしてどう成立させるかが、今後の東京の芸術文化を活性化させていく上での課題であろう。

例えば、墨田区では２０１６年11月、すみだ北斎美術館が新たにオープンした。葛飾北斎は現在の墨田区本所割下水界隈で生まれ、90年の生涯のほとんどを現・墨田区内で過ごしたようだ。この新しい美術館には、そんな郷土の偉人を顕彰する意味があるというが、単に作品を展示するだけでは、文化の伝播や発信にはつながりにくいと考えられる。何らかの形で北斎作品をオークションしたり、映像や音楽など他ジャンルのアートとコラボレーションして新たなビジネスを生み出したりするなど、新たな工夫が求められるのではないだろうか。

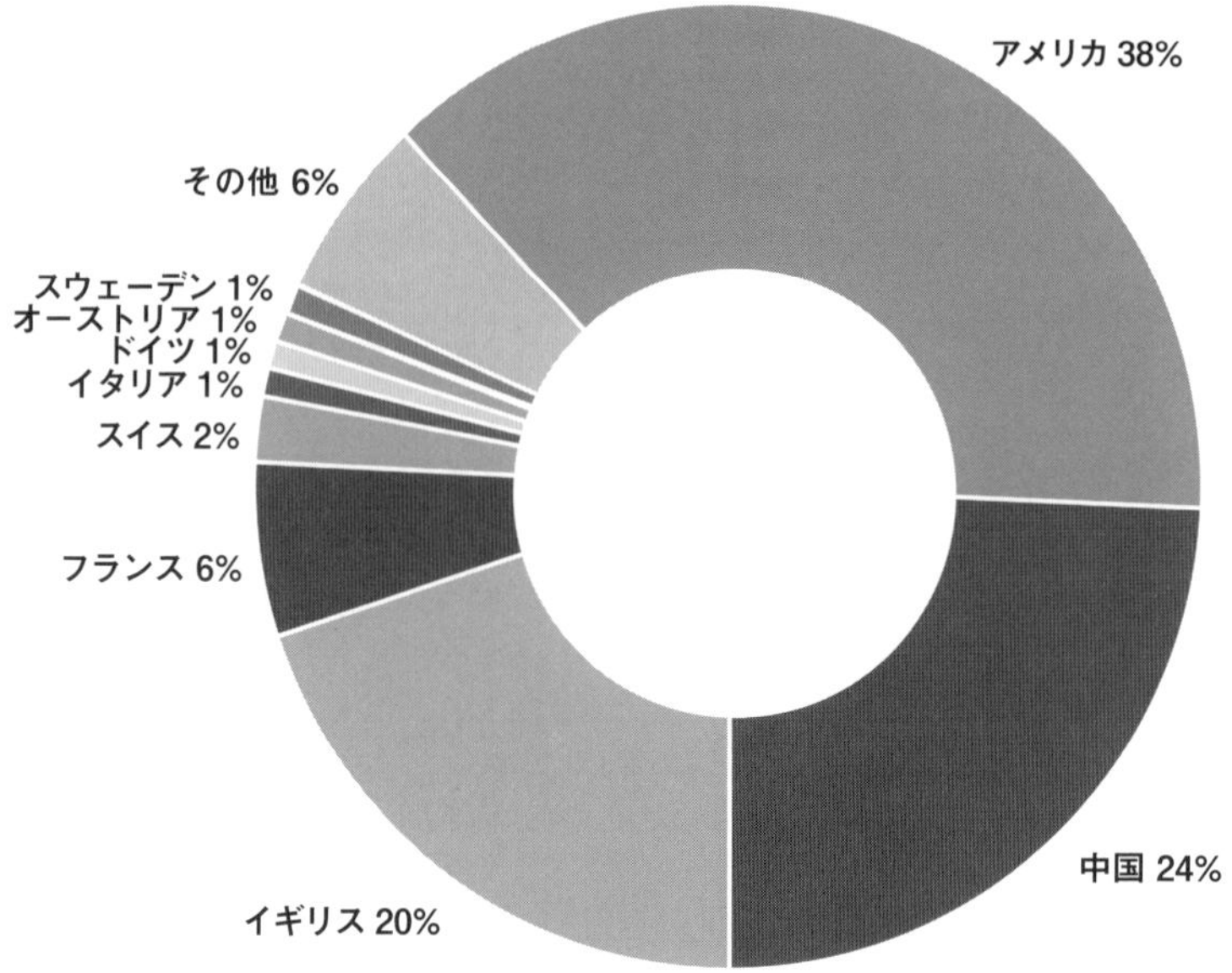

図表 2-27　Global Art Market Share by Value in 2013
アートマーケットにおける日本のシェアは１％にも満たない
（出典：「Art Market Report 2014」／TEFAF © Arts Economics(2014)）

もう少し現代的な文化と産業の関わりで言えば、ＭＩＣＥと略称で呼ばれるコンベンション産業に着目すべきかもしれない。たとえば、ある都市で国際会議や見本市が開催されるとすると、その分野の研究者や有識者がその都市にやってくるのはもちろん、その同僚や家族も一種の報奨旅行として来訪することがあり、そのタイミングでその都市の企業との商談が発生することもあるだろう。つまりＭＩＣＥでは、外国人の個人的な観光旅行と違って、開催地に莫大なお金が落ちるのである。

こうした事情から、世界の主要都市ではいま、ＭＩＣＥの誘致活動に余念がない。東京としてももちろん、ＭＩＣＥ誘致に力を入れるべきだ。しかし、残念ながら東京都心では、Ｅ、すなわち大規模な見本市を開催できる場所が限られている。現状では、東京ビッグサイトくらいしか見

		2005年	2010年	2014年
1	シンガポール	177	725	850
2	ブリュッセル	189	486	787
3	ウィーン	245	257	396
4	パリ	294	394	325
5	ソウル	103	201	249
6	東京	56	190	228
7	マドリッド	41	175	200
8	バルセロナ	162	193	193
9	バンコク	50	61	189
10	ジュネーブ	161	189	173

（出典：『2014年国際会議統計』／日本政府観光局＝JNTO）

図表 2-28　国際会議の開催件数

会場	都市	屋内展示面積（㎡）
ハノーバーメッセ	ハノーバー	466,100
フィエラミラノ	ミラノ	345,000
マコーミックプレイス	シカゴ	241,524
上海新国際博覧中心	上海	200,000
KINTEX	ソウル	104,000
シンガポールエキスポ	シンガポール	100,000
東京ビッグサイト	東京	80,660

（出典：内閣官房地域活性化統合事務局資料、2013年）

図表 2-29　世界の主なコンベンション施設

当たらない。そこで、東京都心がこれから目指すべきは、ＭＩＣＥからＥ（Exhibition、展示会・見本市）を除いた「ＭＩＣ」の誘致であろう。展示会・見本市を伴わないのであれば、大丸有エリアの東京国際フォーラム、六本木エリアの六本木ヒルズや渋谷のヒカリエといった都心の施設が大いに活用できるのである。

（5）仕組み・担い手

次に、こうした文化活動や文化発信活動を推進する人たちについて考えたい。

一般的にいって、東京文化の担い手になるのは、プロアマを問わず、民間の人々であろう。それも、おそらく若者が中心になると考えられる。

そこで、東京に求められるのは、行政として、彼らの活動をしっかり支援していくことだ。彼らは直接的

国	人口	文化予算 国家予算に占める割合 国民１人当たり予算	寄付額 （芸術文化以外も含む） GDP に占める割合
アメリカ	**3.0 億人** （2008 年推計）	**889 億円** **0.03%** **292 円**（2008 年度）	**20.4 兆円** **1.67%** （2008 年度）
イギリス	**6.1 千万人** （2008 年推計）	**2,550 億円** **0.23%** **4,153 円**（2008 年度）	**1.6 兆円** **0.73%** （2008 年度）
フランス	**6.4 千万人** （2007 年度）	**4,820 億円** **0.86%** **7,579 円**（2008 年度）	**2,900 億円** **0.14%** （2008 年度）
ドイツ	**8.2 千万人** （2005 年推計）	**1,760 億円** **0.39%** **2,136 円**（2008 年度）	**6,100 億円** **0.22%** （2008 年度）
韓国	**4.7 千万人** （2005 年）	**1,390 億円** **0.79%** **2,932 円**（2008 年度）	**N.A.**
日本	**1.3 億人** （2009 年推計）	**1,020 億円** **0.12%** **803 円**（2008 年度）	**6,300 億円** **0.13%** （2008 年度）

図表 2-30　各国の文化予算と寄付額（出典：東京都生活文化局）

または間接的に、東京文化の発展に尽力してくれるのだから、彼らが文化活動に専念できるよう、場所や資金を提供するなどのバックアップ体制が重要になってくる。しかし、東京には、彼らを十分にサポートするだけの体制がまだ確立されていない。これも東京の弱みである。

図表２‐30は、「各国の文化予算と寄付額」である。このデータの「国民一人当たりの文化予算」を見ると、日本はわずか８０３円。イギリスの４１５３円、フランスの７５７９円、ドイツの２１３６円、韓国の２９３２円に比べて、驚くほど低い。これらの国々のなかで、アメリカは２９２円と、唯一日本より低いのだが、その分、寄付金の総額が20・４兆円もある。金額にして日本の30倍以上、対ＧＤＰ比でも約13倍も大きいのだ。これを見る限り、日本は主要先進国のなかでも、文化にかける予算（資金）が際立って低い。

都市	人口	都市全体予算	文化予算 全体 都市予算に占める割合 1人当たり予算	文化予算 内訳
ニューヨーク市	836万人 （2008年推計）	7.35兆円 （2010年度）	380億円 0.52% 4,544円 （2010年度）	・市文化局：163億円 （動植物園等施設管理費含む） …うち文化助成：34億円 ・設備等投資：216億円
ロンドン市 （GLA＊）	760万人 （2007年推計）	267億円 （2007／08年度）	142億円 53% 1,874円 （2007／08年度）	・オリンピック基金：109億円 ・芸術支援：18.9億円 ・図書館・情報サービス：11.7億円 など
パリ市	219万人 （2007年）	1.0兆円 （2008年度）	310億円 3.0% 14,149円 （2008年度）	N.A.
ベルリン市	339万人 （2005年推計）	3.2兆円 （2010年度）	710億円 2.2% 20,932円 （2010年度）	・演劇・ダンス：314億円 ・美術館・博物館など：115億円 ・音楽：58億円 ・文学・図書館支援：37億円など
ソウル市	976万人 （2005年）	1.4兆円 （2009年度）	173億円 1.2% 1,773円 （2009年度）	・文化政策：139億円 ・文化芸術：33.6億円
東京都	1,290万人 （2009年推計）	6.6兆円 （2009年度）	140億円 0.2% 1,085円 文化振興部予算 （2009年度）	・文化施設の改修など：39.2億円 ・文化施設の運営：46.7億円 ・東京都歴史文化財団への助成：11.2億円 ・東京都交響楽団への助成：11.2億円 など　※文化財関係予算を除く

＊GLA（グレーター・ロンドン・オーソリティー）は、グレーター・ロンドン地域を形成するシティ・オブ・ロンドンと32の特別区との間で行政権限を共有し、警察、消防、救急、文化振興、開発などを担当している。政策立案や調整が主な役割であるため、行政機関としての予算規模は小さい。

図表2-31　各都市行政府支出の文化予算（出典：東京都生活文化局資料）

図表2-31は、国レベルではなく、都市レベルで見た文化予算の比較である。市民一人当たりの予算で見ると、ニューヨーク4544円、ロンドン1874円、パリ1万4149円、ベルリン2万932円、ソウル1773円なのに対して、東京は1085円。単純に金額だけ比較すると、東京はロンドン、ソウルとそれほど変わらない印象を受けるが（それでもロンドンの6割以下だが）、都市全体予算に占める文化予算の割合で見ると、東京はわずか0・2%にすぎない。ロンドン（大ロンドン、GLA）やパリ、ベルリン、ソウルに比べて、低すぎると言わざるを得ない。東京都は、スウェーデンやインドネシアの国家予算に匹

敵するほどの予算を持っているのだから、「文化」に対して、もう少し予算をかけるべきではないだろうか。

東京のサポート体制でもうひとつ気になるのが、いわゆる２０１６年問題が発生してしまったことである。

２０１６年問題とは、２０１６年前後の数年間、首都圏で劇場やコンサートホールの改修や閉鎖がいくつも重なってしまったため、ライブ会場が一時的に激減する現象のことである。例えば、ＳＨＩＢＵＹＡ-ＡＸは２０１４年５月閉鎖。青山劇場は２０１５年１月閉鎖。日本青年館は２０１５年３月に閉鎖し、２０１７年夏に開場予定。渋谷公会堂は２０１５年10月に閉鎖し、２０１８年に開場予定。日比谷公会堂は２０１６年から閉鎖し開場予定未定。また、代々木第一体育館・第二体育館は２０１７〜１８年度に改修予定で、中野サンプラザは２０２１年以降に建替を予定している。

このように、これまでコンサートの〝殿堂〟として機能していた劇場・ホールが同時期に複数閉鎖されて

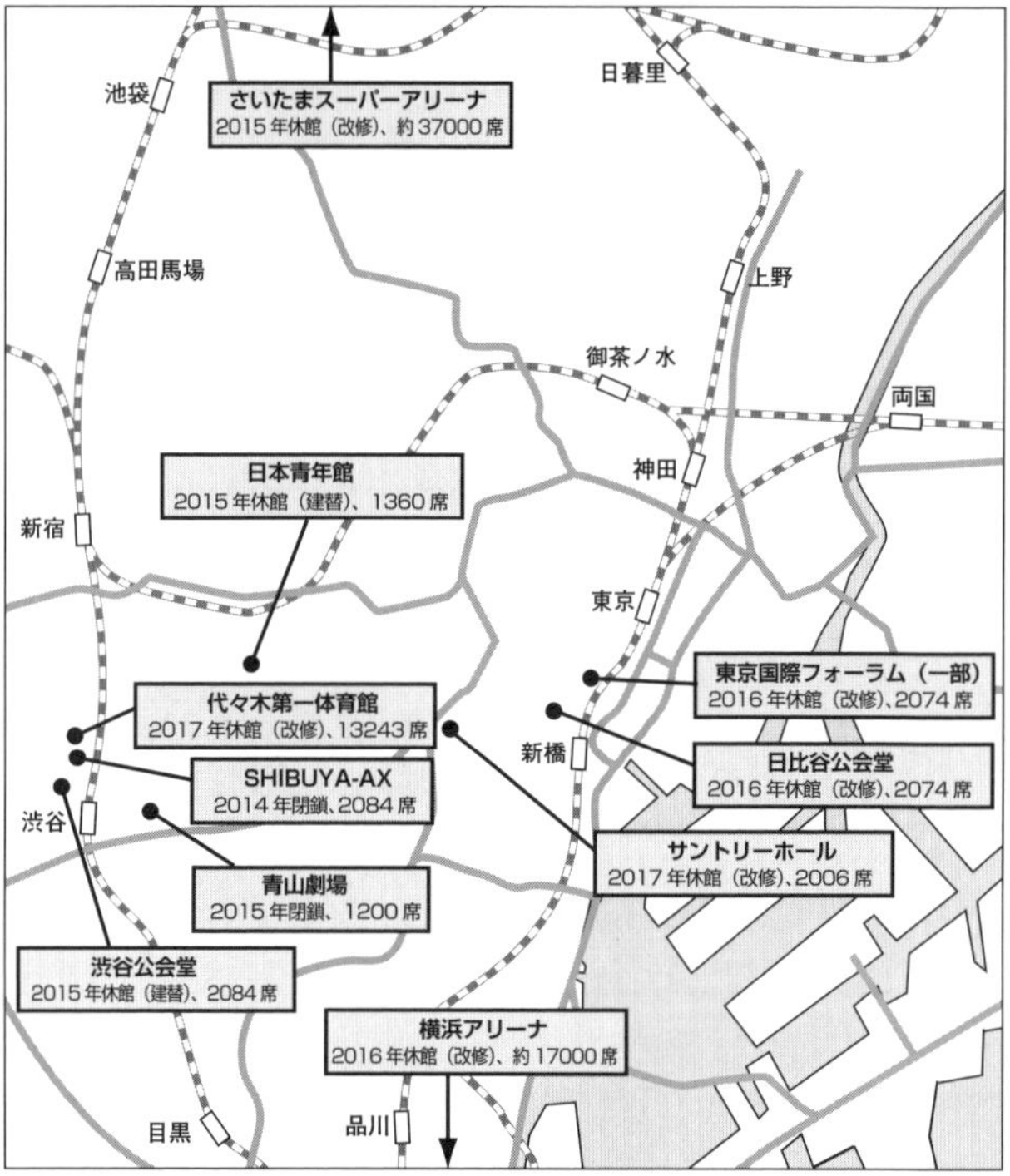

図表2-32　2016年前後に閉鎖・休館となった劇場・ホール

しまったため、いま東京では、アーティストがコンサートを開催しにくい状況になっている。もし、東京の劇場・ホール全体をどこかが統括する体制になっていれば、各劇場の改修時期をずらすなどして、2016年問題は回避できたはずである。それぞれの劇場運営は民間が行うしかないのだが、これから東京の文化活動を高めていくには、それぞれの劇場を有機的にネットワークする仕組みが必要である。

(6) 文化教育

わが国には、伝統文化（能・狂言・歌舞伎・落語・書道・茶道・華道など）と現代文化（マンガ・アニメをはじめとするポップカルチャーなど）が共存するなど、独自性と多様性を持つ文化がある。だが、その一方で、文化芸術に対して「敷居が高い」と感じている人が多く、日本人自身が日本文化を十分に理解できていない現状もある。

こうした現状を踏まえ、東京が東京ならではの文化を創造し、世界に向けて文化を発信していくためには、東京に暮らす人々の文化に対する認識をまず高めなければならない。すなわち、文化について人々が正しく理解し、文化を守り育てていく術を学ぶための教育が重要になってくるであろう。それも、いまだ柔軟な感性を持ち、個人的な趣味・嗜好が確立する以前の段階から全方位について教育を施すほうが望ましい。

近年は学校教育の中でも日本文化の伝達に取り組んでおり、現在の小学校学習指導要領を見ると、日本の伝統や文化については、次のような学習が行われることになっている。国語では、昔話、神話、短歌や俳句、ことわざや慣用句、親しみやすい古文に関して理解すること。社会科では、わが国の歴史と文化、地場産業や伝統工芸への理解。算数では、そろばんを用いた足し算引き算。音楽では、和楽器を含めたわが国の音楽や世界の音楽への理解。図画工作では、伝統的な玩具や諸外国美術作品の鑑賞。体育では、日本の地域の踊りや世界の踊りを覚えること。家庭科では、米飯や味噌汁など和食の内容と配膳方法を理解すること、などである。

さらに、東京オリンピック・パラリンピック競技大会組織委員会は、２０２０年大会開催に向けて、「文化」面で「残すべきレガシー」として、次の４つのテーマを挙げている。

・日本文化の再認識と継承・発展
・次世代育成と新たな文化芸術の創造
・日本文化の世界への発信と国際交流
・全国でのあらゆる人の参加・交流と地域の活性化

これらのテーマを具体的に展開するうえで、以下のようなアクション例がある。

・伝統芸能と最先端技術やポップカルチャーを融合させた新たな芸術表現の創造
・小・中学校における伝統文化・伝統芸能鑑賞体験授業の充実
・学生、若手クリエーターを対象として公募による新たな発想を取り入れたプログラムの展開
・国内外のアーティストを受け入れるアーティスト・イン・レジデンス事業　など

こうした取り組みに多くの人が参加することで、東京オリンピック・パラリンピックはより多くの人を巻き込むことができ、大会が盛り上がると同時に、東京文化の普及・発展にもつながるはずである。

1	シンガポール	97
2	パキスタン	91
3	インド	90
4	フィリピン	90
5	マレーシア	89
6	バングラディッシュ	85
7	香港	85
8	スリランカ	85
9	インドネシア	84
10	韓国	83
26	日本	71

図表 2-33　アジアの国別 TOEFL iBT 平均点
（出典：TOEFL、2015 年）

しかし、そのためには、私たちが解決しなければならない大きなハードルがある。それは、国民全体として、いまや世界共通語となっている英語力を向上させることである。私たち日本人の英語力は現状において、アジア圏でも最低レベルにとどまっている（２０１５年のＴＯＥＦＬ平均スコアランキングで、日本はアジア30か国中26位）。これから私たちが東京文化を世界に広く知らしめていくには、私たち自身の英語による発信力の向上が不可欠であり、早急な対策が求められる。特に若い世代を中心に、国民全体の英語力を迅速かつ効果的に高めていく教育システムの整備が求められるであろう。

現在、文部科学省は２０２０年からの大学入試改革に向けて、高校教育における英語４技能（聞く・話す・読む・書く）の強化を打ち出しており、それにともなって中学校や小学校での英語教育も、「話す」「書く」がより重視されるようになるという。こうした教育改革が今後どれだけの成果を上げるのか、期待を込めて見守りたい。

第3章

アートの時代、都市の新しい価値創造

——文化と産業の相乗発展を軸に「美感遊創」都市・東京を創る——

福川伸次

1．アートの時代の到来

(1) アートの意味するもの

最近の目覚ましい情報通信技術（ＩＣＴ）の進歩は、インダストリー4・0など産業技術を根本から変革する新産業革命を招くとともに、社会全体の組織、運営、管理、秩序、価値観などを大きく変革するに違いない。私は、かかる変化が同時に産業と文化、技術と芸術を融合して、精神的価値を高める「アートの時代」の幕開けを告げていると考えている。

英語の「アート」、フランス語の「アール」の語源となったラテン語の「アルス」は、本来「芸術」と「技術」の双方の意味を持つ。「アーティスティック」といえば美的な感覚を与え、「アーティフィシャル」というと人工の枠を感じさせる。

(2) 歴史にみる文化と産業

歴史を振り返ってみると、西洋文明においては、ギリシャ、ローマの時代に始まって、中世、そしてルネサンス期を経て建立された多くのシャトーや教会、市庁舎などの建築物などは素晴らしい文化と技術の枠の集約であった。それに用いられるステンドグラス、シャンデリア、絨毯、陶磁器、衣服、彫刻、絵画などを見ても、文化が技術によって支えられ、産業技術は文化表現から大きな刺激を受けてきたことが読み取れる。中世から近世にかけて、貴族を中心に都市がこうした文化を発展させる原動力となっていた。

日本においても、奈良、平安の時代から遣隋使、遣唐使の努力によって当時の中国の先進的な文化や技術を学び、それを伝統的なものと融合させ、京都や奈良に素晴らしい都市文化を残している。さらに、神社、仏閣などの優れた建築物をはじめ友禅、西陣、伊万里焼、輪島塗などの伝統工芸品などは、文化の粋と工芸が見事に融和した成果であった。歌舞伎、文楽などの発達とその舞台装置なども同様であった。大名諸侯が統治した城下町ではこれらが都市文化として発展していったのである。

（3）近代文明期の文化と産業

19世紀後半以降になると、洋の東西を問わず、貴族や武家中心の文化が大衆化するとともに、レコード、映画、ラジオ、そしてテレビなどが出現して文化の伝播の担い手となった。

ところが、20世紀に入って産業技術が革命的に進歩し、大量生産、大量消費を背景とする産業効率追求の気運が高まったが、技術及び技術を化体する産業は、精神文明とはいつしか離れた存在となっていった。一方、芸術家の方も、根底では技術に依存する要素があるにもかかわらず、精神性の高い文化や芸術は利益追求の産業や技術とは次元の異なるものだとの意識を抱くようになった。

戦後の復興過程を経て、日本経済は１９６０年代以降高度成長の過程に入る。そのリード役は、「重厚長大」産業といわれた鉄鋼、石油化学、造船、プラントなどの産業群であった。その後、電子技術や精密技術が発達して、リード役が「軽薄短小」産業といわれたコンピュータ、半導体、精密工業、ファッション産業などに移っていった。

私は、１９８０年代半ば以降、市場が高い価値を求めるようになり、成長のリード役は、「美感遊創」産業に移ると考えた。それは、産業行政に携わっていた私の実感であった。消費者が価格、品質、機能のみならず、美しさ、感性、楽しさ、新しさなどに魅かれるようになってきたからである。都市の美しい姿、住居、家具、自動車などの優れたデザイン、衣服の魅力的なファッション、高い文化性をめぐる感激、遊ぶ楽しさ、新しく創造的な刺激への関心がそれである。私は、近年のICT技術の目覚ましい進歩がデジタル技術でアナログに負けない感性を表現することができるようになったことがその背景にあると考えている。

(4) クール

2002年、アメリカの若いジャーナリストであるダグラス・マッグレイ氏がフォーリン・ポリシー誌で、日本は「グロス・ナショナル・プロダクト(GNP=国民総生産)」では苦悩しているが、「グロス・ナショナル・クール」で優れたパフォーマンスを示していると称賛した。バブル経済が破綻し、長い不況に苦悩し、自信を失いかけていた当時の日本人はほっとして自らを見直すきっかけを掴んだのである。

図表 3-1 ポケットモンスターの主人公、ピカチュウとサトシ
(提供:Nintendo・CR・GF・TX・SP・JK、Pokémon)

これに先駆けて、英国では1990年代後半に当時のトニー・ブレアー首相が英国の経済成長を牽引するものとして「クール・ブリタニア」という政策を打ち出していた。

「クール」とは、「かっこよさ」を意味する。マッグレイ氏のいう「クール」とはアニメ、ゲーム、漫画、ポップアート、そして関連の電子機器などをさしていた。当時、「千と千尋の神隠し」は２００３年のベルリン映画祭で金熊賞（グランプリ）を受賞したし、「ポケモン」、「鉄腕アトム」などは海外の若者の間で圧倒的な人気があった。「ドラえもん」、「ピカチュウ」、「ハローキティ」などのキャラクターもアジアの若者には魅力と映る。

都市も「クール」になり、世界中の都市がその魅力を競い合っている。オリンピック・パラリンピックは都市間競争の象徴であり、とりわけ英国では２０１２年のロンドン大会のポスト・オリンピックに焦点をあて、経済成長の落ち込みを防ぐ観点から文化プロジェクトを多く演出した。都市の活力と生活は、文化と産業が融合したアートによってより充実したものになると考えたからであろう。

2. 文化の時代とは何か

(1) 文化の時代

１９７８年12月に首相に就任した大平正芳氏は、「経済の時代」から「文化の時代」に移ると指摘した。それでは「文化の時代」とは何か。

大平元首相が日本の目指すべき将来ビジョンを構想するため設立した9つの政策研究グループの中の一つ「文化の時代研究グループ」は、次のように定義し、提案している。

「いずれの文化であれ、自己の文化を持つがゆえに〝文化〟である。いずれの国であれ、長い歴史的過程を経て形成された自己の伝統文化を持ち、その蓄積の上の外来文化を受容し、それにより活性化され、新しい文化が生み出されてきた」と。さらに続けて経済と文化の関係にふれ、「経済と文化とは、一方が他方に優先したり、あるいは一方を追及するために他方を犠牲にしなければならないような関係ではない。今後の成熟した経済の時代は、同時に質の高い文化の時代なのである」と説いている。

(2) 文化と文明

文化とは何か。広義では特定の社会集団において習得、共有、伝承される行動様式、生活態様の総体を指し、狭義では広義の文化を背景として美的表現を実践する精神活動であり、文学、音楽、絵画、演劇、彫刻、装飾、織物などの芸術性のあるものをいう。漫才、落語、カラオケ、漫画、アニメなどはサブカルチャーといわれることがある。

一方で、文化と対比される文明とは何か。それは、特定の社会集団において合理性と効率性を追求する視点から形成され、運営される組織、秩序、管理、技術その他のシステムの総体をいう。

現実には文化と文明に分けにくい社会現象が多い。例えば、都市に関連して、「田園都市」とか「ヴァーティカル・ガーデンシティ」といっても、それは文化と文明の融合物である。しかし、一般的には文化は精神性、芸術性、独自性が強く、文明は合理性、普遍性、効率性をもつ。サミュエル・ハンチントン教授は、1997年に「文明の衝突」という著作をあらわして注目を集めたが、私の考えでは「文化の衝突」はしばしば起こるが、「文明の衝突」の起こる可能性はどちらかといえば少ない。かつての「宗教戦争」やイデオロギーの対立が招いた「東西冷戦」、そして最近のアラブ諸国とイスラエルの対立は、まさに「文化の衝突」である。「文明の衝突」といえば、20世紀前半に起こった重商主義や通貨安競争、或いは国境紛争や武力衝突などが「文明の衝突」の例であろう。

（3）文化性を高める条件

文化性を高める社会条件は、最近大いに高まっている。先ず、所得水準の上昇によって人々は生活の質への関心を高め、人間の高次元の価値である文化への欲求に発展する。そして自由時間の増大がこれを支える。しかも、最近女性の活躍が活発となりつつあるが、感性豊かな女性が文化志向を高める。

グローバリゼーションの進行は、自己の存在価値を文化や宗教に求める傾向を促す。同時に、交通手段の革新による大量輸送時代、ICT革命によるユビキタス時代の到来は世界に大交流をもたらし、人々が他の文化へ接触する機会を飛躍的に増大させる。そして異文化の交流が新しい文化の創造を促す。

ICTの進歩も文化性を高める重要な機能を果たす。デジタル技術の進歩は、音声、文字、図形、動画など様々な形態の情報を大量に、瞬時に、かつ双方向に移動させることを可能にし、15世紀のグーテンベルグの活版印刷機械の発明以上に、文化インフラに革新をもたらす。

ICT主導の社会では、需要者が多様な情報によってその選択を自律的に判断するようになる。それによって選択が差別化し、需要構造が多様化するが、そうした中で、人々は、芸術、感性、教養、教育、時間、健康などの文化的な価値観を重要視するようになる。

デジタル革命は、さまざまな情報を有機的に活用することによって新しい価値を生み、「知」を向上させる知識社会を構成する。そのことは、知的で、創造的で、多様なコンテンツの充実を促し、かつ、それを実現する力を促す。

こうした変化を受けて企業の社会貢献を促す傾向が高まっている。その一環として、フランスを中心に、文化活動を支援するメセナ活動が高まっている。米国でも企業や資産家が文化活動に寄付する例が多く、カーネギー・ホールなどはその例である。日本でもメセナ協議会がその中心的な活動を展開している。このこと

図表 3-2　浜離宮恩賜庭園 松の茶屋（提供：公益財団法人東京都公園協会）

も社会の文化性を高める力となっている。

（4）自然観に根ざす日本文化

日本人は、自然との共存のなかで自然との調和を大切にしながら文化的価値観を育んできた。日本は農業国家の道を歩んできており、その収穫は自然条件に左右されることが多かった。農民はお互いに協力して農作業に励み、豊作であればそれは天からの贈り物、自然の恵みとして感謝し、不作であれば神の怒りと考え、それを鎮める行事を行うのが常であった。

そして、自然から与えられる水、土地、資源、モノ、環境などを大切にする意識が拡がっていた。「もったいない」、「足るを知る」といった思想は、ここから出ているのであろう。1980年代頃から世界中で地球温暖化への関心が高まったが、日本企業や日本人が地球環境に深い関心を持ち、優れた成果をあげてきたのはこの延長線上にある。

日本人は、四季の変化のなかで、美しさ、精巧さ、優しさといった感性を高めてきた。例えば、西洋の庭園は、ヴェルサイユ宮殿の庭園が典型的に示すように幾何学的に設計されているが、日本庭園は、自然の美しさと人工の枠を兼ね備えた魅力をもつ。同時に日本庭園は借景を大切にする。借景とは庭園そのものとともにその周辺の情景も楽しむ構図であり、周囲の山や川との調和を保ち、月が出たときの風情、鳥が飛ぶ姿の美しさを視野に入れた設計となっている。

日本文化は、また、中間領域を大切にする。四季が移り変わる時の情景がその典型であり、人々は春や秋の美しさを愛する。友禅染めなどにみられるように、「ぼかし」の技法はその表現例である。この中間領域は時として「あいまい」という形容詞で語られることがあるが、奥ゆかしい表現であることに間違いない。

油絵と水墨画、シェークスピア劇と歌舞伎や能を対比すると日本文化には直接表現では見えない主張がある。そこに、「侘び」とか「寂」という感性を生む。行間を読み、隠された表現を感得し、「静」のなかから「動」を理解する日本文化は、西洋のリニアな文化とは異なる特質がある。

3. 文化と産業の出会い

文化と産業は、相互に刺激し合い、高め合う関係にある。その出会いは、さまざまな局面に表れる。それが都市の革新力の源泉となる。

(1) 財の文化価値の高揚

第1に、財の文化価値そのものを高度にする。自動車にしても、家具にしても、電気製品にしても、或いは住宅にしても、機能とともにデザインのよさでその差別化がはかられる。

衣服のデザインのすばらしさは人々の感性を高め、装飾品に進歩を促し、トータル・ファッションの追求につながる。バイオ技術を活用した多様な化粧品の出現は、女性美を一層進化させる。

コンピュータ・グラフィックスを活用して、演劇、バレエ、オペラなどの演出効果を高め、コンピュータ管理によって光と歌と踊りと動作を連動させて舞台効果を高めることができる。ＩＣＴを活用した多様な音声や映像の伝達は様々なコンテンツを生み、文化価値を多彩なものにする。

建築についても、コルビュジエの素晴らしい設計が世界の注目を集めているが、その美的な設計を具現化するには高度の技術が求められる。その設計に関しても、ＩＣＴを活用してその技術を高度化できるし、建築物そのものと人間機能との調和を高めることが可能となる。

都市全体を見ても、生活、モノづくり、流通、移動、憩い、医療、文化、技術、教育など多彩な機能を効率的に配置し、これを効果的に機能させることが可能となろう。

(2) 文化表現の多様化

第2に、文化表現の多様化に表れる。電子音楽は、一人でオーケストラの効果を表現できるし、電子ギターは、ジャズ音楽を多彩なものにする。レーザー光線を活用して、美しい色彩感覚を出すことができるし、タワーやビルを美しく飾ることも可能となる。染色技術は、古来日本の伝統文化、和装などを多彩なものにしてきたが、近代的な染色技術は、さらに、複雑かつ多彩な色彩表現を可能としている。画材の進歩も絵画の芸術性を深め、その保全性を高める。

アニメなどは、バーチャル表現を多様にし、内外の若者を惹きつけているし、ゲームなどを一層楽しいものにしている。最近市場にでた「ポケモンＧＯ」などは、大変な人気である。映画は、俳優を使ったリアルな表現とバーチャルの表現を融合して、新しい魅力を高め、新天地を拓いている。

産業用に活躍してきたロボットも、最近では人間機能を備えたヒューマノイド・ロボットが活躍するようになり始めた。介護、医療などにもロボットが多く活躍するようになっているが、新しいタイプのものとして「癒し」機能をもったロボットの「パロ」なども人々の慰めに活躍するようになっている。

食文化も、技術の発達によって多様かつ高度なものになっている。人類の食文化は、当初は、狩猟や釣りなどに頼っていたが、その後、植物を育成することを学んだ。当初は、生のまま食べていたが、やがて火を見つけることによって焼くことを知り、器を作ることによって煮ることを覚えた。そして、西欧、中国、インドなどでそれぞれ地域の特色を活かして、伝統的な食文化を造り上げてきた。

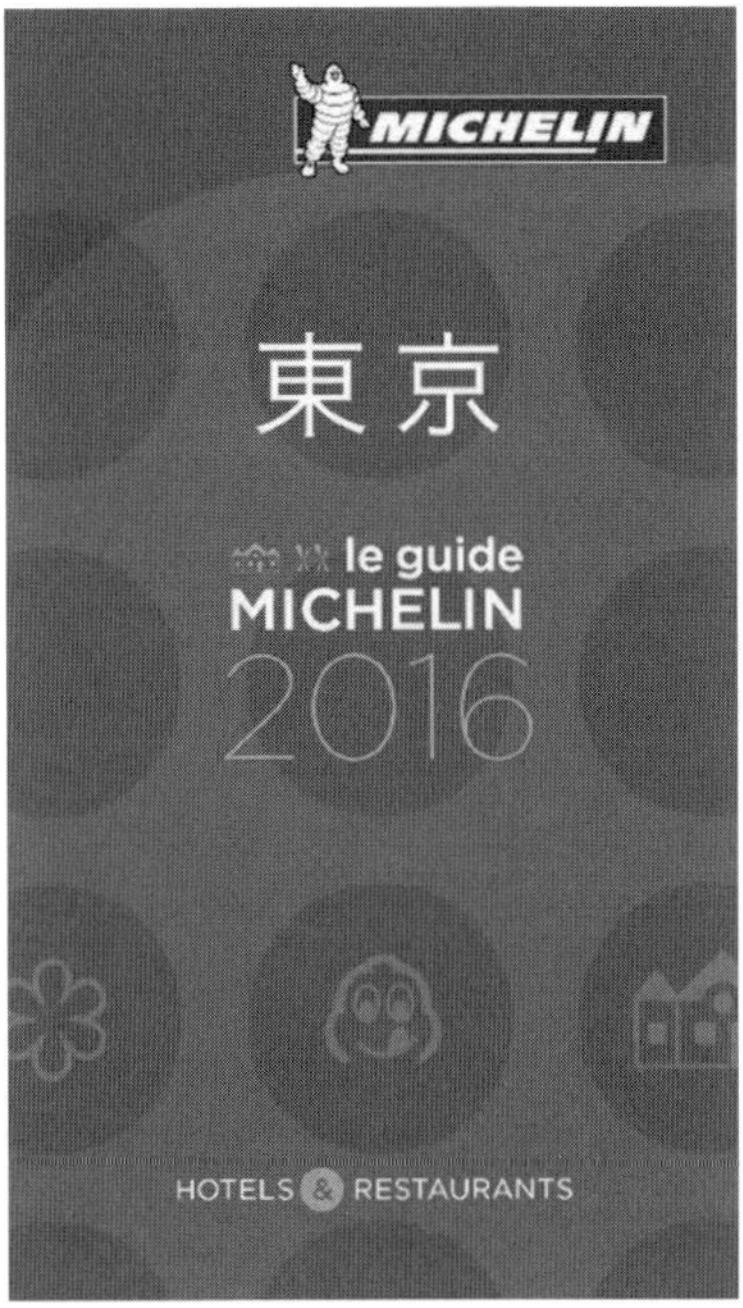

図表3-3　ミシュランガイド東京
（提供：MISHELIN）

最近では、殺菌方法と調理方法、そして保存技術と輸送手段の進歩によって「生」の味をふんだんに取り入れることが可能となり、食文化の交流を加速した。鮪が築地の市場からニューヨークに空輸され、夕方にはそこでその寿司が提供される。最近では、日本料理がブームになっている。生の味を大切にし、食に関する多様な技術によって様々な味覚や美しい盛り付けを提供できることが海外の人々に魅力を感じさせるからであろう。その影響は、フランス料理や中国料理にも及び、懐石風の雰囲気を取り入れているものもある。

２０１５年にはイタリアのミラノで「食」をテーマの一つとする国際博覧会が開かれ、日本館は、大変な人気を集めた。日本食は、自然の味覚を尊重し、健康的で、美味で、食器との調和を保つなどの特色があるからである。東京では世界中の食に関する関心が高く、ミシュランレストランが最も多く、世界中のトップ・クラスの食が楽しめる。

（３）文化の伝達手段の高度化

第３に、産業と文化の出会いは、文化の伝達手段の高度化に表れる。

産業技術の進歩は、文化の伝達手段を多様にし、即時化し、文化を広く浸透させる。音楽を例にとると、レコードからＣＤに、モノラルからステレオにと進化した。映像表現については、無声映画に始まり、音声付きの色彩映画に、そしてワイドスクリーンとなり、テレビも白黒テレビからカラーテレビへと進み、そして今ではスマートフォンで楽しめる。「デジタル３種の神器」といわれるデジタルテレビ、ＤＶＤ、デジタルカメラは、芸術や文化、ファッションの伝達に大きな力を発揮した。そして、今日では、音声、画像、そして情報を単独に、或いは混合して無線配信できる時代となっている。

図表 3-4　スマートフォン（提供：Apple）

文字情報の伝達や印刷技術も飛躍的に高度化し、その情報伝達は、即時、大量、多色、双方向へと進み、その芸術性、迫真性、多様性は著しく高まっている。

各種のイベントの開催も多様化し、文化的表現の進歩に新風を吹き込んでいる。ツーリズムの普及も文化の伝達に大きな貢献をしている。

(4) 文化性と効率性の同時達成

第4に、文化性と効率性の同時達成を実現できる。CAM（コンピュータ支援生産）、CAD（コンピュータ支援デザイン）を活用することによって優れた文化性を活かしつつ、精度、効率、美感を実現できる。その結果、エネルギー、材料などの消費を節約することができる。

優れたデザインの自動車を生産するには、深絞りの高級鋼板が必要だし、優美な高層建築を造ろうと思えば、強度の高い材料が揃わないと建設できない。ユニークなデザインのファッションを製作するには優れた織物と染色がその基礎をなす。素材産業の進歩が文化性を支え、加工技術が建築を多様化するのである。

4. 文化と産業の融合がもたらす革新力

文化と産業の融合は、社会全般に大きな革新力をもたらす。それが都市の機能の多様化の源泉となる。

(1) 相乗発展

芸術や文化は、経済の成長を追及する時代には、人々を勤勉や節約から引き離し、遊びと浪費を招くので、経済の停滞につながるという意見があった。しかし、アルビン・トフラー氏は、１９６４年に『文化の消費者』を公刊し、レコードの売れ行きなどを例に引いて、芸術と文化に関連した事業化が産業に重要な役割を果たしていることを指摘した。

確かに、経済学は、抽象化した企業、個人、政府を分析の対象としているから絵画、演劇、音楽、オペラなどの質の相違などは取り上げにくいし、人々の感性などは、計量的な市場分析とは結びつけにくいだろう。

しかし、現実には、文化、芸術、産業、技術が相互刺激を通じて、相乗発展の時代に入っている。それは、現にさまざまな経済的、社会的効果をもたらす。

（２）社会の進化

まず、経済の質を高め、社会を進化させる。経済が成長するにつれ、人々の欲求は、基本的生存欲求が徐々に外縁的に拡大し、やがて、最も高次の欲求である文化的欲求に至る。それは、相互に信頼を高め、社会の秩序が保たれ、倫理が尊重され、これらを通じて、人間の価値が尊重されるに至る。

（３）構造改革の促進

次に、構造改革推進効果がある。文化と産業の相乗発展は、関連するハード面及びソフト面の自由な情報流通を加速するし、教育、研究、人材養成などの関連インフラの整備を促す。そのことは、明らかに構造改革を通じて、経済成長を加速する。

図表3-5　神田明神の例大祭（提供：東京都）

（4）グローバリゼーションの加速

そして、グローバリゼーションを加速する。文化と産業の相乗発展は、国境を超えた交流を通じて相互理解を促すに違いない。それは、異文化に対する理解を深め、寛容性を高めることになる。21世紀には、「文化の衝突」が懸念されるが、両者の交流の拡大は、それを回避する「クロス・カルチュラル・マネージメント」の能力を高めることになる。

（5）地域社会の活性化

さらに、都市に活力を与え、地域社会を活性化する。徳川時代に江戸文化が発達し、歌舞伎、文楽などの総合芸術や、浮世絵、小唄、長唄などの大衆文化が発達した。地方においては、大名諸侯などの保護と奨励もあって、芝居、祭りなどのイベントとともに、織物、陶磁器、装飾品、特産品などが地方文化を特色づけ、経済を発達させた。

（6）日本のブランド価値の高揚

これは、日本のブランド価値を高める。残念ながら、最近国際社会における日本のブランド価値は低下傾向にある。国際社会では、元来、日本の伝統文化には深い関心があり、モノづくりには高い評価が与えられている。日本社会の伝統を振り返ってみると、知と知を融合して新しい知を創ること、自らの資質を高め、道を究めること、自然との共生の中に美を追求し、感性を高めること、などの特質があった。このような価値意識を活かして産業と文化、技術と芸術を融合して新しい価値を創っていけば、日本のブランド価値を生成し、高めることができよう。

5．文化と産業から見た東京の評価

（1）世界の都市総合力ランキング

森記念財団 都市戦略研究所が行っている「世界の都市総合力ランキング２０１６」によると、東京は、初めてパリを抜き、ロンドン、ニューヨークに次いで第3位となっている。そして、パリ、シンガポール、ソウル、香港、アムステルダム、ベルリン、ウィーンが東京に続く。

ロンドン、ニューヨーク、パリに比べると、東京の優位性は、主として経済分野にあり、市場の規模、経済集積、人的集積、研究集積において優位にある。しかし、ビジネス環境、市場の魅力、ビジネスの容易性では、劣位にある。

日本の市場は、概して海外企業に魅力的とはみられていない。現に、対内直接投資の国内総生産に対する比率を見ると、日本は3・5％で、米国の29・4％、英国を含むEUの49・4％より遥かに低く、中国の

10・4%、韓国の13・7%よりも低い。東京証券取引所一部に上場する外資系企業は1990年には125社あったが、2000年には41社に減り、2016年8月には上場企業数1978社中6社に急減している。政府は、外資系企業の誘致を重要な政策課題に掲げているが、世界銀行によるビジネス環境ランキングによれば2015年には29位と低迷している。

ロンドン、ニューヨーク、パリとの比較に戻ると、居住環境や就業環境、生活環境ではやや劣っている。国際交通のネットワークやアクセスなどを見ると東京はかなり劣位である。文化交流に関する集客資源、集客施設、受入環境、交流実績でもやや劣っている。

(2) 文化性

徳川時代に、江戸では様々な大衆文化が発達した。東京にはその伝統が脈々と流れている。古くから市民が多様な文化や芸術を鑑賞し、芸術活動そのものを楽しんでいた。市民自身が文化芸術の鑑賞者であると同時に、創造者でもあった。茶道、華道、長唄、小唄、舞踊などがその例である。今でも、ピアノの家庭への普及率は高い。

最近日本への観光客が増加傾向にある。2015年に日本を訪れた外国人観光客は1974万人に上り、前年の47・1%増となった。そのうち東京を訪れる外国人観光客は1189万人で、前年に比べ34・0%も増加した。東京の清潔さ、治安のよさ、市民の秩序正しさ、交通機関の正確さなどに称賛の声が高い。

外国人観光客は、明治神宮や浅草などの伝統文化を訪れるが、同時に、原宿、新宿などの新しい文化にも魅かれている。しかし、ロンドン、ニューヨーク、パリの3大都市に比べると、文化的魅力度は劣る。東京としては、伝統的な文化施設や文化遺産を保存し、発信するとともに、新しい文化の創成にさらに努力する

美術館	国立西洋美術館	上野
	東京国立近代美術館	北の丸
	国立新美術館	六本木
	東京都美術館	上野
	東京都現代美術館　（休館中）	清澄白河
	東京都写真美術館	恵比寿
	東京都庭園美術館	白金台
	上野の森美術館	上野
	森美術館	六本木
	サントリー美術館	六本木
	三菱一号館美術館	丸の内
	根津美術館	青山
	原美術館	品川
博物館	東京国立博物館	上野
	国立科学博物館	上野
	東京国立近代美術館工芸館	北の丸
	東京都江戸東京博物館	両国
	日本科学未来館	青海
	科学技術館	北の丸
	NHK 放送博物館	愛宕
劇場・ホール	国立劇場	隼町
	新国立劇場	初台
	国立能楽堂	千駄ヶ谷
	東京文化会館	上野
	東京芸術劇場	池袋
	歌舞伎座	東銀座
	新橋演舞場	新橋
	明治座	日本橋浜町
	東京宝塚劇場	日比谷
	帝国劇場	丸の内
	ＮＨＫホール	渋谷
	サントリーホール	六本木
	渋谷公会堂　（休館中）	渋谷
	Bunkamura オーチャードホール	渋谷
	東京オペラシティ	初台
	文京シビックホール	後楽園
	中野サンプラザホール	中野

図表 3-6　都内の主な美術館・博物館・劇場・ホールの一例（順不同）

必要がある。

ちなみに東京における文化施設を見ると、アートギャラリー６８８（２０１１年）、映画館３３４（２０１０年）、劇場２３０（２０１２年）、主要なコンサートホール15（２０１２年）、ライブハウス３８５（２０１２年）、国立美術館・博物館８（２０１２年）、公立図書館２７７（２００９年）となっている。施設の面ではかなり充実しているが、文化活動自体としては、かなり改善の余地がある。

教育水準は文化性の重要な指標である。教育施設をみると、２０１６年度の学校基本調査によると、東京には大学院が１３１、大学が１３８、高等学校が４２９、中学校が８０８、小学校が１３３９となっている。教育内容を見ると、初等中等教育では、比較的国際的にも高い水準にあるが、大学、大学院となると、国際評価は低く、タイムズ・ハイアー・エデュケーション（ＴＨＥ）によると、２００位以内の日本の大学は東京大学と京都大学の２校しかない。

（３）経済性

東京の経済活動は、活発である。日本全体で急速に人口減少が進む中にあって、東京への人口流入が続き、一極集中が加速している。本社を東京に移転しようとする企業も多い。

２０１６年１月の東京都の人口は、１３５１万人で、全国の約11％を占めており、埼玉県、千葉県、神奈川県を含む東京圏では３６１３万人が住む。

東京都の生産額は94・５兆円（２０１４年）で、全国の４９０兆円の19・４％を占めており、経済集中の状況にある。その生産額を見ると、第１次産業が５００億円、第２次産業が10・８兆円、そして第３次産業が76・０兆円となっており、サービス産業を中心とした第３次産業が圧倒的な地位を占めている。最近では、

	人口（東京都全体）	人口（区部）	人口（都心３区 ※）
1985	11,612,356	8,223,199	342,840
1990	11,698,060	8,091,701	293,080
1995	11,598,634	7,871,159	264,253
2000	11,750,351	7,921,476	271,016
2005	12,161,029	8,183,907	307,730
2010	12,591,643	8,502,527	362,552
2015	12,880,144	8,751,735	409,480
2016	12,966,307	8,827,070	418,961

単位：人　　出典：住民基本台帳より作成
統計の連続性上、日本人人口のみ集計（2012 年以前の外国人人口の統計値なし）毎年１月１日時点
※ 千代田・中央・港

図表 3-7　東京都における人口推移

	国内総生産（名目）※1	都内総生産（名目）※2		国内総生産（名目）※1	都内総生産（名目）※2
2001	501,711	94,786	2009	473,996	91,466
2002	498,009	93,896	2010	480,528	91,526
2003	501,889	94,829	2011	474,171	93,090
2004	502,761	97,697	2012	474,404	92,212
2005	505,349	99,131	2013	482,401	93,128
2006	509,106	99,697	2014	489,558	93,010
2007	513,023	99,805	2015	500,547	92,891
2008	489,520	96,613			

単位：10 億円
出典　※1 内閣府ＧＤＰ統計より作成
　　　※2 平成 25 年度都民経済計算、平成 26 年度速報・平成 27 年度見込より作成

図表 3-8　国内総生産と都内総生産の推移

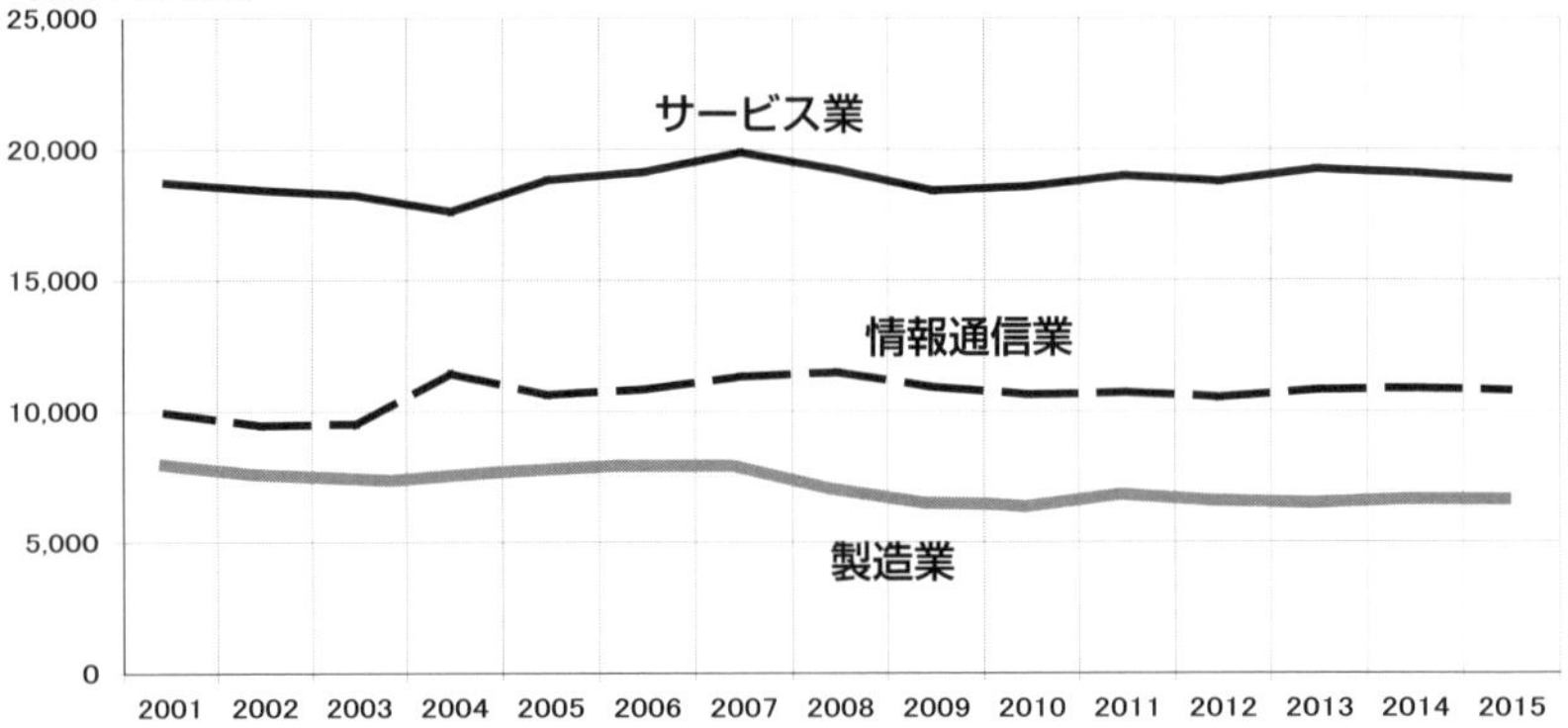

図表 3-9　経済活動別都内総生産（名目）

アニメなどの新しいコンテンツ産業が急速に伸びている。

私は、東京を国際金融市場に育成すべきだと考えている。何故ならば、それは東京をグローバル都市にする引き金になり、規制緩和を促進するとともに、ＩＣＴの活用条件を高めるからである。しかし、残念ながら、政府も、金融界もその熱意が乏しく、それが前進しないことは残念である。

(4) 田園都市性

東京の評価を考える場合、田園都市性も一つの要素となる。田園都市構想は、1978年当時の大平正芳首相が提案したものである。その趣旨を政策研究会田園都市構想研究グループの報告書によってみると、「都市に田園のゆとりを、田園に都市の活力をもたらし、両者の活発で安定した交流を促し、地域社会と世界を結ぶ、自由で、平和で、開かれた社会、そうした国造りを目指す」と説明している。

そして、「〝大都市〟は、そこに生まれそこに住む人々にとって、〝ふるさと〟を感じられるような、潤いのあるみずみずしい人間関係が脈打っている帰属意識のある地域社会でなければならない。と同時に、政治、経済、文化などの諸機能が集中している〝大都市〟は、地方から出てきてそこを利用しようとする人々にとっては、いわばギリシャ時代の〝アゴラ〟のような、みんなが集まる〝共通の広場〟としての性格を持つ。このような〝大都市〟は、〝ふるさと〟と〝共通の広場〟と2つの性格を持っており、大都市についての政策を進める場合にもこの2つの側面を十分に考えなければならない」と説いている。

そして、文化活動の展開、人間と自然との調和、多彩な地域産業の展開、技術開発体制の整備、人間関係の潤いのある社会、世界に開かれた社会環境などを指摘した。東京を考える場合に重要な示唆を与えるものである。

こうした観点から東京を見ると、人口流入が続き、経済面の活力にはなっているが、緑との共生、自然の保存、生活の潤い、文化の香り、人々の交流、新しいものの創造など人間の価値を高める観点から見ると、東京には田園の魅力を高め、周辺地域との対流機能を拡大する新しい境地を拓く努力が求められていることを我々に教えている。

6. アートの時代、東京が目指す「美感遊創」

(1) 都市の魅力、東京の魅力

画家を志す若者は、パリに憧れる。ルーブル美術館があり、オルセー美術館があって素晴らしい美術に触れる機会に恵まれ、モンマルトルの丘で芸術談義に浸ることができるからであろう。オペラ歌手を目指す人々は、ウィーンに、そしてミラノを目指す。そこでは、オペラの神髄に触れる機会に恵まれているからである。ミュージカルで身を立てようとする若者はニューヨークに憧れる。そこでは世界で最前線のミュージカルが競い合っているからである。そしてクラシック音楽の演奏家になろうとする音楽家は、ベルリン、ニューヨーク、ウィーンなどで勉強を志す。電子情報技術者やベンチャー企業家を目指す若者は、シリコンバレーで経験を積もうとする。

しからば、東京で暮らしたい、学びたい、生活したいという外国の若者は、何に憧れるのであろうか。それは、アニメであろうか、漫画であろうか。東京には、正にその魅力が問われているのである。それを創り出さなければならない。

2020年に予定されている東京オリンピック・パラリンピックの後、東京はどうなるであろうか、どうしようとするのであろうか。オリンピック・パラリンピックが終了すると、主催都市は必ずといっていいほど経済成長が低下する。アトランタ（1996年）大会を除いて、ソウル（1988年）、バルセロナ（1992年）、シドニー（2000年）、アテネ（2004年）、北京（2008年）、の各大会後いずれも大会終了後経済が停滞に陥った。

東京は、今からその対策を用意しておく必要がある。日本の人口が今後急速に減少に転ずる中にあって、東京はしばらく人口の流入が続くかもしれないが、その傾向は長くは続かない。高齢化は間違いなく都市の活力を削ぐ。

現在その落ち込みを防ぐためにいろいろな構想があるが、今こそその革新的な大構想が求められているのである。私は、生活基盤に関し清潔、安心、安全、移動、環境などの都市基盤が確保され、産業、教育、技術、情報、行政サービスなどの多機能性が活発に展開された上で、アートによる新しい価値創造が多面的に展開されることこそ、その有力な解決策であると考えている。

(2) ロンドンオリンピックの教訓

オリンピックは、本来、ロンドンやパリなどがそれらの都市の魅力と技術の粋を競い合った万国博覧会の併設イベントであった。それが20世紀に入って独立して発展することになる。当初は、スポーツ中心であったが、次第に文化イベントも併催されるようになり、1952年のヘルシンキ大会では芸術展示が催されたという記録がある。1964年の東京大会でも、美術や芸術部門の展示や公演が行われ、東京国立博物館では鳥獣戯画や源氏物語絵巻が展示されたという。

とりわけ、ロンドンではオリンピックを機会に文化活動を盛り上げようという機運が大きく盛り上がった。

その「カルチュラル・オリンピアード」は、２００８年北京大会の終了後から4年間にわたって開催され、その掉尾を飾るロンドン２０１２フェスティバルは12週間にわたって開催された。その報告によれば、活動数は約12万件、文化プログラムでの新作が５０００作品以上、４年間の入場者数が４３００万人、そして４年間の関連予算が約２３０億円であったといわれている。しかも開催地はロンドンだけでなく英国全土にわたり１０００カ所以上に及んだという。世界中からオリンピックを機会に多くのアーティストを英国に呼び、人々に創造性の刺激を与え、文化的、芸術的な体験の機会を提供したのである。

（3）東京文化ビジョン

２０１５年3月、東京都では「東京文化ビジョン」を発表した。〝文化から東京の未来を切り拓く〟――その文化ビジョンにはそんな思いが込められている。

当時の舛添要一知事はその狙いを次のように述べている。「東京には長い歴史に支えられた伝統文化が息づいています。同時に、世界トップレベルのオーケストラの演奏会、各国の名画の並ぶ展覧会が毎日のように開かれています。歌舞伎や能など日本の伝統芸能ばかりか、オペラやバレエなどの西洋芸術、実験的・先端的な現代芸術も盛んで、東京発のアニメ、ゲーム、デザイン、ファッションなどは、常に世界から注目を集めています。ミシュランレストランが世界で最も多い都市、それも東京です。このように東京には既に大きな文化的ポテンシャルが存在しています。それをより確実なものにし、発展させていくこと、それがこの文化ビジョンのねらいです」と。

そして、世界に発信する８つの文化戦略を提案している。

1．伝統と現代が共存・融合する東京の独自性と多様性を追求し、世界発信

2. 多彩な文化拠点の魅力向上により、芸術文化都市東京の発信力を強化
3. あらゆる人が芸術文化を享受できる社会基盤を構築
4. 新進若手を中心に多様な人材を国内外から発掘・育成、新たな創造とビジネスのチャンスを提供
5. 都市外交を基軸に芸術文化交流を促進し、国際的な競争力を高める
6. 教育、福祉、地域振興等、社会や都市の課題に芸術文化の力を活用
7. 先端技術と芸術文化との融合により創造産業を発展させ、変革を創出
8. 東京が持つ芸術文化の力で、都市力を引き出し史上最高の文化プログラムを実現

そのうえで、東京文化ビジョンを実現する主要プロジェクトとして、

①大規模フェステバル（芸術祭）の展開と発信
②子供や外国人に向けた本物の伝統芸能体験による伝統芸能の継承と発信
③多彩な芸術文化拠点の魅力向上と世界発信
④すべての子供や青少年が芸術文化に係わることができる大規模な教育プログラムを展開
⑤首都圏芸術文化施設ネットワーク（仮称）の推進
⑥障碍者アートへの支援や障碍者の鑑賞・参加を促す活動の推進等、文化の面でバリアフリーな都市として認知される取り組みの展開
⑦若手の登竜門としての新人賞等の創設など、才能のある新進若手人材の積極的な受け入れや海外進出への支援
⑧都市外交の基軸に芸術文化を位置づけた都市間交流を拡充

⑨　芸術文化の力を活用した東北の被災地支援や全国の地域づくりへの支援

⑩　リオ大会以降に展開される文化プログラムを先導する「リーディングプロジェクト」を国内外で展開を挙げている。今後これをさらに精緻化し、都民の合意を取り付け、具体的な計画に仕上げ、実行に移していかなければならない。

(4) 東京の目指す価値―美感遊創

21世紀の都市では、産業と文化が出会い、いわゆる「アート産業」が進化する。私は、それを「美感遊創」と特色づけたい。私は、東京を「美感遊創」都市に進化させたいと願っている。その内容を吟味してみたい。

先ずは「美的価値」である。東京は、都市全体として「美しく」なければならない。現在、東京には、丸の内、新宿、池袋、六本木、渋谷、日本橋などの拠点があるが、それぞれに、街のたたずまいに「美」があり、「魅力」がなければならない。相互に「美」を競い合い、全体として調和のとれたたたずまいが必要である。同時に、そこに自然のぬくもり、田園の潤いが保たれていなければならない。

同時に、「街」を構成する建築物、街路、住宅、公園なども美しくなければならない。日本は、世界の都市のうちで、最も安全で、清潔な街といわれているが、それをさらに進化させ、発信していかなければならない。伝統的な神社仏閣、日本庭園の美しさを保つことも必要である。

そして、美しい「文化」を高めなければならない。伝統的な文化を大切に保存し、これを外国語で分かりやすく発信するとともに、革新的な情報通信技術を活用した新しい文化を育てていく必要がある。「健康美」のモデルの街にもしたいものである。

図表3-10　歌舞伎の一幕「通し狂言　神霊矢口渡」（提供：日本俳優協会）

第2は、「感性価値」である。それは、「感動」を呼び、「感激」をもたらす源泉である。日本の伝統芸術である歌舞伎、人形芝居などの舞台芸術はもとより、華道、茶道、和歌、俳句などは、いずれも感性価値を高めるものであるし、オペラ、音楽、絵画、バレエなども美的価値を通じて感性価値を刺激する。東京はアートの時代にふさわしい感性価値を高める環境を整備しなければならない。

日本文化には四季が息づいている。日本庭園の美しさはその典型である。日本庭園というと、京都がその伝統を誇っているが、東京でもその美しさを磨きたいものである。日本庭園は、自然の美と人工の技を融合し、かつ周辺との調和を考えた借景なども取り入れた欧州や中国などにはない奥ゆかしさを備えている。

東京は、「食」文化の中心である。日本食は、健康に留意し、かつ、美味と美感を提供するものである。また、「食」は異なる「食」と交流することにより、新しい「食」を生む。東京を一級の専門家の集いの「場」としたいものである。

図表 3-11　東京都美術館（提供：東京都）

図表 3-12　国立新美術館（提供：国立新美術館）

第３は、「遊動価値」である。それは、「楽しさ」を演出するものであり、「ゆとり」を創りだすものでもある。日本の伝統的な遊びであった和歌、俳句、生け花、茶道などは「遊び」を通じて精神的活動を高め、文化を深めるものであった。それを保存し、発信し、その価値を拡大したいものである。

東京には、すでに多くの楽しみを提供する施設がある。劇場、美術館、映画館、コンサートホール、スポーツ施設などがあるが、これらを多様化、活性化、感性化する必要がある。ディズニーランドなども多くの人々に遊びを提供している。スポーツの振興も遊動価値を高める。

観光施設の整備とともに、観光サービスを充実する必要がある。国内外からの観光客向けに高度の「遊び」を多様化する必要がある。それには、適切な情報提供とともに、効率的な移動手段が整備される必要がある。専門のガイド、情報提供手段を整備するとともに、都民全体のコミュニケーション能力を高め、有効かつ有意義に東京を観光できる環境を整備する必要がある。

最近では、スマートフォンなども一種の遊びの提供の手段である。その利用は今後もっと拡大するであろう。

そして、第４は「創発価値」である。それは「新しさ」の創造であり、成長と進化の源泉であり、それらの発信である。既に分析したように、革新的な情報通信技術は、経済、産業のみならず、政治、制度、管理、経営、文化、社会などを大きく転換させる力を持っている。世界は、イノベーションの時代を迎えることになる。東京を多面的な意味でイノベーションの拠点にしようというのが私の期待である。

日本は、今後世界で最も速い速度で人口減少と高齢化が進むとなると、もはや、ＧＤＰではかる経済の量的な拡大は期待できない。そうとすれば、我々が目指すべきは、創造性、革新性、文化性豊かな質の高い経済社会を目指すしか途がない。それには、内外の企業が魅力を感じ、創業と操業がしやすいビジネス環境を整備する必要がある。東京はそのモデルとならなければならない。

日本が得意とするＩＣＴを活用した人工知能、自動走行自動車、ロボット、スマートシティなどについて、東京はそのモデルを提供し得る最短距離に位置している。同時に、人口動態の変化に備え、健康寿命の延伸、高度医療、再生医療、介護手法、介護ロボットなどを改善開発し、世界に提供したいものである。

東京は、国際交流、とりわけ知的交流の結節機能を果たしたいものである。それはイノベーションを加速し、新しい価値創造の源泉となるからである。異文化の交流と融合は、ＩＣＴの革新とグローバリゼーションの進展で、今後も大きく進展するであろう。それぞれの国がそれぞれの文化を大切にしながら、他の文化と交流することにより、新しい文化が生まれる可能性が高まっている。

7．アート価値創造への道

「美感遊創」都市を実現するために、何をすべきであろうか。

第1に、アート産業振興の総合ビジョンを確立し、国民的理解を背景に都民の合意を形成することである。日本のアート市場（取引額）の規模は小さい。一般的に世界のアート市場の規模（２０１４年）は、7兆１９００億円といわれており、米国が2兆７９００億円で38・8％、中国が1兆６１００億円で22・4％、そして、英国が1兆５８００億円で、21・9％を占めており、日本はわずか５００億円とされている（森記念財団 都市整備研究所「ロンドン式文化・クリエイティブ産業の育て方」）。

文化と産業、アートを支えるこの２つの要素を進化させることに国民及び都民の意欲を掻き立てる説得力ある総合的なビジョンが必要である。

第２に、文化振興と技術革新と都市開発を総合的に展開する政策体系を構築することである。残念ではあるが、政府はもとより、東京都、企業、団体などの活動を見ても、文化振興、技術開発、情報能力などをめぐる政策形成の動きは鈍いし、都民、関係企業、関係団体などの意見を集約するメカニズムも作動しているように見えない。経済人、企業家、文化人、芸術家、研究者などの意見やアイディアを集約し、新しい政策体系を構築する必要がある。

第３に、資金的な基盤について合意を形成することである。アート産業を振興するには、それ相応の資金拠出が必要となる。それを国、地方公共団体、企業、ＮＰＯ、市民などがどのように分担するか、その合意形成が必要である。

ちなみに、文化芸術関係の予算総額をみると、フランスが９５１５億円でトップ、次いで、英国が３９５７億円、韓国２３２３億円、ドイツ１６２８億円と続く。日本は、これに次いで１５０６億円で、国際的に見て低い。日本政府としてこの拡大を図るとともに、東京都、関係企業、市民などが東京の新しい構想の実現に協力していく体制を作る必要がある。それには税制上の優遇措置を検討する必要がある。

第４に、アート産業を担う人材を養成するため教育体系を再編成することである。学校教育においても、日本の文化や歴史についての教育を充実する必要があるし、視野の広いＩＣＴの専門家を育成しなければならない。そして、2つの分野の「アルス」、すなわち、芸術と技術の分野の専門家が交流し合う場を設けることも有効である。企業経営においても、こうした人材を育てる必要がある。

第5に、アートを振興するインフラを整備することである。先ず、知的活動に関しては、知的所有権の整備が必要である。これに関しては、特許権、実用新案、商標権、著作権などの保護制度があるが、文化と技術の融合発展を図るためには、国際的にその適正な運用がなされなければならない。

文化活動に必要なインフラも整備する必要がある。人々が文化活動を享受できる生活環境、文化を楽しめる施設、医療介護サービス、効率的で安全な移動手段を効率的に整備する必要がある。

そして、行政と市民が幅広く対話し、アイディアを出し合い、活発に討議し得る制度的な仕組みも必要である。

第6に強調したいことは、日本社会のグローバリゼーションを徹底することである。残念ながら、日本の社会意識は内向きである。新しい文化、新しい技術が知的な交流、とりわけ国境を超えた交流の上に開花することを考えると、日本の企業や市民、学生が国境を超えて活動し、海外の優秀な人材を日本に迎え入れる条件を整備することが不可欠である。東京としてもそのことを推進する必要がある。

おわりに

私は、文化と産業、芸術と技術の融合こそが、今後の経済の発展の原動力であり、都市の活力を高める源泉であると考えている。ＩＣＴをはじめとする新たな産業技術の進歩が文化の進化に貢献し、高度化した文化が産業技術の一層の革新を促し、そのことが新しい都市生活の進化をもたらすからである。文化と産業、芸術と技術に支えられた「アート都市」、これこそが、２０２０年以後の「ポスト・オリンピック・パラリンピック」の指針になるものである。

第4章

都市の機能と文化

青山佾

1. 都市とは何か

「都市」という言葉を私たちは日常生活で何気なく使っている。都市とは何を意味するのだろうか。農山漁村と対立する概念であることはまちがいない。日本の都市計画法も都市計画の基本理念を「農林漁業との健全な調和」という言葉で説明している。では都市を積極的に定義すると、どうなるか。基本に返って、都市とは何かについて検討してみよう。

色々な人の議論を集大成すると、都市とは、
第1に、多くの職種に従事するたくさんの人々が集まって住んでいる
第2に、そのための施設が一定程度整備されており、その施設を動かすシステムも一定程度確立している
第3に、周辺地域に対して、相対的に中心性を有している
と定義するのが一般的であると考えてよい。すなわち都市の3要素は、集住（多職種、大勢）、機能（施設、システム）、中心性ということになる。

ここで、第1に、「たくさんの人々が集まって住んでいる」ことについては誰しも異存ないだろう。しかし、農業に従事する人たちだけが、あるいは、漁業に従事する人たちだけが、そしてそれに関連した若干の商業・サービス業関係の人たちが住んでいるだけでは、都市とはいえない。それだけでは単にそれぞれ、農村、漁村である。商業、工業、サービス業その他、多くの職種に従事するたくさんの人々が集まって住んでいることが、都市の要件である。

第2に、住宅、交通、上下水道、福祉など、「たくさんの人々が集まって暮らす」ための施設が一定程度

整備されていて、それがシステムとして機能していなければ、都市とはいえない。「たくさんの人々が集まって暮らす」だけでは、臨時に設置された難民キャンプなども都市であるということになってしまう。それを「砂漠に都市が出現した」と言ってみても、計画論において都市として扱う意味がない。

第3に、都市は、周辺地域に対して中心性をもっている。その都市に住んでいなくとも周辺地域の人々は、毎日、そこに通勤したり、あるいは、買い物に行ったりする。毎日行かなくとも、ときどき、用事をすませるために、そこに行く。あるいは、特段の目的もなく、そこに集まったりする。そういう中心性をもったところが都市である。

実は、日本の地方自治法第8条は、「市」の要件を、次のように定めている。

（1）人口5万以上
（2）中心市街地戸数6割以上
（3）商工業その他都市的業態従事世帯人口6割以上
（4）都市的施設具備

ここで（2）の「中心市街地」とは、「密集し軒を連ねている」状態を指すとされている。「戸数」の対象には、学校や工場も入る。そのかわり、何世帯入っていてもアパートは一戸として数える。すなわち「戸数」は物的にとらえる。これに対して（3）の「世帯」は「現実に住居及び生計を同じくする」人々の集団を一単位として数える。この地方自治法の「市」の要件を先に上げた都市の定義に当てはめると、「地方自治法の市の要件のうち、中心市街地とされる部分が都市である」ということになる。日本の地方自治法も先に挙げた一般定義に基づいているようだ。

都市は農村の対立概念だからこそ、東京の都市農業はヨーロッパやアメリカの人には新鮮に映る。これも

図表 4-1　六本木ヒルズにあるビル屋上の田んぼ

都市の文化といえるだろう。六本木ヒルズの田んぼが人々に親しまれる所以でもある。

2. 大都市とは何か

大都市というのは、都市に対して相対的な概念だ。再度、日本の地方自治法に戻るとその第252条の19は、「政令で指定する人口50万以上の市」においては、本来都道府県が処理するとされている事務のうち一定のもの（児童福祉、食品衛生、都市計画、土地区画整理その他）を処理することができると定めている。この法律に基づいて政令によって指定都市とされているのは、現在、計20市である。社会通念からいっても、これらが概ね大都市であると考えていいだろう。

ここで気がつくのは、都市や大都市といっても、たとえば東京・横浜・川崎・千葉・さいたま、あるいは大阪・京都・神戸などは、行政区域は分かれていても、実際に「密集し軒を連ねている」という点では、線を引くことができない。すなわち都市地域が連なっているということである。

そこから、「大都市圏」という概念が発生する。わが国でも、首都圏整備法・近畿圏整備法・中部圏開発整備法によって、それぞれが法律上「大都市圏」とされている。アメリカやイギリスでも似たような定義をしているから、私たちは統計的に、東京大都市圏、ロンドン大都市圏、ニューヨーク大都市圏の比較をすることができる。

ちなみに、「首都」は、国家の立法・司法・行政の三権、特に日本国憲法で定める国会があるところと考えられるが、首都圏整備法は、水戸・宇都宮・前橋・高崎・甲府を含む直径２００キロメートルの圏域を首都圏としている。一日生活圏という意味での首都圏は、せいぜい、直径１００キロメートル圏の圏央道沿道までと考えられるが、首都圏という概念の場合、首都機能を分担しているという考え方から、より広くとらえている。

３．文化とは何か

ここでは都市の機能と文化、特に大都市東京の機能と文化について考えるので、次に、文化とは何かを考えておきたい。

国語辞典を引くと、「固有の生活様式、思想・宗教・科学・芸術、生活水準の向上」などと書いてある。和英辞典を引くとculture である。では、文化を論ずるときによく使われる文明と意味がどう違うのか。

文明を国語辞典で引くと「世の中が開け、精神的・物質的に生活が豊かになった状態」などと書いてある。文明の英語は civilization である。一般的な印象でいうと、文化は主として精神的な色彩が強く、文明

項目	文化	文明
英語	Culture	Civilization
国語辞典	固有の生活様式、思想・宗教・科学・芸術、生活水準の向上	世の中が開け、精神的・物質的に生活が豊かになった状態
主たる分野	精神	物質
対語	自然	未開
日本における流行期	大正時代	明治時代
時間軸	時を超える	時の流れに従う
魅力	あり	あり
吸引力	あり	あり

図表 4-2　文化と文明

は精神的な側面もあるが主として物質的な面を指していうのだろうか。

文化の対語は自然、文明の対語は未開である。日本では明治時代に文明という言葉が流行り、大正時代には文化が流行ったという人もいるが、明治時代は文明開化の時代であり、それが文化だという人もいる。

私の解釈を加えると文化は時を超え、文明は時の流れに従って進化する。そして文化と文明の共通点は、どちらも都市や社会の魅力を体現し、吸引力をもつ。文化も文明も互いに交流することによって進化していく。

いずれにしろ、文化と観光という問題の立て方はあるが、文明と観光という問題の立て方はふつう、しない。だから一般に、文化は観光のための一つの柱であるといってよいと思う。以上を整理すると図表4-2のようになる。

4. オリンピックと文化

オリンピックはけっしてスポーツだけの祭典ではなく、スポーツと文化の祭典であるとされている。

近年の開会式・閉会式は、文化性、芸術性、ファッション性を競うイベントになっている。オリンピックを契機に、日本にも生活を楽しむ文化が根づいていく。

将来、東京にスポーツや芸術、イベントを目当てでやってくる観光客があふれるようになったとき、あのときのオリンピックがきっかけだったと振り返ることができれば、十分に歴史的意義があるオリンピックだったといえよう。

２０２０年のオリンピックでは、東京は、21世紀型の新しい都市モデルを世界に発信するべきだ。具体的には、スポーツ、文化芸術、水とみどりが、成熟社会を迎えた21世紀都市の重要な要素となる。

スポーツや文化芸術の施設を増やし、これらを楽しむ生活習慣を醸成し快適な都市像を世界に発信していくべきだ。２０２０年オリンピックに伴う文化行事は、オリンピックの成功にとって重要な要素となる。

そこで２０２０年オリンピック開催都市である東京都は、２０１５年に「東京文化ビジョン」を定めて、以下に示す８つの文化戦略を進めていくとしている。

１　伝統と現代が共存・融合する東京の独自性と多様性を追求し、世界発信

２　多彩な文化拠点の魅力向上により、芸術文化都市東京の発信力を強化

３　あらゆる人が芸術文化を享受できる社会基盤を構築

４　新進若手を中心に多様な人材を国内外から発掘・育成、新たな創造とビジネスのチャンスを提供

５　都市外交を基軸に芸術文化交流を促進し、国際的な競争力を高める

６　教育、福祉、地域振興等、社会や都市の課題に、芸術文化の力を活用

７　先端技術と芸術文化との融合により創造産業を発展させ、変革を創出

８　東京が持つ芸術文化の力で、都市力を引き出し史上最高の文化プログラムを実現

図表 4-3　２００８年北京オリンピック閉会式

この8項目は、突然、東京都が定めた、というより、全国の自治体が長い間にわたって自治体としてその都市の文化をどう育んでいくかについて考えてきたことを整理したものと評価していい。

次いで政府は、２０１5年5月に「文化芸術の振興に関する基本的な方針」を閣議決定した。内容は、

①あらゆる人々が創作や鑑賞に参加できる

②２０２０年東京大会を契機に文化プログラムを全国展開

③被災地の復興をはじめ、全国から地域の文化芸術、魅力を発信

④文化芸術関係の新たな雇用や産業を現在よりも大幅に創出

という4点である。これを受けて文化庁は、２０１5年7月に「文化プログラムの実施に向けた文化庁の基本構想」を発表した。具体的にはこの中で「文化力プロジェクト（仮称）」の目標を左記の通り掲げている。

▼イベント数　20万件
▼参加アーティスト数　５万人
▼参加人数　５千万人

これらを受けて２０１６年7月、東京都は２０２０年オリンピックに向け、東京都歴史文化財団を通じて助成する当面5件の民間プロジェクトを決定した。

この助成により２０１６年9月から明治座が日本舞踊や殺陣《たて》など伝統芸能とアニメやダンスを組み合わせた演劇を88回にわたって上演する。芸能プロダクションのホリプロは、２０１７年1月に漫画家の楳図かずお氏の作品「わたしは真悟」のミュージカルを新国立劇場で23回上演する。

このほか東京の街にある店舗や空き地を舞台にしたアートプロジェクト、アジアの新進作家の作品を紹介する国際映画祭、明治神宮外苑でスポーツをテーマにした作品の屋外展示などを実施する。今後、これら文化行事の広がりと浸透が期待される。

5．成熟社会のオリンピックと文化

２０２０年に向けて、東京はさまざまなインフラ整備に着手することになる。道路、鉄道、成田・羽田空港のあり方など、解決すべき問題は山積している。競技施設の建設や運営については、多少の問題はあっても結局は満足いく結果を出すだろう。

むしろ問題は、２０２０年のオリンピックによって東京が、あるいは日本社会がどのように変わるか、何を生み出すかである。

1964年の東京オリンピックではそれが明快だった。「欧米に追いつけ追い越せ」をスローガンに、日本が経済発展の基盤をつくり、工業化の成果を見せ、技術を誇る大会であった。

2020年の東京大会は、これとは違う。時代は工業化社会から成熟社会・高度情報化社会へと移行している。それにふさわしい変化が、東京にも求められている。

成熟社会には経済の低成長、少子高齢化などの特徴があるが、重視すべきは、多様な価値観の受容、生活の質の向上を惜しまないライフスタイルである。スポーツや芸術、エンターテインメントを楽しむ文化と言い換えてもよい。

ニューヨークやロンドンに比べても、都市の治安、清潔、秩序、さらには地下鉄等公共交通の利便性において東京は遜色がない。

しかし、ニューヨークやロンドンには都市として世界中の人々をひきつける魔力がある。東京にはそれが欠けている。

ニューヨークやロンドンには、スポーツ、ファッション、美術、音楽、産業イベント、さまざまなエンターテインメントを楽しむ場がそこかしこにある。多くの市民がそれらを利用し、十分にビジネスベースに乗っている。オリンピックに向けた再開発において東京で新築されるのは、オフィスとマンションばかりというわけにはいかない。スポーツ施設や美術館、イベントホールなどが重視される時代になっていく。

先にも述べたが、オリンピックはスポーツの祭典であることはもちろん、近年は文化性、芸術性、ファッション性、デザイン性を競うイベントになっている。オリンピックを契機に、日本にも生活を楽しむ文化が根づいていくだろう。

図表4-6に示すように、成熟社会の要素は経済の低成長、人口減少・少子高齢化だけではなく、人々が

図表 4-4　劇場が集中するなど世界一の盛り場となっているニューヨーク・タイムズスクウェア

図表 4-5　タイムズスクウェアと並ぶ世界の盛り場・ロンドンのピカデリーサーカス。タイムズスクウェアとの共通点は階段があること

図表 4-6　成熟社会の要素と特徴

生活の質の豊かさを追求することである。

そこで図表４-６の右側に示すように、経済の規制緩和が行われ、市場原理主義によるニューパブリックマネジメント（新しい行政経営）による小さな政府が求められる。

これに対して図表４-６の左側に示すように、ガバナンス（協治）理論による協働主義が対抗し、ソーシャル・インクルージョン（社会的包容力）により社会の融和を図ろうとする努力がある。

２０２０年東京オリンピックはこういう成熟社会のなかで行われるので、その成果もスポーツに加え、文化をはじめ各方面における社会の変革と不可分のものとなる。

6. 文化と観光

観光という日本語について、和英辞典を引いてみると、「サイトシーイング（sightseeing）」、「ツーリズム（tourism）」と二つの英語が示されている。そこで今度はこの二つの英語について英和辞典で調べてみると、それぞれ「見物」、「周遊・巡回・見学・観光ビジネス」などと出ている。すなわち、日本語では一語で観光というが、内容としては、何かを見に行くのか、それともビジネスとして観光を扱うのかという大きな違いがある。ついでに言うと、リゾートも元々の意味は行楽地ではなく「繰り返し行くこと」だ。

日本は長い間、海外旅行に出かける日本人旅行者数が多く、見物に出かけるという意味での観光面では一流国家だった。しかし、毎年、日本を訪れる外国人旅行者数は少なく、観光ビジネス面では一流国家とは言えなかった。

それでも国内総生産額に占める観光関連は相当程度あったし、何よりもわが国総雇用に占める観光関連の割合も高く、観光ビジネス一流国でなくとも、日本の経済と雇用にとって観光ビジネスは重要な位置を占めている。近年の訪日外国人数の伸びは著しく、わが国経済に占める重要性はますます高まっている。

観光基本法ができたのは１９６３年と、かなり早い時期だった。東京オリンピックの前年だ。今でこそ○○基本法と称する法律は数十本あるが、観光基本法はわが国5番目の基本法として制定されている。しかも議員立法だった。前文には「恒久の平和と国際社会の相互理解」、「健康で文化的な生活」と、日本国憲法と同じ表現が用いられているが、これは正に観光振興の本質を言い当てている。

かつて、ヨーロッパ人が盛んに海外旅行をした時代があった。その後、アメリカ人も盛んに海外旅行をした。そして日本人が海外旅行をした。今や、中国人が大量に海外旅行をし、さらにはインド人がこれに加わりつつある。欧米人も日本に強い関心をもつようになった。そういうときだからこそ、アジアの一角に位置するわが国としては、観光ビジネスを一層重視するのは当然の成り行きである。

海外からの旅行者受け入れ数が一貫して多いフランスでは、フランスというよりパリが人を集めている。

街自体が一級の芸術品だ。モンパルナスの地下から大量に石を掘り出して美しい街をつくった。

市内各所に美しい広場があり、そこから八方に広い街路が延びていて、地図を見ても幾何学的な美しさが感じられる。道路が広いため並木も見事だ。シャンゼリゼ通りは幅１００メートルあるから、レストランの椅子やテーブルを並べたり、有料トイレまで設置されたりしている。サクレ・クール寺院、セーヌ川、シテ島、凱旋門と市内随所に観光名所がある。芸術の都と呼ばれ、ルーブル美術館とオルセー美術館だけでも東京を訪れる全外国人数に匹敵するほどだ。ただしテロの発生によって現在は少し残念な状況が生じている。モンマルトルの丘のサクレ・クール寺院周辺の警備も厳重だ。

スペインやアメリカの各都市、各地方もそれぞれ、外国人を集めるだけの魅力をもっている。

かつて日本の観光政策が遅れをとった理由は、ひところ、輸出の増大により外貨が貯まりすぎて国際的批難を浴び、海外旅行倍増計画と称して海外に行くことばかり奨励していた時代があったからでもある。あれはあれで、決して悪いことではなかったと思う。島国に住む日本人が国際社会で生きていくには外国を訪れて肌で外国を知り、直接に外国人と交流をはかることはとても大切なことだ。しかし今日では、多くの外国人に日本を訪れてもらい、日本を直接みてもらうことも大切だ。

7．オリンピックを契機とする観光政策の転換

観光というと、すぐにキャンペーン、英語表記、ホスピタリティ（おもてなし）、ホテルの整備などの議論が始まる。もちろんこれらの整備向上は大切だが、本質的な魅力がなければ人は来ない。

日本人がパリに行くのはなぜか。そこに住む人たちが長い年月を費やして培ってきた芸術、街並み、そし

て優れた建築物の宝庫となっているからだ。ローマに大勢の人が行くのはなぜか。古代があり、ルネサンスがあるからだ。そして何よりも、ローマの人たちがそこで生活を楽しんでいる。ニューヨークだって、ブロードウェイのミュージカルが充実したのは、ニューヨーカーがそれを楽しみ、育ててきたからだ。

私たちはまず、そこに住む人たち自身が納得できる、楽しく住みやすい街をつくることから始めるべきだ。シティ・セールスや観光キャンペーンも大切だが、同時に、自ら住む街の文化を磨き上げることに力を注いだほうがいい。働く人の半数が片道１時間以上の通勤時間をかけているようでは、文化を楽しむ土壌も生まれない。都心居住型の都市構造を実現することこそ文化振興の早道だ。自分たちの地域を自分たちなりに魅力ある街に育てることが大切だ。

もちろん、観光の楽しみは「非日常性」にある。だからこそ、楽しく美しい街並みを形成することが大切だ。せっかく観光に来たのに粗末な街並みが続いていたら気が滅入ってしまうではないか。

日本は山と海、川そして湖に恵まれ、世界でも有数の美しい国土をもっている。歴史遺産も豊富だ。近代文明、特に「ものづくり」でも光彩を放った。これからは、文化豊かな「街づくり」に努力して、その成果を世界に発信すればいい。そういう地道な営みこそ観光立国につながると思う。

観光という言葉の本来の意味は、（その国の）光（景色、文化）を見るということだ。その地域に、本質的な意味で、人を引きつける魅力がなければ、人は観光に来ない。

成熟社会が到来する21世紀のキーワードは「快適」であり「楽しみ」だ。楽しみが経済をリードし、楽しみがお金になる時代が到来しつつある。私たちは遠慮しないで生活を楽しむ時代に生きるのだ。

外国人観光客を増やすためには、日本人の国内旅行を増やすことが大切だ。それが国内観光地を成熟させ、魅力を増す。そのためには国民が労働にゆとりをもち、所得にもゆとりをもつ社会を実現しなければならない。これが観光政策を本章で取り上げる所以でもある。すなわち観光に成功した自治体は、市民の幸福を実現した自治体ということになる。

8. 東京の魅力の発信

観光立国を目指してさまざまな提案がなされている。いわく、団体旅行ではなく家族滞在型の旅行に対応しよう、国民の休暇取得時期を分散させよう、効果的なPRをしようと。

これはこれで大切なことだ。しかし、それだけでは人は来ない。特に、外国人は来ない。その地域に、本質的な意味で、人を引きつける魅力がなければ、人は観光に来ない。

観光立国というなら、まず、私たち自身が納得できる、楽しく住みやすい国をつくることから始めるべきだ。自治体も勘違いしないほうがいい。シティ・セールスと称して海外に出かけるのは、無駄とは言わないが、その前に、自分たちの街の文化を磨き上げることに力を注いだほうがよほど効果が上がる。

日本の優れた点は、第1にものづくりの技術水準が高いことだ。近年はこの面でアジア諸国の追い上げが激しいが、日本製品の品質については絶大な信用がある。第2に、労働者の水準が高く、ビジネス関連サービス面でも多様で豊富な専門職群が存在していることだ。

加えて日本は、世界最高水準の治安のよさを誇ってよい。子どもたちだけで電車に乗って出かけることができることを、私たちは当たり前に思っているが、実は、ニューヨークでもロンドンでも、あるいは世界の諸都市でも、そんな風景を見ることはない。

さらに電車の運行だ。日本では遅れるとアナウンスがあるが、欧米やアジアを通じて、こんなアナウンスは滅多にない。遅れるのが普通だからだ。欧米の人に日本とは何かを教えるには、日本で電車に乗って頂くのが一番いい。清潔で明るく、正確な運行にびっくりすること請け合いだ。

そもそも地下鉄の駅ごとの時刻表を駅ごとにプリントして置いてある国など、ほかにない。私は欧米の都市の地下鉄駅で運行ダイヤを要求して「そんなもの持っていても意味ないだろう」と言われたことがある。コンテナ取り扱い量や空港規模でアジアの都市に追い越されたと嘆く人がいる。しかし人々の落ち着きや街の清潔さでは日本の都市は大いに優れている。

国際的なビジネスマンは家族を同伴して赴任するのが普通である。その場合、日本の成熟した都市は魅力的だ。焦ることなく、卑下することなく、日本の都市の優れた点を海外にアピールしていくことが大切だと思う。観光面でも、美しい海や山、温泉だけでなく、日本の人々のマナーのよさや都市の機能性などをアピールすべきだ。それだけの実力をわが国はもっている。

9．オリンピックのレガシーとサスティナビリティ

2008年の北京オリンピックのレガシーについては、たとえばメインの競技場が必ずしも活用されていないという評価があるが、オリンピックサイトに多くの観光客が集まっていることは確かである。選手村には、人々が住み始めている。スーパーマーケットもできた。しかし選手村につくった再生エネルギー施設は現在、稼働していない。

この点については2012年ロンドンオリンピックも似ていて、風力発電の活用に失敗した。東京では水素エネルギーの活用、コジェネレーション（電力と有用な熱を同時に供給するシステム）やヒートポンプの

活用、日本発の技術による再生エネルギーの活用などが期待される。

冬季オリンピックだが、２００２年ソルトレークシティオリンピックでは、選手村をユタ大学のキャンパス内につくり、その後は、ユタ大学がドミトリーその他に活用している。ちなみにソルトレークシティではセキュリティの本拠地もユタ大学内に置かれた。東京でも選手村はオリンピック後に５０００戸以上の住宅が供給される予定だが、単に戸数として供給されるということではなく、ひと工夫あることが望ましい。

また、ソルトレークシティオリンピックは、２００１年のイスラム過激派による米国のワールドトレードセンターやペンタゴンへのテロ攻撃の翌年だっただけに、ブッシュ大統領の出席には細心の注意を払った。出席自体を直前まで公表せず、出席が決まってからは、会場に通じる鉄道路線をすべて止めたが、これは行き過ぎだったと反省している人もいる。

東京オリンピックでも世界のＶＩＰが集まる。すなわちテロの標的になりうる人が集まる。これを契機に日本のテロ対策警備が欧米水準になるとすると、日本にとってプラスもあればマイナスもある。この点について私たちは相当の覚悟が必要となるだろう。

ＶＩＰには、それぞれ独自の警護（ＳＰ）が本国から付いてくる。彼らのセキュリティシステムや警護に関連した情報・コミュニケーションシステムと日本のそれとをどう情報交換し、連携するか、世界のオリンピック開催都市が悩んだ問題に日本も直面することになる。

かつてオリンピックというとサスティナビリティが盛んに議論された。それは今でも変わらないが、近年はレガシー論が盛んになった。そこでは、オリンピック競技施設にその後、市民がいかに親しんだかが注目される。また歴史的な評価としては、その都市でオリンピックが開催されたことによってその都市の、その国の社会がいかに変化したかも議論と評価の対象となる。それはまさに文化面の評価である。

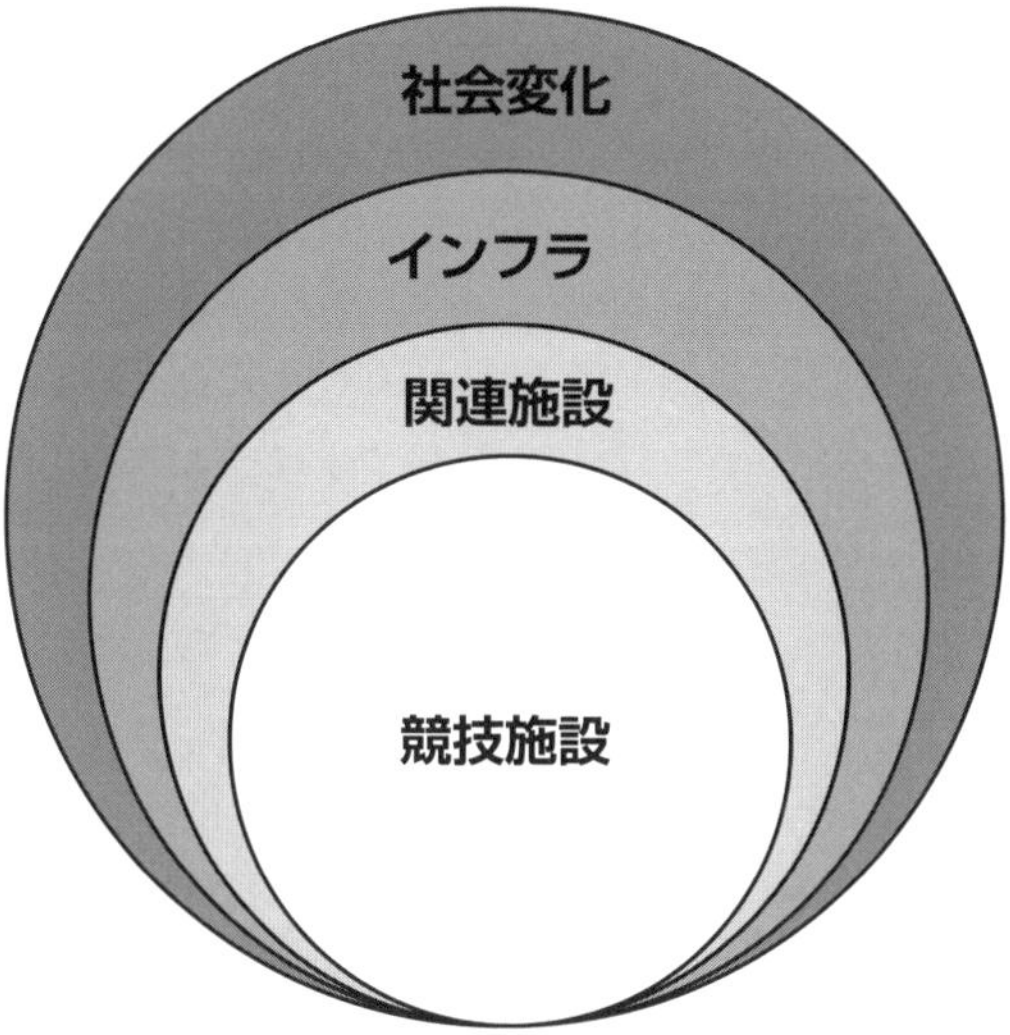

図表 4-7　オリンピックのレガシー

図表 4-8　ロンドンのテムズ川をはさんでシティの向かい側に建ったヨーロッパで最も高い（310m）オフィスビル、ザ・シャード。オリンピックムードがなかったら建たなかったといわれる

10．パラリンピックとバリアフリー

パラリンピックは、1960年のローマ大会から本格的に始まった。東京は、1964年大会でパラリンピックを実施した。従って、世界で初めて、パラリンピックを2回開催する都市となる。それに相応しい内容が求められるし、それなりの新機軸が期待される。

パラリンピックの語源はパラレル、すなわち平行であるとされる。障がい者のスポーツ大会を開催するということではなく、日本の社会がソーシャル・インクルージョン（社会的包容力）に富む社会であることを世界に発信することが求められると考えたほうがいい。

オリンピック自体が、差別の解消を憲章に掲げ、差別と闘ってきた。ピエール・ド・クーベルタン男爵が女性のスポーツ参加に反対したことは広く知られているが、オリンピックの歴史自体が、内なる差別とも闘ってきた歴史である。

カシアス・クレイ（モハメド・アリ）がローマオリンピックのボクシングで金メダルをとったあと、母国のアメリカで肌の色を理由にレストランへの入店を断られた。肌身離さず持ち歩いていた金メダルを見せると「それがなんだ」と言われ、怒ったクレイは金メダルを川に投げ込んだと言われている。1996年のアトランタオリンピックのとき、国際オリンピック委員会は改めてクレイに金メダルを贈呈した。オリンピックにはこのような差別にまつわるエピソードが多い。

2020年東京パラリンピックにおける交通機関や各種施設のバリアフリー化は大丈夫なのだろうか。改札口の構造、エスカレーターやエレベーターの設置、車両の構造等の点において、車椅子の利用者等が

乗降するのは無理な状態となっているロンドンやニューヨークなど世界の大都市と比較すると、日本の鉄道のバリアフリー化はかなり進んでいる。

道路の段差解消や視覚障がい者の誘導施設の点でも、日本は海外諸都市に比べると高水準にある。しかし実際には、転倒等の事故もあるし欠陥もある。エスカレーターを利用する際に駆け上がる人のために片側を空ける習慣も定着してしまって、身体の右か左かどちらかが不自由な人に対する配慮がなされていない。

バスについては、たとえばロサンゼルスでは、ほとんどの路線バスに、同行者や運転者の介護なしに車椅子で乗降できる装置が付いている。日本の路線バスもかなり進化してきたが、まだまだである。

タクシーについては、オリンピックを目指して東京では大型化をはかるという報道もあった。タクシーの大型化が車椅子利用者等にとっても利便性の向上につながることが望ましい。

各種スポーツ施設については、たとえばニューヨークのヤンキースタジアムは定員約５万人のところ、車椅子席すなわちバリアフリー対応可能な観客席が約１０００席以上ある。それだけのバリアフリースペースがあるということは、野球場の外から場内に入るアプローチのすべてのプロセスにおいて、そしてトイレの設備から各種自動販売機の高さ、レストラン内のテーブルの高さや商品受け渡しカウンターの高さなど、いろいろな面で障がい者に対する配慮がなされているということである。

この水準を超えるスポーツ施設が日本にどれだけあるだろうか。この点においてはまだまだといってよい。野球場に限らずサッカースタジアム、劇場、コンサートホールなど大勢の人が集まる場所における障がい者に対する配慮については、まだまだの面がある

一般のレストランにおいては、車椅子対応可能な店はまだまだ少ない。ハラール認証（イスラム教の戒律に従って製造された商品やサービスを証明するシステム）というテーマの大切さが日本でもようやく認識さ

図表 4-9　車椅子席がたくさんあるニューヨーク・ヤンキースタジアム

れ始めているが、これについても実態はまだこれからである。

ユニバーサルデザインという言葉は、誰でもほかの人と同じように行動できる社会を目指す考え方を示している。障がい者が動きやすい街は誰でも動きやすい街である。パラリンピックを機会にそういう街づくりを目指したいものである。

２０１６年４月には障害者差別解消法が施行され、筆談や読み上げ、車椅子の人が交通機関に乗る際の手助けなどの配慮が、行政機関に義務づけられ、民間事業者も努力義務となった。

これらに伴って行政も民間も各種の対応を急いでいる例が様々に報道されている。これらは、いわば国際的な傾向と軌を一にしているわけだが、日本の障がい者法制も新たな段階に一歩進みつつあるといってよいだろう。

障がい者差別の解消には、法制と並んで、雇用の実態、人々の意識、社会の仕組みなどいろいろな場面で改善や改革が求められるが、各種の公共的な施設における障がい者差別の解消も大きな課題である。

いま、日本を訪れる外国人旅行者が急増し、日本の各地で世界最高水準のバリアフリー化が求められていると考えられる。私たちはそういう意識を強くもたなければならない。これも都市の機能と文化の課題の一つの側面である。

11. オリンピックを機に東京をさらに魅力的な都市に

これまで、2020年に向けて、インフラ整備は多少のすったもんだはあっても、日本社会は満足いく結果を出すであろうこと、むしろ成熟社会・高度情報化社会にふさわしい変化を実現し、そのモデルを世界へ発信すべきことなどを述べてきた。それは、スポーツ、文化芸術、水とみどりを重視した21世紀型の新しい都市モデルであり、多様な価値観の受容、生活の質の向上を惜しまないライフスタイル、すなわちスポーツや芸術、エンターテインメントを楽しむ文化である。オリンピックを機にした施設整備や都市開発は、これらのことを考えなければならない。

観光の視点から、東京は自然や歴史資源などは充実しているが、ニューヨークやロンドンのような、世界中の人々を惹きつける魔力が欠けている、ということも述べてきた。そして、この魔力とは、私たち自身が生活を楽しむことが大前提なのである。

日本の人々のマナーや都市の機能性は、総じて海外都市と比較しても高い水準にあるが、スポーツ施設やバスのバリアフリーなどでは遅れをとっている。

2020年のオリンピック・パラリンピックを機に、これらの課題に取組み、豊かな生活や文化を追求し、それを世界に向けて発信していくことで、東京をさらに魅力的な都市にしなければならない。そして、将来、東京にスポーツや芸術、イベントを目当てでやってくる観光客が溢れるようになることを期待したい。

第5章

都市の魅力と政策を考える

竹中平蔵

1．世界で今、何が起きているのか

（1）都市こそイノベーションの舞台

都市の魅力を高めるためには、私たちは、まず〝世界で今、何が起きているのか〟ということから考えるべきだろう。

「インダストリー４・０（第４次産業革命）」という言葉に象徴されるように、世の中は圧倒的にデジタルを中心とした知識集約型になってきている。これはライフスタイルの変容や産業の概念をも変えることにつながっている。例えば、オックスフォード大学で人工知能を研究するマイケル・オズボーン准教授は「これからの10年、20年の間に今の職業の47％が無くなるであろう」と予測しているが、それほど世の中には大きな変化が起きているのだ。では、このような知識集約型の産業はどういったところに立地しているのだろうか。それは、圧倒的に都市なのである。

２０１２年に英「エコノミスト」誌から刊行された単行本〝Megachange：The World in 2050〟（日本語版『２０５０年の世界　英「エコノミスト」誌は予測する』文芸春秋）は二つの重要な指摘をしている。「世界はイノベーションの競争の時代を迎える」ということと、「世界がどのように批判してもグローバリゼーションは徹底的に進み、英語は国際語の王座に君臨し続ける」ということだ。そこでまず、「イノベーション」について考えてみよう。イノベーションの重要性を真っ先に説いた経済学者ヨーゼフ・シュンペーター教授は「新しい結びつき、新結合によってイノベーションが起きる」と指摘している。つまり、新結合が起こりやすい場所でイノベーションが起きるとも捉えられる。その点で都市は非常に有利な環境であり、都市の持つ魅力が、多様な結びつきを可能にしている。多様な企業が揃い、多様な人材がいて、多様なアイディアを交わし、組み合わせることで新しいものが生まれる。実際、世界で起こるイノベーションの大部分は、都市が舞台になっているのである。

(2) フラット化する世界

21世紀になり、ますますグローバル化が進んでいることは、今さら言うまでもないだろう。どんどんボーダーレスになる中で、世界全体が「フラット化」しているという議論もある。これはベストセラーとなったニューヨークのジャーナリスト兼作家のトーマス・フリードマン氏の著作『フラット化する世界』の中で指摘されているもので、この本では、21世紀初頭におけるグローバル化の実態を紹介し、世界が急速にフラットに、つまり平らになっている様子を描き出している。

世界がフラット化する理由は、もちろんグローバル化の進展なのだが、デジタル技術革新もまた、その重要な要素となっている。世の中がアナログからデジタルに変わったことで、たとえば国内企業に問い合わせをした際、一瞬にして海外のコールセンターにつながった経験を持つ人も多いだろう。これは、言葉の問題さえクリアされれば、人件費が安い外国に仕事が流れていることの縮図だ。しかも、コールセンターに限った話ではない。私たちはいつの間にか人件費の安い国々との競争に巻き込まれており、単に現状を維持しているだけでは必ず沈んでいってしまうことも見えてきている。フラット化する社会では、新興国、例えばインドやブラジルには大きなチャンスが与えられる。一方で、先進国は昨日と同じことをしていては、現状に留まることを許されず、生活水準は下がるだけだ。そのような大きな認識を持って、今の時代を捉えるべきなのだ。

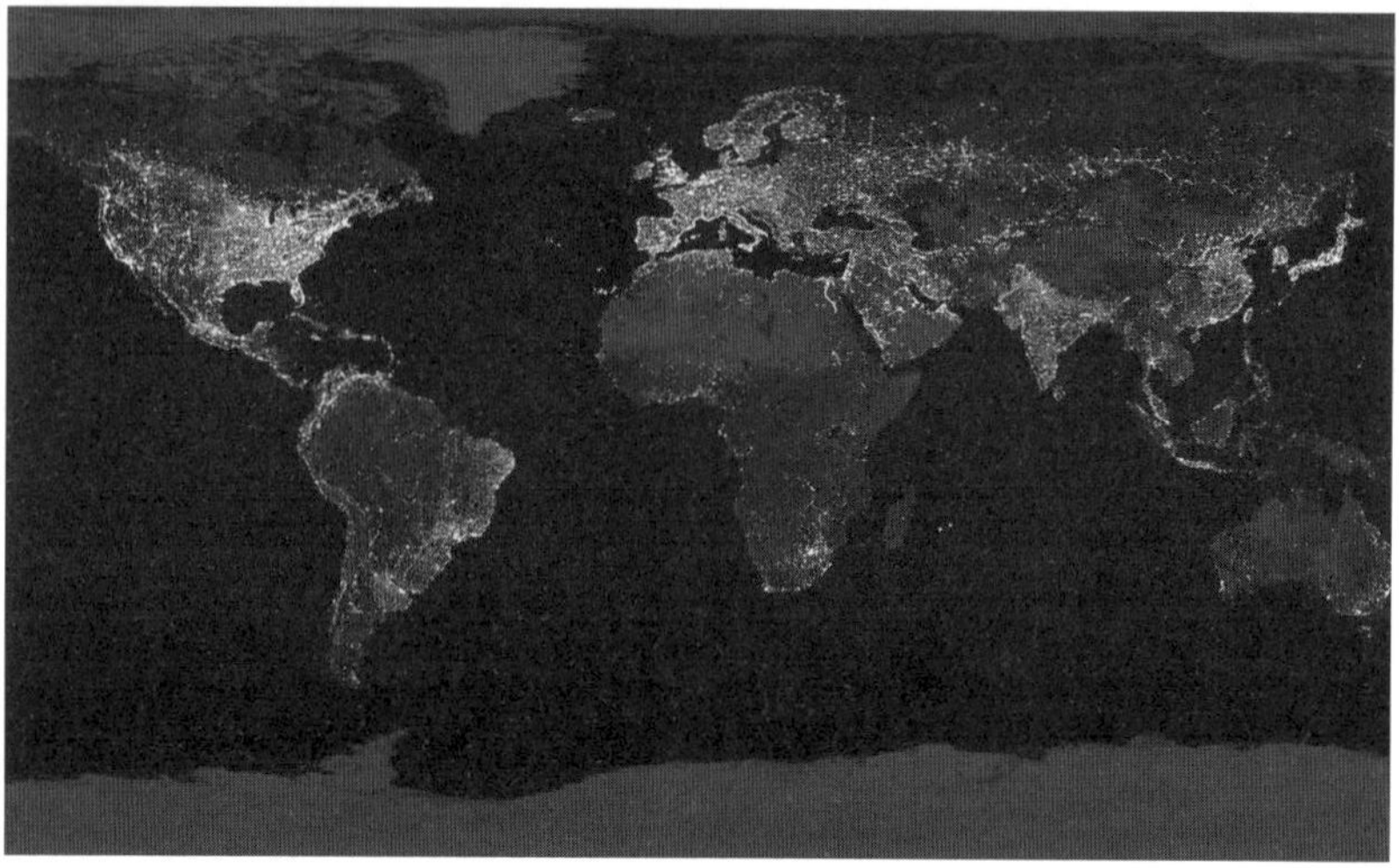

図表5-1　宇宙から見た夜の地球（写真：NASA Earth Observatory）

（3）世界最大のメガリージョン、東京

『クリエイティブ資本論』や『クリエイティブクラスの世紀』でよく知られるトロント大学の社会学者リチャード・フロリダ教授は、夜間に撮影された地球の衛星写真をもとに、「地球は20から30の灯りの塊でできている」と述べている。そしてその灯りの塊を「メガリージョン（＝大都市圏）」と呼び、その「メガリージョンから、イノベーションの8割が生まれている」、つまりメガリージョンこそイノベーションの源泉だと言うのだ。

では、世界最大の灯りの塊はどこだろうか。実は、人口約3600万人を持つ東京圏にほかならないのである。これは、日本にとって非常に大きな強みとなっている。東京圏の人口および広大さは、世界にも例を見ない。東京に住んでいるとなかなか実感はできないのだが、たとえば外国人を電車で郊外まで連れていくと、その沿線の途切れない家並みに驚かれるということもしばしば起こる。また、この東京圏から生み出される総生産はドイツに匹敵する規模であり、それほどメガリージョンには人も生産力も集中しているのである。

それほど大きな都市圏である東京では、約3600万人の人々が、安全が保たれた秩序ある世界で生活をしていることも大きな利点だ。ちなみに、ロンドンやパリの人口がまだ50万人程度だった18世紀の終わりごろ、江戸はすでに１００万都市だったという歴史的な背景もある。江戸では、狭い土地にみんなで協力しながら安心して生きていけるようにと、その頃からすでにソーシャルキャピタル、社会秩序が意識されていたのだろう。

私は海外から帰国する度に、東京は、これだけ多くの人が住んでいる大都会であるにもかかわらず、空が綺麗で、空気も澄んでいて、水がおいしいと感じている。東京はそのような意味でも大きな魅力がある都市なのだと思う。

(4) スパイキーな人材

さて、先にあげたリチャード・フロリダ教授は「メガリージョンのなかは、実はフラットではなく、極めてスパイキー（尖っている）になっている」という言い方をしている。実際、このメガリージョンのなかは、ビル・ゲイツ氏や孫正義氏といった新しいイノベーションを起こす人と、そうでない人がはっきり分かれてきている。技術フロンティアが広がり、新しいイノベーションが起きている今の時代には、このような尖った人たち＝スパイキーな人材の役割が非常に重要になってきている。

スパイキーな人材は、別な言い方をすればクリエイティブな人材だ。そのクリエイティブな人材をどれだけ多く、しかも多様に集められるのか、ということに都市の未来がかかっていると言っても過言ではない。それが、実は都市の重要さであって、東京のこれからの課題なのである。世界の都市はグローバル競争の中にいるが、国際競争力という言葉も、まさにそこに集約されるものだ。

2. クリエイティブな人材はどこに集まるのか

(1)「自由な場所」は絶対条件

では、このスパイキーでクリエイティブな人材はどういうところに集まるのだろうか。やはりいくつかの要件がある。

一つ目に重要なのは、〝自由な場所〟に集まるということだ。あれをやってはいけない、これをやってはいけないという制約の大きい場所ではイノベーションは起こせない。ゆえにその自由と自由を保障するための法の整備と法の支配、いわゆる「ルール・オブ・ロー」がキーワードとなる。

たとえば、中国の経済がこれから悪くなっていくのではないかと考える人は、その背景に、中国にはこの自由がないのではないかと考えている。2015年に上海株式市場が暴落した際、いきなり半数の銘柄の取引が停止されるということが起こったが、自由なはずのマーケットが国家にコントロールされているとなれば海外からの投資も当然鈍る。また昨日まで権力をふるっていた人物が、今日急に拘束されるということも頻繁に起こる。このような場所に、自由と社会秩序があるとは思えないであろう。

(2) 日本の所得税率は高すぎる

二つ目に重要なのは、税金の問題だ。この点で、日本は間違いなくハンディキャップを負っている。日本の高所得者（課税所得4000万円超）の所得税率が55％（住民税を含む）なのに対し、たとえば香港であれば17％程度で済む。実際、金融のトレーダーのなかには、東京のマーケットでトレードしているにもかかわらず香港に住んでいる人も出てきているのだ。東京に住んでトレードするよりも、香港に住み毎週東京に出張してくるほうが合理的だというようでは、人材が集まるはずもない。今後、このような人が増えてくる可能性は大いにあり、これはやはり日本（東京）の重大な課題である。

（３）世界から便利に訪れることができる都市

また、世界の都市とのアクセスの利便性の問題も極めて重要だ。羽田空港が国際化され、いよいよ全日空も羽田から北米（ニューヨークとシカゴ）に直行便を飛ばすことが決まり、アクセス利便の問題はだいぶ改善されてきた。それでも、国際的にみると東京のアクセスはまだまだ見劣りする。国際線の就航都市数でみると、羽田空港、成田空港あわせて約１４０都市とつながっているが、ロンドンのヒースロー空港は３５０都市とつながっており、そのアクセスの良さは大きな強みになっている。

羽田空港の国際線の就航都市数が少ないのは、騒音対策の観点から、都心上空の飛行高度を６０００フィート以上と制限しているためだ。しかしこれでは飛行経路が限られてしまい、発着枠にも限界が出てくる。そこで、高度の規制を３０００フィート以下まで緩和し、現状で（成田空港と合わせて）年間約75万回の発着枠を、２０２０年までに83万回まで増やそうという計画が立ち上がっている。大田区をはじめ羽田空港近隣の方々の理解が必要であり、その説明には十分に時間をかける必要があるが、この「空の規制緩和」により、国際競争力の強化につながることは間違いない。グローバル化した世界を自由に行き来するクリエイティブ人材を集めるには、世界の都市とのアクセスの利便性を高めることが、欠かせない条件なのである。

（4）アートと文化が溢れる都市

そして最後の、しかも最も重要な要因となるのが、〝そこに文化があるのか〟ということだ。

かつて、哲学者フリードリヒ・ニーチェが「芸術は生を可能ならしめる偉大な形成者だ」という格言を残し、「アート」こそがこの世の中で最高のものである、と述べているように、その重要性は古くから認識されてきた。今や、アートイベントは世代を超えて幅広い人気を集める。また、工業製品や日常の消費材にも、デザインやアートの要素が不可欠になっているなど、ますますその重要性が高まっている。

私はよくダボス会議での事例をあげるのだが、このような世界のリーダーが集まる非常に知的な会議では、必ずと言ってよいほどアートイベントが並行して行われており、そこには世界の代表的なアーティストが呼ばれ、とても楽しい創造的な空間を共有できる。高いインテリジェンスとクリエイティビティを持った人であればあるほど、アートや文化に対して強い関心があるからだ。海外では、ビジネスで高い成果を求めて競争することと、アートのなかに身を置いて自身のクリエイティビティを高めることが、すでにクリエイティブな人材の生活のパターンになっている。

東京が世界一の都市、国際的な金融センターを目指すのであれば、アートや文化が不可欠になる。クリエイティブな人材を集めるには、これまで述べてきたことに加え、そこがアートと文化が溢れる都市である必要があるのである。

3．人々は「文化」に惹きつけられる

(1)「観光」とは「文化」を体験すること

そもそも、アートや文化は「観光」とも深い関連がある。みなさんが、なぜニューヨークに行きたいのかといえば、それはブロードウェイ（ミュージカル）が、ニューヨーク・シティ・オペラが、ニューヨーク・フィルハーモニーがあるからだ。あるいはニューヨーク近代美術館（ＭｏＭＡ）が、メトロポリタン美術館があるから、といった理由をあげる人も多いだろう。これらはすべてアートである。なかには、エンパイアステートビルにのぼって景色を見たいという人もいるだろうが、そういう人はごく少数で、突き詰めていくとみんなアートに触れることになる。美味しいものを食べたいという理由も、実はアートであり、食文化だ。つまり、国内国外を問わず、観光というものは文化を体験することにつながっている。

この「観光」という言葉は、実は中国の四書五経の『易経』に出てくる言葉が語源だと言われている。これはまさに〝光を観る〟と書くが、素晴らしい国に訪れると光を観るように感じられるという意味なのだ。そしてこの光を観るという感覚的なイメージこそ、実は、「都市の魅力」を高めるために非常に重要なことなのである。

(2) 観光は世界最大の産業

では、どのような国で観光産業が育つのだろうか。戦争をしている国では絶対に観光ができないように、平和であることがまず求められる。そこで暮らす人々の経済的余裕や生活のゆとりも必要だ。そう、観光と

順位	国名	スコア	順位	国名	スコア
1	アメリカ	77.96	11	イタリア	63.79
2	イギリス	75.97	12	スペイン	63.47
3	ドイツ	72.60	13	デンマーク	62.57
4	カナダ	72.53	14	フィンランド	62.13
5	フランス	72.14	15	ノルウェー	61.64
6	オーストラリア	69.29	16	ニュージーランド	61.51
7	日本	67.78	17	オーストリア	60.99
8	スイス	67.65	18	ベルギー	59.70
9	スウェーデン	66.97	19	シンガポール	58.09
10	オランダ	64.14	20	アイルランド	57.02

図表 5-2　ソフトパワーランキング 2016
（出典：英ポートランド社、米フェイスブック社調べ）

は平和と経済的繁栄の象徴と言えるのだ。そういった意味でも観光産業は非常に良い産業だと言えよう。

私はよく「観光産業は世界最大の産業です」と申し上げることがあるのだが、いくら自動車がすごい、鉄鋼がすごいと言っても、その抱えている人数を考えてみると、間接部門まで含めれば、実は観光関連産業のほうが圧倒的に裾野が広い。現在、日本では、輸送機関だけでなくてホテルに納入している食品業者なども含めると就業人口の7％程度が観光に関連した産業に従事している。ところが、この比率は海外に比べると実は低く、アメリカでは12％程度、ヨーロッパでも概ね10％以上が従事しており、日本より高い比率になっている。昨今、訪日外国人数は政府のビジット・ジャパン政策などの成果もあって急増している。日本には、観光資源という意味でも世界にはない魅力的なものが多くあり、まだまだ観光産業の伸びしろが非常に大きく残されていると言える。

（3）注目される「ソフトパワー」

日本はアートの国、文化の国だという話もよく聞くが、はたして本当にそうなのだろうか。確かに、美しい着物や神社仏閣などの素晴らしい建築物があり、多彩なアーティストがいて、世界的に活躍する小澤征爾氏のような音楽家もいる。しかし、「アートや文化で人を惹きつけよう」ということは、今やどこの国でも考えていることだ。その意味で、1990年にジョセフ・ナイ教授が論文の中で唱えた「ソフトパワー」の概念は画期的であった。ナイ教授によれば、パワーには「ハードパワー」と「ソフトパワー」の2種類があり、ハードパワーとはモノをつくったり、壊したりする力、つまり経済力や軍事力のことだ。そして、つくるのでも壊すのでもない、人々を惹きつける力のことをソフトパワーと呼んでいる。世界の都市はグローバル競争の中にいると書いたが、別の言い方をすると、ソフトパワーの競争でもある。

では、どのような国・都市が強いソフトパワーを持っているのか。たとえばスイスは、永世中立国としてどの国も敵にまわさないことを明確にし、美しい自然を残しながら、そして国際機関も多く誘致することで人々を惹きつけている。一方、ニューヨークの場合は、金融業というハードパワーが非常に強い都市であると同時に、先述したようなミュージカル、オペラ、美術館というソフトパワーも多彩で強く、両方のパワーを持っている。パリも、芸術文化やファッション、食などの面で強いソフトパワーを持っている。シンガポールは政策的に現代アートや教育に力を入れ、ギャラリーやアートマーケットを充実させたり、アメリカのビジネススクールを誘致したりするなど、東南アジアにおける現代アートや教育のハブ的な存在としてソフトパワーを高めている。

ちなみに、「英語」という言語もソフトパワーである。英語は世界の共通語であり、実際に役立つので、多くの人が勉強しようとする。つまり、多くの人を惹きつける英語は、イギリスやアメリカが持つソフトパワーのひとつである。さらに言えば、CNN（Cable News Network）はアメリカが持っている最大のソフトパワーである。民間のケーブルネットワークであるCNNは、国際語である英語でアメリカの価値観に基づくニュースを世界中に発信しているテレビ局だからだ。

4．日本文化の活性を阻む問題点

（1）少なすぎる日本の文化予算

日本は2009年までは国内総生産（GDP）が世界2位であり、それまで経済力＝ハードパワーの強さに安心してきた。ところが2010年の統計で中国に抜かれて3位に転落したことで、日本でも「ソフトパワーが重要だ」と意識し始めるようになってきた。ようやく文化を見直すようになったのだ。

しかし、日本の文化予算の規模はおおよそ1000億円で、予算全体のわずか0・11％に過ぎず、国民一人当たり1000円以下にとどまる。これは、予算額に占める割合でみるとフランスのおよそ10分の1、韓国のおよそ8分の1の水準である。このように、文化に力を入れているとは、少なくとも政府の予算からは言えない。日本には素晴らしい文化があるのだが、政策的な取組みはまだまだ不十分だと言えるだろう。

一方で、非常に強いソフトパワーを持つアメリカは、予算額に占める文化予算額の割合が、実は日本の3分の1以下に過ぎない。それでも文化大国であることを可能にしているのが、アートに対する民間からの寄付だ。メトロポリタンミュージアムなどを訪れると、壁にずらりと寄付している人の名前が記されているのだが、個人が何十億円を寄付しているなど、その金額はにわかには信じられないほどである。それは、それだけの富裕層が多いことを意味すると同時に、寄付税制が整っていることを示している。誤解を恐れずに言えば、アメリカには国に税金を払うか、美術館に寄付するかという選択肢があるのに対して、日本は寄付税制を拡充してきたとは言え、いまだに国が税金を吸い上げて、一方的に文化予算を決めているのである。

文化に対する国の関わり方という点ではフランスとアメリカは対極にあり、フランスは国が先導して文化

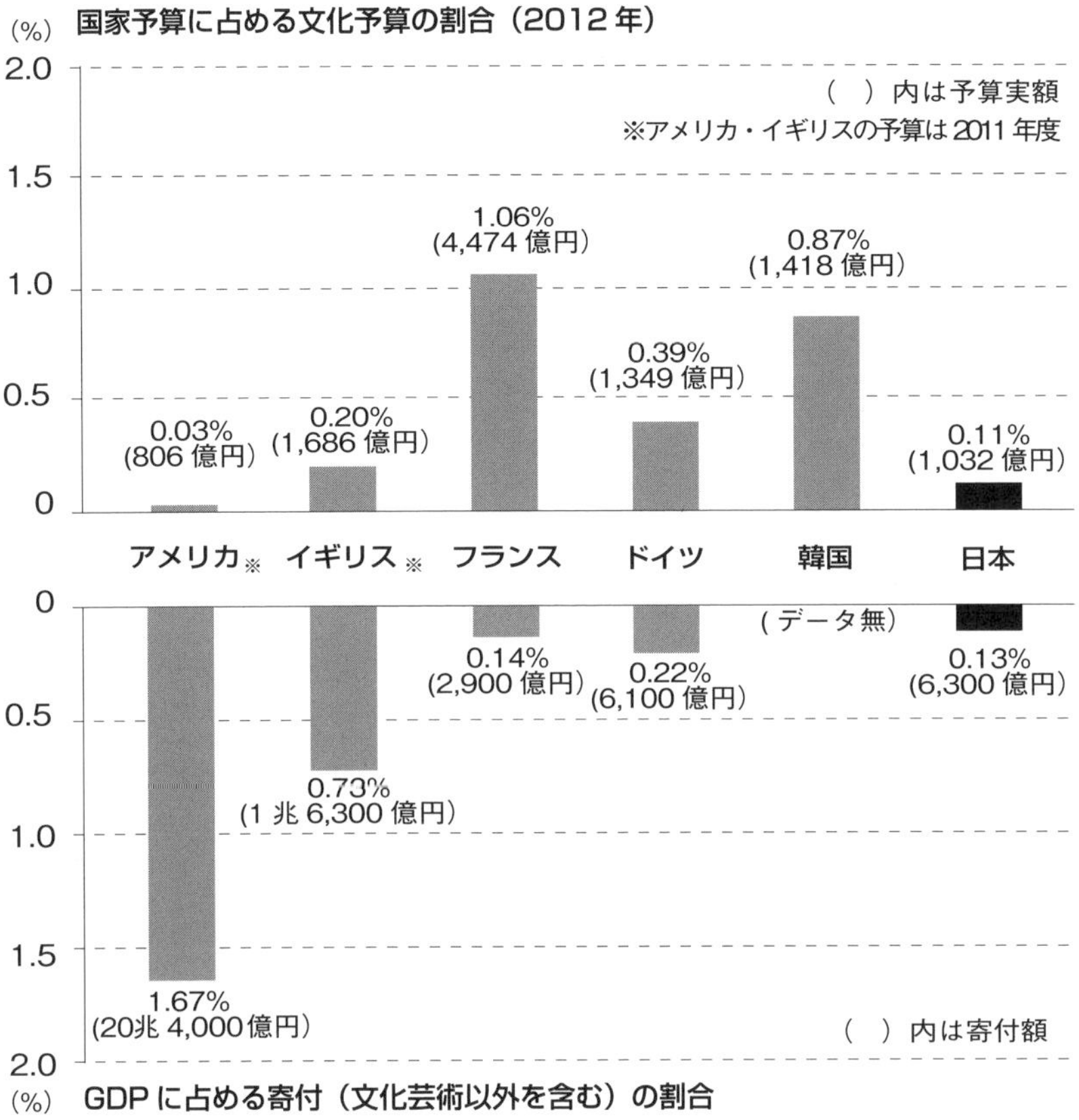

[注]
1．文化予算実額は、以下のレートで換算。
1ドル=81円 1ポンド=129円（※）1ユーロ=112円 1ウォン=0.073円（平成23年12月28日財務省告示第417号より）
2．アメリカ：①米国芸術基金（ＮＥＡ）予算、②スミソニアン機構予算、③内務省国立公園部文化財保護予算の合計、（連邦全体の文化政策を担当する省は置かれておらず、これら３つの機関が文化振興や文化財保護に係る公的資金の分配を行っている）。アメリカでは、民間からの寄附等を奨励するための税制優遇措置等が中心であり、政府による直接補助は少なく、国家予算における文化予算の割合は0.03%程度。
3．イギリス：文化・メディア・スポーツ省の予算額から、観光、スポーツ、オリンピックに係る予算を差し引いたもの。なお、同省の予算額には、王立公園、放送・メディア、文化産業化支援に係るものを含む。
4．フランス：文化・コミュニケーション省の予算額。アーカイブ、文化産業、芸術教育に係る予算を含む。
5．ドイツ：連邦政府首相府文化メディア庁の予算額、国立図書館、文書館、メディアに係る予算を含む。
6．韓国：文化体育観光部の予算額から観光、体育に係る予算額を差し引くとともに、文化財庁の予算額を加えたもの。文化体育観光部の予算額には、文化産業及び国立図書館に係るものを含む。
7．日本：文化庁予算（復興特別会計分を含まない）のみで、外務省、経済産業省、国立国会図書館等の予算は含まない。
8．GDPに占める寄附の割合は、イギリスの非営利団体であるチャリティーズ・エイド財団（Charities Aid Foundation）の報告書（2006）に基づく。諸外国の数値は2005年のもの。日本については内閣府経済社会総合研究所調査（2008年）に基づく。韓国についてはデータが得られていない。

図表5-3　文化予算と寄付額（諸外国との比較）
（2012年、出典：『文化芸術関連データ集』/ 文化庁）

振興に力を入れ、アメリカは民間に任せてその分を免税する。日本は、フランス型とアメリカ型のどちらの形を採るのか、それともそれぞれを上手く組み合わせていくのか、現状はそのいずれでもない。これは、日本の文化行政が抱える大きな課題である。

(2) 文化予算の偏った使われ方

また、この1000億円の文化予算の大半が、いわゆる伝統文化の保存のために使われていることにも問題がある。文化というものは単に保存すればいいというものではない。伝統芸術を守るためには、決してその伝統的なものに固執するのではなく、絶えず新たな試みや競争によって進化していくことが求められる。たとえば、19世紀から続くルイ・ヴィトンが、草間彌生氏や村上隆氏など現代アーティストとコラボレーションした作品をつくってきたことはよく知られている。このような試みや新しいデザイナーの投入により、その時代、その時代ごとの変化があるからからこそ、今も高い文化的価値・ブランド価値を持っているのだ。また、日本で見てみれば、箏曲(お琴)が世界的に知られるようになったのは、宮城道雄が西欧的な音楽に影響を受けて作曲した「春の海」がそれまでにない新たなスタイルを生み出し、それが海外でヴァイオリン演奏されたことで一気に広まったからだ。

ところが、日本の伝統文化は、ともすると単に伝統を守る方向に傾きがちだ。雅楽などは、もはや私たち日本人にとってもものすごくエキゾティックで珍しいものになってしまっている。一方で、歌舞伎は伝統的なものを守りながらも、常に新しい試みがされてきているからこそ、今見ても面白いのである。

ところが、伝統文化の保護のために文化予算が配分される現在の文化行政の仕組みは、その進化を拒み、守るシステムだとも言える。邦楽の世界では補助金をもらう人のほとんどは家元の子弟であり、アーティストの場合も既に評価の確立したスターの推薦がある人を選ぶケースが多いと言われている。これは、予算を配分する官僚の側が、その理由を説明し易いためでもあるのだが、その仕組みにより既得権益が生み出され、伝統的なものに固執することに偏って文化予算が使われてきた。そして補助金を受ける側も、新たな解釈を加えて進化させていくことを求められていないため、進歩がなくなってしまう。一方で、歌舞伎は民間の興行としてマーケットで競争しているからこそ、新しいものを取り入れられているのだ。

既得権益を打破して、健全な競争メカニズムを取り入れることは、経済の面のみならず文化の世界を活性化するためにも必要であろう。その意味で、政府による文化保全を前提においた補助金行政よりも、寄付税制の方が適していると言うことができる。

もちろん、国が文化やアートに対して補助することの意味がないわけではない。しかし、政府の安易な介入は、文化やアートの発展に対してむしろマイナスになるかもしれない。そうだとすれば、国が直接補助するのではなく、どの文化、どのアートを育てるべきかは国民が判断し、政府はそれに対して免税措置を取るといったようなアメリカ型の文化政策のほうがいいのかもしれない。国の補助も必要であり、民間に対する免税も必要だが、今後の日本は後者に重点を置いていかなければならない。

(3) 日本は文化に向き合ってこなかった

2020年の東京オリンピック・パラリンピック大会を考えると、スポーツも大事なテーマである。スポーツジャーナリストの二宮清純氏から聞いた話で、私も大変面白いと思ったのだが、「元々のスポーツという言葉を physical education（身体教育）と定義し、それを体育と訳して教育のなかに入れてしまったことがそもそもの間違いであり、スポーツはもっと楽しいもの」である。ところが厳しい鍛錬や根性が大事だと言われ、体育の授業でスポーツが嫌いになってしまった人も多いだろう。スポーツも文化と実は根は同じで、本当はもっと楽しいもの、楽しむものだと思う。

少し話はそれたが、日本はこれまで、スポーツや文化に対して、政策上それほど正しく向き合ってきたとは思えない。

順位	国名	世界遺産登録数			
		（合計）	文化遺産	自然遺産	複合遺産
1	イタリア	51	47	4	0
2	中国	50	35	11	4
3	スペイン	45	40	3	2
4	フランス	42	38	3	1
5	ドイツ	41	38	3	0
6	インド	35	27	7	1
7	メキシコ	34	27	6	1
8	イギリス	30	25	4	1
9	ロシア	26	16	10	0
10	アメリカ	23	10	12	1
11	イラン	21	20	1	0
12	日本	20	16	4	0
12	ブラジル	20	13	7	0
14	オーストラリア	19	3	12	4
15	カナダ	18	8	10	0
15	ギリシャ	18	16	0	2

図表 5-4　ユネスコ世界遺産登録数（国別、2016 年現在）

日本には歴史を踏まえた素晴らしい観光スポットもあり、ユネスコの世界遺産には20カ所（文化遺産16カ所、自然遺産4カ所）が登録されている。しかしこれも、世界遺産の多い国、たとえばイタリアや中国では50カ所ほどであることを考えると、非常に少ない数字だ。日本が世界遺産条約を批准したのが、195カ国のユネスコ加盟国のなかで126番目と遅かったことも理由のひとつだが、これはまさに、ハードパワーばかり考えていて、ソフトパワーに注力していなかったことの表れだと言えるだろう。

日本は文化遺産や伝統芸能、食文化、ライフスタイルなど十分な文化のリソースを持っているのだという誇りと、一方でこれまでは文化発信・文化育成の政策的な努力を十分にしてこなかったという反省との両方を意識し、今後の文化政策に取り組んでいく必要がある。

５．東京の魅力を高めるためにすべきこと

（1）東京に欠けているパフォーミングアート

インバウンドの視点でみると、訪日外国人のおよそ６割が東京を訪れるように、東京の魅力が非常に重要である。東京は食事が美味しい、街にゴミがほとんど落ちていない、店は必ず定刻に開きみんなが笑顔で「いらっしゃいませ」とむかえてくれる、といったポジティブな面が多い。しかし、私は決定的に欠けているものがあると思っている。それはパフォーミングアートだ。たとえばパリにはオペラ座があり、ミラノにはスカラ座があり、オペラの季節になると、必ず週のうちに数回はコンサートやオペラのイベントをやっているため、数日間滞在すれば何本かお気に入りの演目を観ることができる。しかし、日本を訪れた観光客が観ることのできるパフォーミングアートは歌舞伎や、日程の運がよければ観られる大相撲などくらいで、海外のように継続して開催されていて、いつでも観ることができるものは圧倒的に少ない。そのような観点からすると、シアターや競技場といった催しをできる場所とそこで開催される公演を充実させるべきだが、残念ながら都心のシアターは次々と閉館・休館しているのが現状だ。私は、このシアターや競技場に対する新しい措置が必要になってくると考えている。

競技場に関して言うと、日本で最も人気のある野球が典型なのだが、関係者に聞くと「日本の球場はものすごく不便だ」と話す。それはなぜかと言うと、日本の球場のほとんどは公共施設で、プライベートの施設ではないからだ。公的な施設だから、観客に喜んでもらいたい、あるいは野球だけでなくショッピングやレストランも一緒に楽しんでもらいたいといった発想が出てこない。２００３年にようやく指定管理者制度を

つくり、多少は改善されてはいるが、それ以前はおかしなケースがたくさん起こっていた。たとえば幕張にある「千葉マリンスタジアム」は千葉ロッテマリーンズが借りて試合をするわけだが、その隣りにある駐車場を市が管理していたことから、夜9時になると試合中であっても駐車場の照明を切られてしまったそうだ。来場者は照明のない暗闇を、手さぐり状態で帰らなければならなかった。他にも、球場の売店でチームのグッズを売ることができないということもよく聞いた話だ。また、映像を撮影する部屋と音を収録する部屋が別々になっているなど、運営の効率面がまったく考えられていないケースもあった。

こういうものは本来、民間が競争のメカニズムの中でつくらないといけないのだが、昨今になってようやくそれが意識されるようになってきている。公共が整備した競技場などを民間が買い取って使用するには、施設・設備の改修をしなければならないなど大変な面もあるが、今後は野球やコンサートだけの収益ではなく、そこに集まった人全員に、ショップやレストランを含めて総合的に楽しんでもらえる施設にしていくことも大事であり、こうしたことも政策的な課題である。

(2) 人の集まりを活かす街づくり

「幕張メッセ」という、よく見本市が行われている施設がある。この「メッセ」は中世ヨーロッパの市《いち》を意味するドイツ語で、「ミサ（お祈り）」に由来する。ミサの時には人がたくさん集まるので、そこに市を立てようという発想が生まれ、キリスト教の祭日など一定季節に開かれる市のことをメッセと呼ぶようになったそうだ。人が集まるところに市ができたように、〝人が集まる〟ということはとても意味のあることだ。人が集まるのであれば、そこにショップやレストランがあるのは当然で、さらに健康診断をするような施設をつくってもいいし、これからの高齢化社会では介護施設をつくってもいい。しかし、現状では、競技場の周辺などにせっかく集まった人を有効に活用する仕組みがない。集まった人のアクティビティ（活動、活気）を引き出す街という発想でつくり変えていかなければならない。

また、「サントリーホール」はアークヒルズの一帯の開発の中で設けられたコンサートホールで、今やクラシックコンサートの殿堂になったとも言えると思う。人を集めるためには、このようなコンサートホールやイベント会場、パフォーミングアートの施設なども一体的に整備する大規模な都心の再生も必要だろう。

（3）コンセッションは魅力向上の切り札

国の成長戦略の目玉のひとつだと私が考えているのが、国や地方がほぼ独占しているインフラの運営権の民間売却＝コンセッションである。これは、国や地方自治体が所有権を持ちながら、民間企業が一体的に運営を担う仕組みで、所有権は公共が担い、キャッシュフロー（料金収入）を含めた運営権を民間に売却するものだ。実は世界では当たり前になっている仕組みで、実際、ロンドンのヒースロー空港などヨーロッパの主要空港はほとんど民間企業によって運営されている。やる気のある民間が運営することで、その資源はより有効に活用される。空港であればブランドショップやレストランを配置するなど物販や飲食の収入を見込んで、着陸料を引き下げることも可能だ。それによって空港が活性化すれば、その地域全体の活性化も期待することができる。

日本でもこのコンセッションの動きははじまっている。２０１６年4月にはオリックスとフランスの空港運営大手ヴァンシ・エアポートの企業連合が関西国際空港と伊丹空港の運営を始め、7月からは東急グループや前田建設工業などが合同で出資する運営会社が仙台空港の運営にあたっている。空港以外にも、その流れはすでに高速道路にも広がっている。10月には、愛知県知多半島の有料道路8路線にコンセッション方式が適用された。これは自治体が管理する有料道路のコンセッションとしては初の試みだ。入札により前田建設工業を中心とした「愛知道路コンセッション」に運営権が譲渡されたが、新設されるパーキングエリアに宿泊施設や地元産品を扱う飲食店を設けるほか、沿線開発まで進めていくことを目的としている。

一方でコンセッションの動きがなかなか進んでいないのが文教施設だ。

実は、1980年からのおよそ30年間で約3000の音楽ホールが開館している。これは、毎週二つのペースで音楽ホールが日本のどこかに出来ていたことを意味している（1980年823施設、2008年3868施設）。ちなみに、美術館も2週間に一つずつのペースで開館してきた。まさに箱モノ行政である。しかし、その後、それらの施設が文化的に有効に使われているかといえば、多くの場合持て余しているのが現状だ。地方都市に行くと、18時以降の使用を認めないコンサートホールまであるほどだ。

この文教施設や先述したスポーツ施設こそ、コンセッションにかけ、民間の活力やアイディアを取り入れるべきなのだ。この多量のストックがコンセッションの対象になれば民間の資産市場は非常に活性化するし、競争メカニズムの中で文教施設ひとつひとつの魅力を高められれば、日本全体の、東京も地方も魅力も高めることができる。まさに、コンセッションは魅力向上の切り札だと言えよう。

（4）必要なのはプロアクティブな発想

なお、政策を考えるときに、私たちはリアクティブとプロアクティブという言葉を使う。何か問題が起きたときにそれに対処するのがリアクティブな対応だが、これはあくまで最低限な対応だと言える。日本は、このリアクティブな対応はそれなりにうまくやっていると思う。しかし、これからの変化の時代に求められるのは、プロアクティブな発想だ。世の中がどう変わるか、東京はどうあるべきかを考え、自ら行動を起こさなければ、フロントランナーになることはできない。

例えば、インバウンドが増えたことで、容積率を緩和してホテルの数を増やしたり、民泊などのシェアリングエコノミーを認めたりといった受入面でのリアクティブな対応も重要なのだが、さらにもっと東京を魅力的にするために、これまで述べてきたようなプロアクティブな発想が必要なのである。

(５) リニア中央新幹線で世界に類のない「スーパー・メガリージョン」が誕生する

２０２７年、リニア中央新幹線の開通により、東京から名古屋まで40分で結ばれる予定だ。二つの巨大な都市圏が一体化することは、日本にとってきわめて大きな強みになることは言うまでもない。このリニア中央新幹線は、２０４５年に大阪まで延伸する予定で、現在は最大で8年間の前倒しが検討されているのだが、私は、どうせなら２０２７年に一気に大阪まで開通させてしまえばいいと考えている。東京・大阪間が約60分、大阪が八王子にあるようなもので、メガリージョンどころか世界最大の「スーパー・メガリージョン（超巨大都市圏）」となり、そのメリットは計り知れない。

さて、ここで思い出してもらいたいのが、「メガリージョンこそイノベーションの源泉だ」というリチャード・フロリダ教授の主張だ。人口６６００万人超の世界に類を見ないスーパー・メガリージョンが誕生して、イノベーションが起きないほうがおかしい、とさえ言えるのではないだろうか。

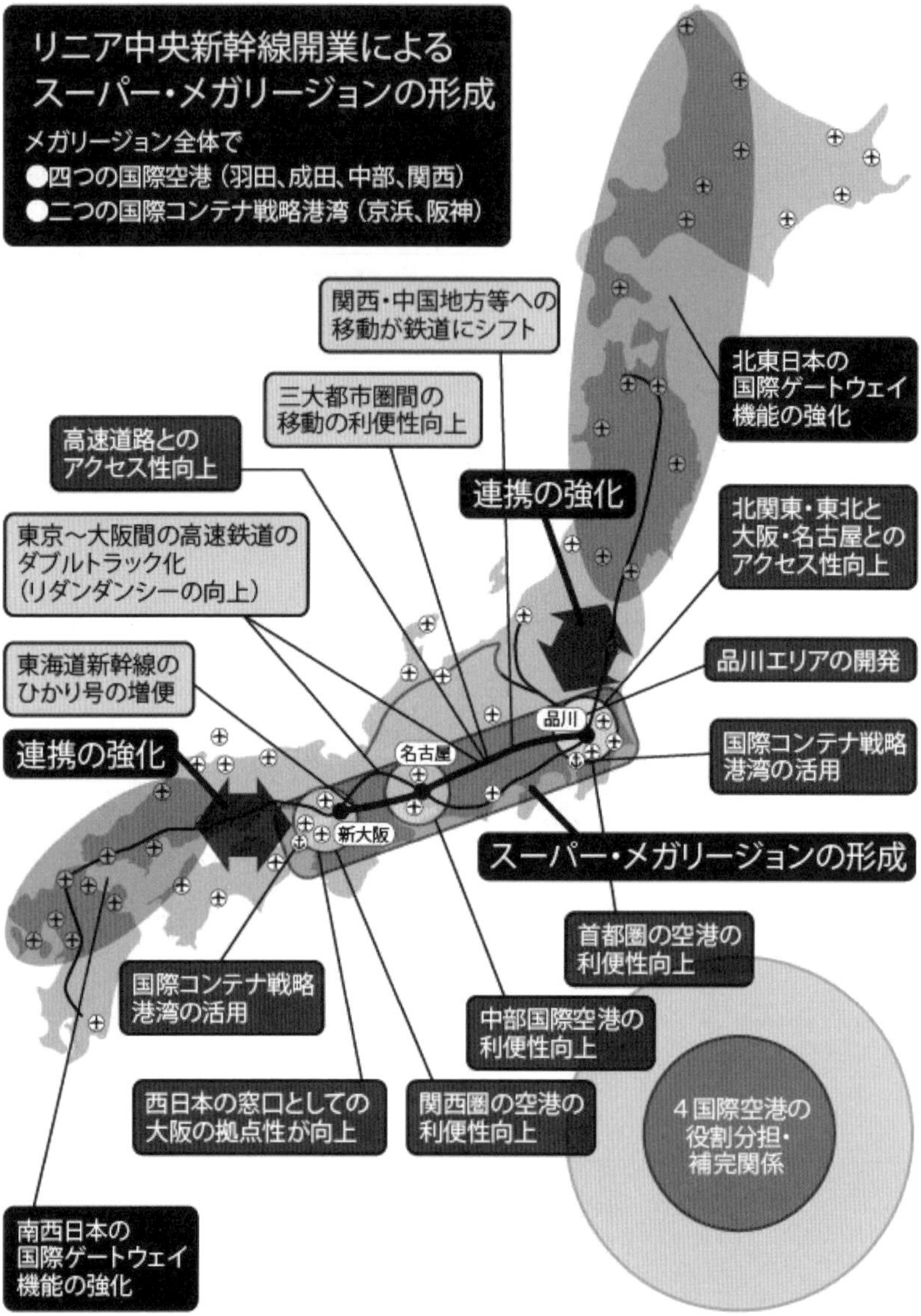

図表 5-5　リニア中央新幹線開業によるスーパー・メガリージョンの形成
（『国土のグランドデザイン 2050』／国土交通省を参考に作成）

６．都市の魅力を高めるためには、経済と文化が車の両輪

グローバル競争の中ではスパイキーでクリエイティブな人材をいかに集められるかが勝負であり、それには文化やアートの溢れる都市であることが必要である。そのためには、日本の、東京の素晴らしい文化的蓄積を活かし、「文化にもイノベーションを起こせる仕組（寄付税制やコンセッション等）」や「プロアクティブな発想」を中心に政策的なサポートを厚くしていかなければならない、といったことをこれまで申し上げてきた。

ここで、オリンピックを例に引こう。近代オリンピックは、黎明期には万国博覧会の客寄せのための付属イベントとして位置付けられていた時期もあった。それが、独立したイベントとして国際社会から認知されるようになり、大きな発展を遂げていく。差別や政治的な問題、莫大な開催経費の問題などで後退していた時代もあったのだが、１９８４年のロサンゼルス大会でアメリカがスポンサー方式を取り入れたことで大成功を収め、現在までそのスタイルで続けられている。さらに同じ時期に、メジャーリーグもオリンピックのスポンサー方式を取り入れたことで、見事に復活している。このようにオリンピック自体も形を変えてきているが、これもイノベーションの一例であり、文化のイノベーションが産業を育んでいく好例だと言える。

「ソフトパワー」を唱えたジョセフ・ナイ教授は、最近は経済力などのハードパワーと、文化などの魅力で人々を惹きつけるソフトパワーを組み合わせた「スマートパワー」という言葉を使っている。経済だけでなく、文化や価値観をいかにして訴求するのか。一方で文化や価値観だけでは世界のリーダーとなることはできない。ハードパワーとソフトパワーのバランスも重要である。このスマートパワーの概念は、国家の力

だけではなく、都市の力についても言うことができるだろう。もはや、経済ばかりを追求していればいい時代ではない。経済と文化とは、都市の魅力を高めるための両輪なのだ。

国の文化予算を中心とした補助金行政には限界もあり、寄付税制が求められるということも前述の通りだが、寄付という行為は、それ自体が「成熟した市民文化」の最も重要なインフラだと言えるだろう。文化やアートに溢れた魅力的な都市、豊かで成熟した市民社会をつくることは私たちの大きな課題である。そのような都市、社会を実現するためには、まず私たち一人ひとりが文化やアートに積極的に触れ、生活のなかに定着させるよう努力していくべきではないだろうか。

第6章

創発する都市を創り、育む

辻慎吾

はじめに

私は「都市を創り、都市を育む」仕事を通じて、東京を世界一の都市にしたいと思っている。それには「世界の人、モノ、金、情報を惹き付けるような力＝磁力」を備えた都市にしなければならない。強い磁力を備えた都市には多様な価値観や文化、感性、技術をもった人や企業が集まり、様々な分野で創発が起こる。そこから生み出される新しい価値や文化等に惹かれてまた人や企業が集まり、都市の磁力は一層高まるだろう。

そうした仮定のもと、誕生以来、延べ5億人を超す人々を惹き付けてきた六本木ヒルズをはじめ、ヒルズシリーズの都市づくりを例にとりながら、我々が実践してきた創発の場（都市）の創り方と創発を生み出す仕掛け、さらに未来に向けた取り組みの一端をご紹介する。東京の未来、都市の未来を考える上で一助となれば幸いである。

1. 創発する都市を創る――ヴァーティカル・ガーデンシティ（立体緑園都市）

（1）多用途複合の都市づくり

森ビルの都市づくりのベースは、故・森稔が提唱した「ヴァーティカル・ガーデンシティ（立体緑園都市）」である。

細分化された敷地を再開発事業などで大きくまとめ、建物を超高層化し、足元に広い緑地や広場を生み出す。太陽光を必要としない施設は地下空間に集め、地表は緑や広場として、人々が憩い、交流し、楽しむために使う。超高層化した建物にはさまざまな用途の都市機能を複合させる。

こうした多用途複合のコンパクトシティならば、住み、働き、遊び、学び、憩うなど、さまざまな目的で

図表6-1 「ヴァーティカル・ガーデンシティ（立体緑園都市）」のイメージ

多様な人々が集まり、交流や協働、創発の機会が増える。また、職住遊近接の暮らしは通勤や通学の負担を軽減し、グローバルプレーヤーとそのファミリーにとって不可欠の要件である。都市の緑も増え、ヒートアイランド現象の緩和にも役立つ。喫緊の課題である地震等の災害に強い都市になり、災害発生時には防災拠点としての役割も果たすことができる。

こうした都市づくりは、1986年に竣工した「アークヒルズ」を皮切りに、「六本木ヒルズ」、「表参道ヒルズ」、「虎ノ門ヒルズ」などのヒルズシリーズに継承されている。中国・上海でも、101階建てのタワーにさまざまな都市機能を集約した「上海環球金融中心」を開発・運営している。

一方で、ひとつとして同じ「ヒルズ」はない。前述の都市づくりの思想を継承しつつ、それぞれのエリアの特性や目的に応じた都市づくりをしてきた。

六本木ヒルズは「文化都心」をコンセプトに経済と文化の融合を図り、表参道ヒルズは表参道の風景やケヤキ並木と調和する地上6階地下6階の商業施設とした。上海環球金融中心は「グローバルマグネット」をコンセプトに、発展する浦東新区の象徴として101階建てのタワーにさまざまな都市機能を集約した。そして、虎ノ門ヒルズは「国際新都心・グローバルビジネスセンター」をコンセプトに、地下鉄新駅や周辺にある当社のナンバービル（「第○森ビル」と名付けた森ビル初期のオフィスビルの通称）の再々開発との一体的な都市づくりで進化・拡大を図っている。

「それぞれのエリアがより良い形で発展していくには何が必要か」、「どんな人々や企業を集めるべきか」、そして、「どんなものを掛け合わせれば新しい価値や磁力が生まれるのか」。さまざまなヒルズは、そうした問いに対する我々の解答である。

（2）森ビルの都市づくり自体が「創発」だった

森ビルの都市づくりそのものが創発の賜物である。

ナンバービルの時代から単独開発はほとんどなく、周囲との共同建築に取り組んできた。そうした経験があったから、都市再開発法ができると、いち早く地元に呼びかけて民間による初の大規模再開発に取り組むことができたのだと思う。森稔は世界を巡り、「グローバルプレーヤーを惹き付けるためには、職住遊近接の多用途複合都市でなければならない」と確信していた。再開発の予定地は交通の便も悪く、ビジネス適地ではなかったが、理想の都市づくりを実現すればグローバルプレーヤーを呼び込めると考えた。

前例のない再開発事業だったが、多くの地権者や行政との交渉、複雑な権利関係の調整を経て、1986年にヴァーティカル・ガーデンシティの初期モデル「アークヒルズ」が誕生。地元への呼びかけから17年かかったが、オフィスだけでなく、ホテルや住宅、コンサートホールなどを持つ多用途複合都市・アークヒルズには外資系金融などが集まり、新しい価値を生み出した。

図表 6-2　1986 年に竣工した民間による初の大規模再開発「アークヒルズ」

次に手掛けた六本木ヒルズの再開発は開発面積約11ヘクタール。約４００人もの地権者と合意形成を図るため、多い年は年間１００回を超す会合を重ねている。地権者ひとりひとりの意向や実情を汲み取りつつ、アークヒルズ以上に多彩な用途の施設群を「ひとつの街」として運営できるように権利変換計画を組むことがひとつの山だった。

通常の再開発では地権者が好きな区画を選び、区分所有する。その結果、商業空間を例にとれば最適配置が図れなかったり、全体としての統一が取れなかったり、共用部分の管理が疎かになるなどして再開発後に衰退していくケースが少なくない。

これを避けるため、六本木ヒルズでは商業床の大部分を保留床として森ビルが一括して取得し、希望する地権者に賃貸する方法をとった。代わりにオフィス床を取得してもらい、その賃貸収入で店舗賃料を賄う仕組みだ。共用部分の管理運営についても、統一管理者（森ビル）が一体的に行う仕組みをつくった。街をつくる段階から「ひとつの街」として運営する方法を考えていたのである。ここが従来の再開発とは圧倒的な違いだと思う。

設計に当たっては、米国有数の建築設計事務所であるコーン・ペダーセン・フォックス・アソシエイツやザ・ジャーディ・パートナーシップ、英国のコンラン＆パートナーズなど、複数の異なるテイストの建築設計事務所を招聘。それぞれの個性を活かしつつ、複雑に組み合わせている。デザイナーやクリエイター、アーティストも世界中から招聘した。世界の優れた才能と感性を集め、衝突・創発・協働を経て六本木ヒルズは誕生した。

こうしたやり方は現在取り組んでいるプロジェクトでも継承している。

森ビルは独立系企業であり、都市づくりに対する強い信念がある。だからこそ、それぞれのプロジェクトにもっとも相応しい相手を自由に選ぶことができるし、強い個性をもった世界の建築家やクリエイターをコーディネートできるのだと思う。我々が創る都市の面白さはこうした創発によるところが大きい。

今では我々の都市づくりの思想に共感して、世界有数の建築設計事務所やデザイナー、クリエイターがコンペに参加してくださる。

(3)「文化都心」六本木ヒルズ

六本木ヒルズは従来の経済優先の都心開発に対し、「文化都心」というコンセプトを掲げ、「都市は経済だけでなく、身近に文化がある暮らしが必要だ」という強いメッセージを世の中に発信した。そして、本来なら高収益が期待される森タワー最上部に、収益率の低い文化・交流施設をあえて置いた。この「森アーツセンター」は、美術館、展望台、会員制クラブ、ライブラリー、フォーラム施設などから構成されており、すべて森ビルグループが運営している。

図表 6-3　2003 年の開業以来、延べ 5 億人を超す人々を惹き付けてきた「六本木ヒルズ」

図表 6-4　六本木ヒルズ敷地内に江戸時代の庭園を甦らせた毛利庭園。毛利池を取り巻く緑が四季折々に表情を変える

図表 6-5　六本木ヒルズには、パブリックアートやストリートファニチャーが散りばめられている

図表 6-6　森タワー最上部の「森美術館」は文化都心の象徴となっている

森美術館は「天空の美術館」という独得の「場」の魅力に加え、日本やアジアの現代アートの核となるような国際的な美術館を目指して、オープンの数年前からニューヨーク近代美術館など世界有数の美術館との協力体制をつくりあげた。その結果、森美術館をはじめ、森アーツセンターギャラリー、展望台などでは毎年約15本の展覧会やイベントを開催し、年間約２００万人もの人々を惹き付ける磁力となった。

美術館だけでなく、街中に世界のアーティストによるパブリックアートやストリートファニチャーを散りばめ、暮らしとアートの距離感を縮めた。ヒルズには、そのほかにも映画館やアリーナ、広場、毛利庭園、カフェやレストラン等、仕事の合間やアフターファイブに一流のエンターテインメントや美味しい食事を楽しみ、知的刺激や心の癒しを感じられるような「場」を数多くつくった。そうした「場」こそ、クリエイティブな仕事に携わる人々や先端的な企業、グローバルプレーヤーが望む環境であり、従来の日本のビジネスエリアに足りなかった磁力のひとつだと思う。

六本木ヒルズの誕生で「夜の繁華街のイメージが強かった六本木の印象が変わった」と言われる。２００３年の森美術館（六本木ヒルズ）のオープンにつづき、２００７年には国立新美術館とサントリー美術館（東京ミッドタウン）がオープン。以降、３つの美術館が連携して「六本木アート・トライアングル」と名付けたネットワークを結成し、六本木をアートの街にしようとさまざまな活動を進めている。この一帯にはギャラリーやお洒落なカフェなども増え、アートの散策やデートを楽しむ街となりつつある。

アートや文化がエリアのイメージを変え、新たな磁力を創り出した例と言えよう。

図表 6-7　六本木ヒルズ再開発前（左）と、再開発後（右）の街並み

（4）「逃げ出す街」から「逃げ込める街」へ

図表6－7は六本木ヒルズ再開発前と再開発後の街並である。従前の街は細路に建物が密集し、地震や火災などの際、消防車や救急車両が入れないような場所もあった。「安全で安心な街にしたい」という強い願いから、再開発事業に参加したり、賛成した地権者も多い。

六本木ヒルズは「災害から逃げ出すのではなく、逃げ込める街」を目指して創られている。阪神・淡路大震災を教訓に建物の耐震性をさらに高め、計画を変更して森タワーの地下には街全体の電力や冷暖房を賄う巨大な自家発電装置（コ・ジェネレーション＋地域冷暖房）を入れた。自ら特定電気事業者となって電力を供給している。万が一、災害でライフラインが途絶えても、六本木ヒルズの都市機能が停止することはない。

図らずも、東日本大震災で災害に対する強さが実証された。建物や設備等にほとんど被害がなかっただけでなく、震災直後からテナント企業は事業を継続できた。震災後、電力危機が騒がれたが、六本木ヒルズでは自家発電した電力の余力を電力会社に提供し、注目を集め

図表 6-8　六本木ヒルズの地下にある自家発電装置

図表 6-9　約 10 万食の非常食などを備える備蓄倉庫

た。震災後、ＢＣＰ（事業継続計画）に対する企業の関心が急激に高まり、ヒルズへのオファーが殺到した。

また、六本木ヒルズには10万食の飲料、食料などの備蓄があり、住民やワーカーだけでなく、地域の人々や帰宅困難者にとっても「逃げ込める街」となっている。

東京には災害に脆弱なエリアがまだまだ残されている。東京、日本にとって地震は強いマイナスの磁力である。これを克服するには、再開発などで道路などの都市骨格を再整備し、建物の不燃化や耐震化も併せて図らなければならない。生命と財産を守るだけでなく、企業活動も継続できるような建物と都市に再生するうえで、六本木ヒルズの都市づくりは参考になるものと思う。

一方、阪神淡路大震災、東日本大震災という大災害に見舞われながらも秩序を守り、他者への思いやりを忘れなかった日本人の行動は世界の人々を驚愕させ、日本文化の奥深さや日本への信頼を植え付けた。これは特筆すべき日本の凄さだと思う。

しかし、今後、東京はますますグローバル化していく。それに伴い、災害時の多言語での避難誘導や情報提供が不可欠になるし、東京五輪に向けてテロや犯罪に対するセキュリティ強化もますます重要な課題になっている。我々も先端技術を取り入れ、ハード、ソフト両面から防災防犯対策に取り組んでいく。

2．創発する都市を育む――タウンマネジメントの仕組みと役割

（1）「ひとつの街」にするために

六本木ヒルズは誕生から13年が経つが、今も年間４０００万～４１００万人が訪れており、累計来街者数は延べ５億人を超えた。これは、「文化都心」という明確な意図をもってディベロップメント（開発）から

タウンマネジメント（運営）まで「ひとつの街」としての最適を考え、実施してきたからだ。

さまざまな用途の施設をどうすれば有機的に結び付け、相乗効果を上げることができるか。たとえ用途複合都市をつくっても、それができなければ街全体としての磁力は高まらないし、創発も起こせない。

そこで、「ひとつの街」としてのブランディングやコミュニケーション（広報、宣伝）、イベントやプロモーション、サービス、施設維持管理、コミュニティ活動に取り組んできた。こうした一連の活動はタウンマネジメント事業部が担っている。

タウンマネジメントの発想と骨格は、前述のように再開発の権利変換のときにすでにつくられていた。六本木ヒルズは開発規模も床面積も桁違いに大きく、施設の用途や所有形態も極めて複雑であり、土地・建物ごとに管理組合がある。これを「ひとつの街」として運営していくためには、権限をもった組織とルールが不可欠である。

そこで「統一管理者」という役割を設け、各管理組合から委託を受けた森ビルが共用部分の一体的運営管理を行う仕組みをつくった。統一管理者の業務が適切に行われているかをチェックする機関（協議会）も置いているが、なによりも17年間にわたる再開発で培った信頼があってこそ、実現できた仕組みだと思う。

こうした「権限」、「ルール」、「信頼」によって、時に利害がぶつかり合う施設や住民、テナントをひとつの方向にまとめ、相乗効果が上がるようなタウンマネジメントを実現したのである。

(2) 街のブランディング、街のメディア化

タウンマネジメントでは、まず、六本木ヒルズとしての知名度やブランド価値を高めることが各施設や店舗のビジネスにとってプラスになると考え、街のブランディング戦略を立てた。

図表 6-10　六本木ヒルズで働く全スタッフ対象のスタッフカレッジ

図表 6-11　六本木ヒルズの表玄関「メトロハット」でのメディア展開

街に関係するすべての人に、再開発で培ってきたこの街のマインドを共有してもらうため、『ブランドブック』を作成した。ブランドブックをつくるには、この再開発で地権者と我々が積み重ねて来た議論や行き着いた思想、さらに六本木ヒルズに組み込んだすべての施設や機能を洗い出し、整理し、凝縮して表現しなければならない。この過程を踏んだことで「この街が何を目指すべきか」、「そのために何をやるべきか」が明確に整理できた。

ヒルズで働く全員を対象にした教育システム「スタッフカレッジ」も設けた。それは前述の都市づくりの想いをここで働く人々にも共有してもらい、この街の一員としての誇りや愛情や共感をもって振る舞ってほしいと思ったからだ。ホテルや各店舗のスタッフから警備員、清掃員まで、延べ2万人を超える人が研修を受けており、ヒルズの一員としての意識やホスピタリティをもってくださっている。

こうして内部の意識を高めたうえで、街のオープニングに全力を投じた。広告やロゴ、ランドソング、キャラクターには村上隆氏や坂本龍一氏など、世界が注目するアーティストやクリエイターを起用。「誕生」という言葉を使ったのも六本木ヒルズが初めてだと思う。非常に多くのメディアに取り上げられ、「社会現象になった」とも言われた。認知度は一気に上がった。「街をどう誕生させるか」は、その後の運営にとっても大変重要である。

コミュニケーションツールとしては、タウンマガジン『ヒルズライフ』やＷＥＢサイト、各種のタウンガイド、森ビル独自でコンテンツを制作配信している245面の映像装置等があるが、いずれも「ひとつの街として情報発信する」を原則とした。六本木ヒルズのクオリティとイメージを保つため、タウンマネジメント事業部が街の編集部としての機能を担い、情報の取りまとめや企画立案、編集制作に関わっている。

街のブランド価値が高まれば、店舗などの集客施設はもちろん、さまざまなプロモーションやイベントな

図表 6-12　六本木ヒルズの恒例行事となった自治会主催の盆踊り

どにもブランディング効果が波及する。

さらに、街自体に「メディア」としての価値が出る。「街のメディア化」にはふたつの意味がある。第1は、街がメディアとして、ここに集う人々に必要な情報をタイムリーに発信していくこと。第2は、これほど多くの人々が集まる街はそれ自体がメディアである、ということだ。「六本木ヒルズに集まる人々に情報や商品を訴求したい、何かを仕掛けたい」というニーズがあるはずだと考え、街のあちこちに広告スペースやイベントスペースを設けた。企業が街のパートナーとなるコラボレーションパートナー制度もつくり、「街」自身が運営費用を稼ぎ出せる仕組みをつくった。これも街のブランディング効果であり、質の高いタウンマネジメントを続けていくために欠かせない仕組みである。

(3) 住民も企業も参加するコミュニティ

六本木ヒルズでは、住民だけでなく、街を構成するすべての関係者が参加する「六本木ヒルズ自治会」

をつくった。昔からの住民も新しい住民も、企業も店舗もテレビ局も我々森ビルも「皆、ヒルズの一員として街に関わっていこう」という新しい都市型コミュニティである。

この自治会があるから街全体を使ったイベントや活動ができるし、イベントも盛り上がる。恒例となった春まつりや盆踊り、六本木クリーンアップなど、さまざまなコミュニティ活動を自治会が主催している。また、自治会組織だからこそ近隣の町会等との連携もしやすい。六本木ヒルズ盆踊りと麻布十番納涼まつりを一緒に実施するなど、周辺町会や近隣商店街との連携も年々深まっている。このほかにも清掃活動などの地域貢献活動や、六本木エリアの防犯活動などにも取り組んでいるところだ。

時の経過と共に街の鮮度は落ちていくが、人々の絆は年々深まっていく。コミュニティを大切に育てつつ、リニューアルをしたり、新しいコンテンツを加えたりしながら街の鮮度を上げていけば、時を経てもなお都市の磁力は高まっていく。

タウンマネジメント事業部はこうしたコミュニティ活動を支援し、街に新しいアイディアやコンテンツを取り入れていく窓口になっている。今後、こうした関係や活動をエリアに拡大していければと思っている。

（４）「文化都心」を体感できるイベントやプロモーション

六本木ヒルズでは年間を通じて、街のどこかでイベントやプロモーションが行われている。「ヒルズに行けば、なにか面白いことがある、面白い人やワクワクするようなアイディアに出会える」、そう感じられる街でありたいと思った。

前述の自治会主催のイベントのほか、テレビ朝日主催の夏祭り「テレビ朝日・六本木ヒルズ 夏祭り SUMMER STATION」、六本木の街を舞台に繰り広げる一夜限りのアートイベント「六本木アートナイト」、

図表 6-13　一夜限りのアートの饗宴「六本木アートナイト 2010」
© 六本木アートナイト実行委員会

図表 6-14　世界で注目を集めるフランスのパフォーマンス集団「カンパニーオフ」による演目（六本木ヒルズ 10 周年記念）©Compagnie Off -Les Girafes

図表6-15　六本木けやき坂通りのイルミネーション

恒例となった「東京国際映画祭」、けやき坂のイルミネーションやクリスマスマーケットなどのクリスマスイベント、ハロウィーンイベント等々。さらに国際会議や企業のプロモーションイベントまで、テーマも訪れる層も大変に幅が広い。

イベントの目的もコミュニティづくりを目的としたもの、集客を目的としたもの、文化発信を目的としたもの、さらに、見えない未来を見るための先鋭的な取り組みなどさまざまだ。ヒルズはそれぞれの催しによって万華鏡のように表情を変える。だから何度来ても飽きないし、新しい発見がある。それが時を経ても来街者が減らない一因だと思う。

ヒルズの街全体を使った演出ができることや、美術館や展望台、店舗等の施設が連携してイベントを展開できることも大きな特徴である。ヒルズには多彩な都市機能が集約されており、屋外から屋上、屋内までさまざまな規模のイベントスペースがあること、窓口がタウンマネジメント事業部に一本化されていることがそれを可能にしている。

たとえば、東京国際映画祭ではタウンマネジメント事業部が映画祭実行委員会の事務局との窓口となり、映画館やホテル、アカデミーヒルズ、アリーナなどの施設を取りまとめ、さまざまなコミュニケーションツールを使った告知や広報活動なども含めて全体を進行させている。ハリウッド映画のワールドプレミアなどによく利用されるのも、ここには彼らが必要とするさまざまな機能とグレードを備えた施設がすべてコンパクトに集まっており、運営を支援する組織と仕組みもあるからだろう。

恒例となったイベントも内容を毎年見直しながら進化させている。これからも斬新なコンテンツを加えながら都市文化を創造し、発信していきたい。

3. 都市の未来、東京の未来

(1) 未来に向けた森ビルの取り組み

未来は不透明である。しかし、都市づくりに携わる者として、未来を見ようとする努力は欠かせない。我々は都市の未来を考える一環として、企業や大学、研究機関との共同研究をはじめ、都市の未来を考える国際会議や、子どもたちに未来の世界を見せるワークショップの展開、ワーカー同士の創発の場づくり、イノベーションを誘発する拠点づくり等に取り組んでいる。

また、本業の都市づくりの分野では、港区を中心に国際新都心形成を目指した複数のビッグプロジェクトを進めている。我々が理想とするヴァーティカル・ガーデンシティを実現し、そのなかにこれまで述べてきた「場」と「仕掛け」を組み込むことで、都市の未来、日本や東京の未来に資するためだ。

ヒルズを舞台に、企業や大学と共同研究

六本木ヒルズを舞台に、先端技術を研究している企業や大学、研究機関と共同研究や共同開発を進めている。先端的な研究を間近で観ることで、それらの技術が将来、都市や都市生活にどんな影響を与えるか、どんな形で都市と融合できるか、都市づくりの視点でその可能性を見極めたいと思っている。

一方、技術者や研究者も実証実験の場を求めている。技術は何かと結合することで飛躍的に進化し、社会を変えるパワーを発揮する。あらゆる活動の舞台である都市は絶好の実験場であり、六本木ヒルズがその受け皿として選ばれている。

マサチューセッツ工科大学のＭＩＴメディアラボもそのひとつだ。主に表現とコミュニケーションに利用されるデジタル技術の教育、研究を専門とする研究機関であり、最近ではバイオテクノロジーや人工知能などの分野でも革新的なプロジェクトに取り組んでいる。

デジタル技術は20年間で私たちの暮らしや働き方を大きく変えたが、所長の伊藤穰一氏は「バイオテクノロジーや人工知能（ＡＩ）はもっと短期間で世の中を変えるだろう」と言い、都市とバイオ、あるいは都市と人工知能がどう融合できるか、トップクラスの教授をつけて我々との共同研究に取り組んでいる。

具体的な研究成果はこれからだが、メディアラボが実践している「領域を越えたコラボレーションからイノベーションが起こる」という創発の考え方や仕組みは、我々の都市づくりにもつながる。また、彼らを通じて国内外の先端的な企業や研究者とのネットワークができたことも、未来の都市づくりを考える上で非常に心強い。

そのほかにもパナソニックやトヨタ、ソニーなど、さまざまな分野の企業と共同研究や共同開発に取り組

んでいる。それができるのは「ヒルズ」という受け皿があるからだ。ここはあらゆる都市活動がコンパクトに凝縮されており、一元的にマネジメントされている。そして、森ビルには常に新しいことにチャレンジする意欲がある。

未来に向けて挑戦する企業や人々に対して、ヒルズは常に「オープンマインド」な都市でありたいし、領域を越えたコラボレーションをしていきたいと思っている。

都市の未来を考える国際会議

今後20年間に、世界人口の60％が都市部に居住すると予想されている。都市のあり方はもはや世界的な課題といえよう。また、さまざまな技術革新によって都市生活も急激に変化している。

そこで２０１３年、六本木ヒルズ開業10周年を記念して、都市とライフスタイルの未来を考える国際会議「Innovative City Forum（ＩＣＦ）」を開催。主催は森記念財団　都市戦略研究所、森美術館、アカデミーヒルズである。先端技術、都市開発、アート＆クリエイティブの各分野で世界を代表するオピニオンリーダーが六本木ヒルズに集まり、多彩な事例や経験を交えて斬新な切り口や可能性を示した。初の試みだったが、さまざまな成果が得られ、参加者からも大変好評だったことから翌年以降も継続的に開催している。２～３日間にわたる会議には、毎年２０００人超もの方が参加している。

２０１６年10月に開かれた第４回ＩＣＦでは、「Shaping Mirai Tokyo（未来の東京を形づくる）」をテーマに、東京の20年後に焦点を当てて討議した。基調講演には英国の建築家トーマス・ヘザウィック氏をはじめ、人工知能分野で新たな取り組みをしているグーグルのプリンシプル・サイエンティストであるブレイス・アグエラ・ヤルカス氏、オーストリアのアルスエレクトロニカの総合芸術監督ゲルフリート・ストッカー氏

図表 6-16　都市とライフスタイルの未来を考える「Innovative City Forum」

という錚々たるメンバーが登壇した。

「未来東京セッション」では参加者も交えたブレーンストーミングを行い、様々な意見が共有され、知的刺激と発見に満ちた創発の場となった。

２０１３年〜１６年の基調講演や各セッションの内容は、インターネットの動画サイト、You Tube で視聴できるので、ぜひご覧になっていただきたい。

なお、２０１６年のＩＣＦは、文部科学省主催の「スポーツ・文化・ワールド・フォーラム」の協賛イベントでもある。文部科学省のフォーラムは、２０２０年オリンピック・パラリンピック等のキックオフ・イベントとして、同時期に東京と京都で開かれ、東京の中心会場は六本木ヒルズだった。私も開催主旨に賛同し、アンバサダーとして応援してきた。さらに「六本木アートナイト」も開催時期を合わせた。３つのイベントが連携して開催されたことで、世界に日本の魅力、東京の魅力を力強く発信できたのではないかと思う。

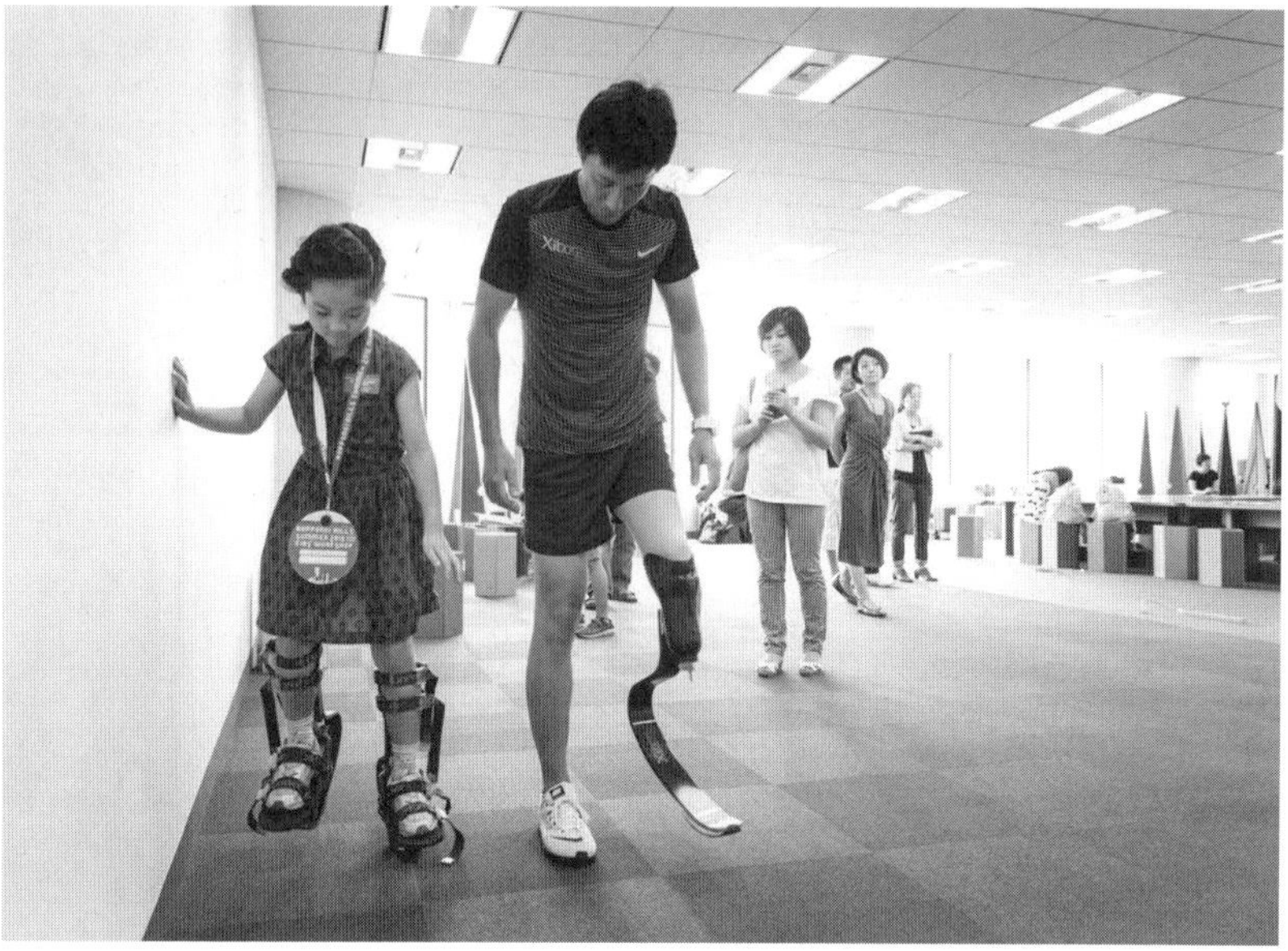

図表6-17　多種多様なプログラムを提供する「キッズワークショップ」

子どもたちにこそ、世界の最先端を

未来の主役は子どもたちである。

「子どもたちにこそ、世界の最先端を」という考えから、最先端の技術や科学、アート、文化、ビジネス、環境、都市などを学ぶ「キッズワークショップ」を企画・提供している。

２０１６年の夏休みには、六本木ヒルズ等３つのヒルズで70種約３００プログラムのワークショップが開かれ、４０００人以上が参加した。これらのワークショップはＭＩＴメディアラボとの共同研究を機に生まれたものをはじめ、六本木ヒルズのテナント企業や店舗、森美術館、森ビルなどが独自のプログラムを考え、提供している。

ＭＩＴメディアラボ協力の下に開催した「MIRAI SUMMER CAMP」、パナソニックの「ハイブリッドカーをつくろう」、京都大学iＰＳ細胞研究所の「遊んで学ぼう！iＰＳ細胞のふしぎ」、ソニーＭＥＳＨプロジェクトの「未来の生活をつくってみよう！」など。他にも、テレビ朝日や映画館が開催

図表6-18　都市への興味を深めてもらう機会となっている「ヒルズ街育プロジェクト」

するプログラムや、ゴールドマン・サックスの「ボランティアをしてみよう！　発展途上国の子どもたちへのプレゼントづくり」、TMI総合法律事務所の「模擬裁判を体験しよう」など、それぞれの特徴を活かしたユニークなワークショップをヒルズのあちこちで展開していただいた。

また、森ビル独自の活動として子どもたちに都市への興味を深めてもらうため、夏休み期間に限らず、ヒルズの秘密を探検するツアー「ヒルズ街育《まちいく》プロジェクト」を実施している。２００７年にスタートし、これまでに延べ約1万人の親子が参加した。

こうした試みは子どもたちのためだけではない。子どもたちからの質問や反応から学んだり気づいたりすることも多い。これも貴重な「創発の場」である。

創発の仕掛けから、ワーカーの自発的活動も

六本木ヒルズではさまざまなイベントが開かれているが、ワーカー同士の創発の場として定着し、企業の枠を越えて自発的な部活動に発展しているトー

図表6-19　ヒルズブレックファストは、ワーカー同士の創発の場として定着

クイベントがある。

「ヒルズブレックファスト」は毎月1回平日の朝に1時間、六本木ヒルズ内のヒルズカフェ／スペースなどで開かれている。２０１０年にスタートし、これまでに約70回を数え、延べ1万２０００人を超す人々が参加した。

毎回5～6人のスピーカーが「1枚20秒のスライド×20枚＝6分40秒」のフォーマットに添って自由なテーマでプレゼンテーションするスタイル。スピーカーは僧侶からダンサー、起業家、学者、能楽師、宇宙ビジネス従事者まで、顔ぶれもテーマも実に多彩だ。

フォーマット自体は、日本で活動する米国人建築家が開発した「PechaKucha（ぺちゃくちゃ）」のものだ。この世界約１００都市に広まっているイベントとコラボレートし、PechaKucha のヒルズ朝版としてスタートした。平日の朝にも関わらず、毎回２００人前後が参加し、立ち見も出るほどの人気イベントで、当時は〝朝活〟の先がけ的存在だった。

何かを学ぶために聴講するという堅苦しい雰囲気ではない。朝食をとりながら、話し手と聞き手がごく近い距離で多様な価値観を共有するワクワク感がある。ワーカーが仕事前に脳を解きほぐし、スピーカーの意外な思考や視点から、自身が抱えている問題を解くヒントを得たり、エネルギーを充電する場となっている。スピーカーも各界の一流人が揃う豪華さ、お得さがあるが、オーディエンスも特徴的だ。オーディエンスがボランティアで運営に参加したり、スピーカーの話に共感した有志が実行委員会を立ち上げてスピーカーの想いを実現したケースもある。また、スピーカーも高感度のオーディエンスに触発され、その後の交流につながることも少なくない。これらはヒルズの磁力のひとつであり、我々にとっても大きな財産となっている。

このように、感度の高い人々が集う場だからこそ、参加したワーカー同士が企業の枠を越えてつながり、自発的な「大人の部活動」が始まっている。総称して「ヒルズブ！」と呼ばれているが、サルサ部、ゆるラン部、着物部、スキー部から、朝食を食べながら自分がお勧めしたいモノやコトを話す「朝お勧めの会」といったユニークなサークルも生まれているという。

感度が高く、行動力やコミュニケーション力もあるヒルズのワーカーたちは、それぞれのビジネススキルを持ち寄って「大人の遊び、大人の部活動」を明るいノリで楽しんでいるようだ。フラットな創発の場が生んだ緩いコミュニティから、未来の都市文化やライフスタイルが生まれていく可能性を感じている。

なお、このトークイベントは中国・上海の上海環球金融中心でも実施しており、大変好評だと聞いている。

イノベーションの誘発拠点をつくる

創発を生み出すのはそこに参加した人々である。

我々の仕事は「場」をつくり、創発や革新を促す「仕組み」や「仕掛け」を考えることだ。それらがうまく噛み合ったとき、新しい価値やビジネス、ライフスタイル、自発的なコミュニティが生まれる。そのために我々はどこに何をもってくるのか、次にどんな仕掛けをしたらいいのか、世界中にアンテナを張っている。

たとえば、２０１６年、アークヒルズに創発やイノベーションを誘発する３つの施設を誘致した。

「TechShop Tokyo」は最先端の工作機器や機材をそろえた会員制のものづくり工房で、アジアでは初。テックショップジャパンが運営している。誰もがアイディアを形（プロトタイプ）にできるだけでなく、会員同士でアイディアを共有したり、技術を持っている人が実現を手助けしたり、具体的なビジネスに結びつけるために企業や投資家と出会えるような、オープンイノベーションの場となることを期待している。

「Kaleido Works」は、日本を代表するベンチャーキャピタル（投資家）と起業したい人を結びつける場だ。起業家同士が領域を越えて交流できる場や機会も設け、新しいビジネスの誕生をサポートしている。

「WIRED Lab.」は、世界でもっとも影響があるテクノロジーメディア「WIRED」による日本初の常設ラボである。先端技術と文化が融合した新しい東京のライフスタイルに関するリサーチや教育、実験を行う。

３つの「場」の誕生をきっかけに、アイディアや志、技術をもった人々や投資家がアークヒルズに集まり、交流し、協働して、アイディアをビジネスにするサイクルが回っていくことを期待している。

（2）国際新都心形成へ、森ビルの都市づくり

東京は世界有数の巨大都市である。

世界一の経済規模（GDP）であり、都心6区（千代田、中央、港、新宿、渋谷、品川）のオフィス面積は約6300万㎡。これはニューヨーク・マンハッタンの約2倍、中国・上海の約20倍だ。大変なポテンシャルである。

しかし、戦後ずっと用途純化（分化）型の都市づくりが続いてきたため、都心のビジネスエリアにはオフィスビルばかりが立ち並んでおり、グローバルプレーヤーが望むような職住近接の環境はごく一部にすぎず、創発を生み出す場や文化交流施設も足りない。

国は国際競争力の高い都市づくりを目指しているが、そのためには、国際的なビジネスエリアはオフィスだけでなく、国際水準の住宅、ホテルやカンファレンス、美術館やコンサートホールなどの文化交流施設、インターナショナルスクールなどの教育機関、英語が通じるクリニック、魅力的な店舗やレストラン、緑豊かな自然環境などが必要である。

こうした条件を満たす候補地のひとつが港区だ。港区には各国の大使館や国際級のホテル、国際水準の住宅が集積している。外国人居住者は約1万9000人を超えており、都心3区（千代田、中央、港）でもっとも多い。さらに、日本に進出している外資系企業の4分の1が立地している。ミシュランガイドの星付きレストランも87店舗ある。これは都心3区でもっとも多く、ニューヨークの77店を上回っている。港区には外国人が住み、働き、楽しむ基盤が揃っている。

そこで、我々は今、港区を中心に国際新都心形成に向けた都市づくりを加速させている。今後10年程度で約10の大規模なプロジェクトを推進する計画だ。これらが完成すると、区域面積にして約22ヘクタール、延べ床面積約220万平方メートル、オフィス面積22万坪、国際水準の住宅も約3000戸供給できる。

進化・拡大する虎ノ門ヒルズ

第1弾が2014年6月にオープンした虎ノ門ヒルズ森タワーである。

虎ノ門エリアは霞が関や丸の内にも近く、ビジネス適地だが、小型のビルが多く、老朽化している。そのため広いフロアを望む大手企業や外資系企業を呼び込めず、地盤沈下していた。虎ノ門エリアの再生には個々に建て替えるのではなく、再開発などで街区をまとめて広いフロアをつくりだし、また、ビジネスや暮らしをサポートする機能も組み込む必要がある。

そこで森ビルでは、虎ノ門ヒルズ森タワー周辺にある自社のナンバービルを核にした再々開発を進めている。2020年に一部供用開始予定の東京メトロ日比谷線虎ノ門新駅（仮称）を囲むように3棟のタワーを建設し、桜田通り上に人工地盤をかけて既存の虎ノ門ヒルズ森タワーや地下鉄新駅と周辺地域の回遊性を高め一体的な都市づくりを図りたいと考えている。六本木ヒルズに匹敵する規模の「国際新都心・グローバルビジネスセンター」を創り上げる計画だ。

すでに、虎ノ門ヒルズ森タワーがグローバルビジネスセンターの先鞭を付けている。オフィステナントは外資系企業が過半（面積ベース）を占め、ホテル「アンダーズ 東京」の宿泊客の半数以上が外国人だ。カンファレンス施設では、国際会議を含むイベントが年間400件近く開催され、来場者数も年約14万人にも上っている。

2019年完成予定の「(仮称) 虎ノ門ヒルズ ビジネスタワー」はオフィスや商業施設のほか、ベンチャー企業や大企業の新規事業部門などのスモールオフィスや会員制サロン、カフェからなるイノベーションセンターを計画している。タワーの足元には、都心と臨海を結ぶBRT（バス高速輸送システム）や空港リムジンバスなどのバスターミナルを設置し、世界と東京都心の結節点となる。

図表 6-20　虎ノ門ヒルズエリアの未来像

２０２０年完成予定の「(仮称) 虎ノ門ヒルズ レジデンシャルタワー」ではグローバルレベルの住宅約５５０戸を供給する。

また、２０２２年度完成予定の「(仮称) 虎ノ門ヒルズ ステーションタワー」は、東京メトロ日比谷線新駅と一体的に開発する画期的な都市再生モデルとなる。オフィスやホテルなどからなる複合ビルの最上部には大規模な交流施設を計画。森タワーのカンファレンス施設やビジネスタワーのイノベーションセンターと連携させて相乗効果を高めていく。

これらがすべて出来上がると、「虎ノ門ヒルズ」は約７・５ヘクタール、延べ床面積約80万㎡、住宅約７２０戸、緑地面積1万５０００㎡に拡大する。完成後は、六本木ヒルズのように「ひとつの街」として管理運営して相乗効果を図っていく。さらに環状２号線沿道とも連動させてエリアマネジメントを実施すれば、虎ノ門エリアの再生・復活に非常に大きなインパクトを与えることができるものと思う。

オリンピックに向け、動き出した新虎通り

道路は重要な都市空間である。60年という歳月を経て、虎ノ門ヒルズ森タワーと一体的に環状2号線とその地上部「新虎通り」が整備された。広い歩道を持つ新虎通りを単なる交通・物流だけでなく、文化を発信し、にぎわいを創出するような都市空間として大いに活用すべきだと思う。

2016年11月、新虎通りでは、東京都などが「東京 新虎まつり」を実施した。東北地方の6つの祭りが一堂に集結する東北六魂祭パレードも披露され、国内外の人々を惹き付けた。

ちなみに2007年、伊勢神宮の神宮式年遷宮のPRイベントとして六本木ヒルズで「お木曳《きひ》き」が行われたが、翌年、伊勢は過去最高の人出で賑わったという。東京は、地方文化を世界に発信し、世界の人々を地方へ誘引するショーケースになる。

2020年の東京オリンピック・パラリンピックでは、この道路が湾岸の選手村と国立競技場を結ぶメインストリートになる予定だ。世界中からたくさんの人が新虎通りを訪れるだろう。地元や国、自治体と力を合わせて国際都市・東京にふさわしい都市空間をつくり上げ、文化や感動を世界に届けるようなイベントを支援していきたい。

沿道開発も動き出している。街区ごとにまとめて開発が進むよう、沿道開発のモデル事業としてナンバービルの再々開発プロジェクトに着手した。同ビルには虎ノ門エリアに少ないベンチャー企業やメディア、クリエイティブ系企業を呼び込みたいと考えている。1階には、エリアマネジメント活動や新虎通りのイベントに使えるようなスペースを組み込んだ。

東京都も日本を代表するメインストリートを目指す取り組みを推進している。地元もエリアマネジメント組織を立ち上げ、さまざまな活動を始めている。東京にもお洒落な大人の銀座通りや洗練された青山通り、

図表 6-21　「東京 新虎まつり」で披露された東北六魂祭パレード（秋田竿燈まつり）

図表 6-22　伊勢神宮の神宮式年遷宮のＰＲイベント「お木曳き」

表参道、また、若者ファッションの先端をいく原宿・竹下通りなどがあるが、5年後、10年後、新虎通りがどんな色彩を帯びたストリートになるか、そして、ここからどんな都市文化が発信されていくか、非常に楽しみである。

政官民が力を合わせ、東京を世界一の都市に

未来に向けた森ビルの取り組みや今後のプロジェクトの一端を紹介してきたが、冒頭に触れたように、究極の目的は「東京の磁力を高め、世界一の都市にすること」である。我々が大規模な都市再開発プロジェクトを加速させている理由は、今が東京の磁力を高める最大にして最後のチャンスだと思うからだ。

2020年の東京オリンピック・パラリンピックという共通目標があり、国家戦略特区という日本を変える手段ができた。政権も安定しており、経済も回復してきた。政官民が力を合わせ、これまでとは異次元のスピードとステージで取り組めば、東京は世界から人、モノ、金、情報を惹き付ける磁力ある都市になる。

では、具体的に何をどうすべきだろうか。

都市の磁力は総合力で決まる

都市の磁力は「都市の総合力」で決まる。「経済」や「金融」や「居住」など、一つの側面だけで実現できるものではない。全てを包含した「総合力」が重要だ。

森記念財団 都市戦略研究所の『世界の都市総合力ランキング』では、各都市の総合力を「経済」、「研究・開発」、「文化・交流」、「居住」、「環境」、「交通・アクセス」の6分野70の指標で評価している。

2016年発表の分野別総合ランキングでは、1位ロンドン、2位ニューヨーク、3位東京、4位パリ、

5位シンガポールだった。東京は2008年の調査開始以来ずっと4位だったが、2016年に初めてパリを抜いて3位に浮上した。

東京の総合力をさらに高めるには、強みを伸ばし、弱みを克服することに尽きる。東京の強みは「経済」(1位)で、市場の規模、経済集積、人的集積は高い評価だが、市場の魅力や法規制・リスクの評価が低い。国家戦略特区制度を活用した大胆な規制改革に期待したい。「研究・開発」は2位、「文化・交流」は5位、「居住」6位、「環境」12位、「交通・アクセス」11位。このうち上位2都市と得点差が大きい分野は「文化・交流」と「交通・アクセス」であり、この2分野の改善が東京の総合力を高めるカギを握っている。

2020年までに何を成し遂げるか

世界中から多くの人々を迎えるオリンピック・パラリンピックは、東京の長所を伸ばし、短所を克服する絶好の機会である。スポーツだけでなく、日本の技術や文化、東京の魅力をプレゼンテーションする最高の舞台であり、さまざまな先端技術を飛躍的に進化させるモチベーションにもなる。

すでに勝負は始まっている。「2020年までに何を成し遂げるか」によってオリンピック・パラリンピックの成否だけでなく、その後の東京や日本のシナリオは大きく変わるだろう。

ちなみにロンドンは2012年のオリンピック・パラリンピックの開催が決まると、次々に国際的なスポーツ・文化・経済イベントや国際会議を開催。受け皿となるホテルや施設、交通インフラを整備し、ロンドンの魅力を世界中に発信した。こうした一連の継続的な取り組みが都市の資産となり、2012年のオリンピックイヤーにニューヨークを抜いて1位になり、その後も総合得点をさらに伸ばしている。

2020年まで約3年。人工知能などの先端技術を取り入れたセキュリティやサービスの開発、スポーツ・

文化・経済などの国際イベントや国際会議の開催、世界への発信力の強化、集客施設や観光資源の整備、交通インフラや宿泊施設の整備、外国人の受入れ環境（制度、言語、サイン、ホスピタリティ・サービス、セキュリティ等）などに、政官民が一体となって集中的に取り組み、日本の底力を世界に見せつけたい。

その先の未来へ

さらに20年後、30年後も日本が活力を保つためには、日本のエンジンである首都・東京がグローバルな都市間競争に勝ち残らなければいけない。東京にはそれだけのポテンシャルがあるし、都市再生は波及効果の大きい効果的な戦略だと思う。

日本には人口減少や少子高齢化というマイナスがあるが、それをカバーする方法を考え、どんどん実行していくべきだ。

たとえば、世界から人や企業を集めること。東京がアジアのヘッドクオーターにもっともふさわしい都市になり、法人税等の問題が改善されれば、シンガポールや香港に移ったヘッドクオーターやグローバルプレーヤーは喜んで東京に戻ってくると思う。また、日本の文化の魅力やホスピタリティを世界に発信することで、訪日外国人ももっと増やすことができるはずだ。これまで縷々述べてきた森ビルの都市づくりもそのためである。

国も、国際的なビジネス拠点を早期に整備して人や企業を呼び戻そうと、国家戦略特区でさまざまな規制改革を進めている。都市計画等の手続きのワンストップ化やエリアマネジメントの民間解放、外国人を含めた起業・開業の促進策、外国人医師等の受入れ促進などのメニューも出されている。国家戦略特区では、東京都内の都市再生プロジェクトだけでも28件が位置付けられ、約10兆円の経済波及効果が見込まれている。

しかし、アジア諸都市の成長スピードに対抗するにはもっと大胆な規制改革が必要だと私は思う。広い視野から観た国家論、都市論に基づき、国の戦略に合致するプロジェクトには大胆な規制緩和をし、民間企業の挑戦意欲や創意工夫を引き出すべきだ。たとえば、政策として、文化・交流施設や住宅なども組み込んだ多用途複合の都市づくりを進めるのならば、用途複合に対するインセンティブの拡充なども必要である。事業の効率や採算だけで見れば、オフィスならオフィスだけ、住宅なら住宅だけの単一用途の開発のほうが、ディベロッパーにとってははるかに容易で有利だからだ。

また、世界から呼び寄せた企業や研究者が大いに活躍できるよう、人工知能やバイオテクノロジーなどの近未来技術分野の規制緩和にも期待したい。

たとえば、人工知能を使った機器やシステムの開発・普及で世界やアジアをリードできれば、非常に強い磁力になる。日本の重要な課題である生産人口の減少も人工知能でカバーできるかもしれない。人口が増加している国では失業問題が発生するが、人口が減少し、高い技術力とそれを使いこなせる人材がいる日本は、人工知能の普及にもっとも向いているように思う。

人工知能が人間に代わって多くの仕事をするようになれば、人間の仕事は人間にしかできないことや、対話や創発、協働から新しい価値を生み出すような仕事に収斂されていくだろう。アート、音楽、デザイン、エンターテインメント、メディア、スポーツ、コミュニケーション等々、クリエイティブ産業や文化産業、高度なサービス産業、観光産業等が、日本の発展にとって重要な役割を担うようになるのではないだろうか。

それらの産業を育む舞台は都市である。どんな場をつくり、どんな仕掛けをするか、先端技術をどう取り入れていくか。都市づくりには無限の可能性がある。都市を創り、都市を育む仕事を通じて未来に貢献していきたい。

第7章

未来の東京、あなたならどうする？

野中ともよ

30年以上前、亡くなった森稔さんより「未来の東京、あなたならどうする?」と質問をされたことを思い出す。当時はまだ珍しかった、世界各地の政治経済から芸能までの話題をとりあげ、冒険、体当たりのリポートをお届けするNHKの番組キャスターをしていたころだ。政界への出馬も、森さんは熱心に薦めてくださった。もちろん丁重にお断りさせていただいた。自分は内に入るよりも、外からの方が役に立つはず……と。

未来の東京を考える時、バブルが崩壊した20世紀の終末と同じ焦燥感と危機感が、いま、2017年にもある。2020年をゴールに、必死で鞭をいれる気持ちはわかるが、東京という競走馬に目隠しをしたままで突っ走っていくようでは、その先に、目指すものが見えてこない。ただ、「ピンチこそ、チャンス」が大好きな言葉の一つという困った性格でもある。とりあえずは前進あるのみ。

「都心のあたらしい街づくりを考える会」で行われた、これまでの素晴らしいゲストスピーカーや、委員各位の議論の成果は2008年に出版された『グローバルフロント東京』(都市出版)や、2014年の伊藤滋先生の著書『たたかう東京』(鹿島出版会)などにも、しっかりと記されている。単なる議事録風な体裁を超えて、具体的なアクションプロポーザルまでついた、提案書でもある。

課題があったとすれば、一体誰が、いつ、どう実行するか――そこへのインパクトが弱かった。ボトルのネックは、そこではなかったか。本書は、是非、ボトルネックなしどころか、栓抜きのように、滞る問題の本質をスコンと抜いて、美味しい東京というワインをみんなで享受する一助になってほしい、と願っている。他章を綴られる都市問題ご専門の先生方とは異なる、東京生まれの東京育ちの視点で、「あなた」ならどうする? の「あなた」を、ナカミと時系列で辿りながら、考えてみようと思う。

１.「あなた」とは、誰か？

（１）東京のキャラクターの筆頭は「家康レガシー」

参勤交代や入り鉄砲出女というマネジメントシステムを、江戸城とお堀と武家屋敷、町屋などを配置した、江戸という街づくりに機能を合わせて平面設計と同時にフィックス。その巧みな策は、とりもなおさず、強固な中央集権で、全国統治の政《まつりごと》を司るシステム設計そのものでもあった。この街の生みの親は、そう、徳川家康さんである。その後、明治以降の東京の街づくりは、家康さんのパーソナルパワーの設計図の上に、「近代化」というベクトルを志向する「経済力」というマネーパワーの推進力が牽引してきた。

しかし、今となってはその「家康レガシー」を全く生かせていない街づくりが行われていることに気づく。世界でここ、東京にしかない生い立ちや誇りを軽んじてきたツケは大きい。平たく言えば、「お金」を生むための、「お金」を動かせるシステムづくりが全てに優先された街づくり。「お金」というエネルギーの爆発的集結力こそが、「増殖する近代の東京」という街づくりの主人公だった。

冒頭に確認するのも気がひけるが「カネの切れ目は、縁の切れ目」。スペイン、ポルトガルが地球の王者だった、と言われても今日にその面影はない。が、その時代に形成された独自の文化や建造物などに人々は惹かれて今も、足を運ぶ。さて、東京は？　その未来をどう思考し志向し指向して、試行し施行していくのか。シャレではなく、ほんとうに、危機感でいっぱいになる２０１７年である。「お金」という経済力の衰退を覚悟し、それでも、世界から見捨てられない魅力を、しかも、持続性ある魅力創りは、「お金」がまだ使えるうちに、しつらえておかねば間にあわないのである。

20世紀最後の、バブル崩壊が襲った10年を考えても、視座を地球規模に広げ、未来を見据える施策に、国としても都としてもしっかりとベクトルをシフトすべき時だったと、強く思う。「働く」「稼ぐ」ももちろん大切だが、「働く」のは、人類、人間たちである。その生産者であり、労働者であり、同時に消費者である住民たちへの施策は、二の次、三の次。そこへの資本のシフトは、起こらなかった。起こすべきタイミングではなかったのか。しかし起こらなかった。その施策を考え実行してきた「あなた」とは、振り返れば、20世紀前半に戦時体制強化にむけてすべての業界の中枢を東京にあつめた「国家権力」。そして、それに続く焼け野原復興のための「経済合理性」と同じであったことを、確認しておきたい。

(2) 直近の「あなた」のナカミは?

江戸から、東京へ。「あなた」のナカミは、「家康公」から「国家権力」そして「経済=お金」へと替っていった。より良い未来創りのためには、何に気づき、何を忘れてはならず、何をすればよいのだろうか。

小さいころ、祖母によく言われた言葉がある。「ともちゃん、はたらく、っていうのは、ハタ(傍)をラク(楽)にしてさしあげることなのよ。だから、お勉強というのは、大きくなったら、周りの方のために、お役に立てるお人になるため大事なことなのよ」。わかったような、わからないような。いずれにしても、わたしにとっての「働く」という意味は、対価としてのキャッシュを得ることが第一義にならなかったことだけは、確かである。「お金」は大事。もちろん、パワフル。でも、「お金」はあくまでも道具である。どんな人生を歩みたいか、そのナカミこそが、生きていく「目的」である。まずそれがなければ、何をすべきか、どんな「道具」が必要なのか、使い方も定まらない。だから、その「道具」であるべき「お金」を「目的」化し、その量の多寡が生きていく意味や価値、すなわち、人間の「幸せ」の多寡とシンクロするという価値軸が社会全体に染み込んでいく高度成長の波には、いつも少しの違和感があったように思う。

学徒出陣世代の父は、当時はあたりまえだった、中小企業より大企業を選ぶという終戦後の「終身雇用」型社会に反して、ヘッドハントされて、他社のトップに転職していくという、雇用の流動性を自ら行く生き方をしていた。その姿を見て育ったわたしは、人生は自分の責任において紡いでいくもの、という認識が自然にあった。

集団就職、お揃いのリクルートスーツも、不思議な光景として映ってきた。発行株式残高の大きい会社の社員であることより、やっている仕事のナカミの方がずっとわたしの人生にとっては大切だった。父の時代には、一般的には珍しい考え方とされていた、こうした捉え方が、21世紀、昨今の若者たちには広がり始めている。これは、未来を拓いていく当事者としての、優秀な若者の心や身体を東京に集めていくためにも、重要な気付きだと思う。

「お金」で計れないコトや、モノにこそ、人間にとっての、とてもたいせつなモノや、コトが詰まっているのだ。

(3)「あなた」の国籍は？

これからの東京は「国際」を超えて「地球」ステージでのアイデンティティーが問われる時代だ。もちろん、「日本」という括りだけで済む話などない。近年、わたしが経営者として、あるいは、アカデミアの一員として参加する複数の国際会議は、まったく違うアジェンダであるにもかかわらず、そのテーマには共通して「地球環境」がある。地球は、宇宙に浮かぶお星様のひとつ。運命共同体、だから皆が加害者であり、被害者になるため、各々事業体としてどう処する？という課題設定へのパースペクティブ（視座）だ。

インターネットという情報技術の登場に着目すれば、もはやそんな議論のスピードを超えて、地球上での、人間社会での、これまでのアタリマエは、その営みの根本から覆され、その勢いは、新たな権力として、今日ただいまを創り直していく。しかもその道具は、権力やお金のあるモノだけに享受出来る形ではなく、一般市民の手に行き渡る形で広がっていく。

例えば、アマゾンジャパンひとつを見ても、年商1兆円を超える売り上げ高を記録した。これは、日本の路面にアマゾン以前からリアルに存在していたお店での買い物から、一気にバーチャル世界へと、商いの移転が生まれていることを意味する。書籍で始まったアマゾンだが、いまでは車も買えると聞いた。「金融」などは、信用秩序としてのやりとりだから、書籍とも違い運ぶモノなどない訳で、まさにゼロ・イチのドットとして瞬時に地球を行き交う。因みに、2016年の中国では、PCはカウントせず、スマートフォンのみによる決済総額が200兆円を超える勢いだ、というニュースがあった（2016年11月現在）。

旧来型ビジネス、あるいは、その成功体験に基づく価値基準に固執する思考のままでいること、つまり今までどおりで、何も対処しなければ、衰退するしかない。とりわけ「環境」への危機意識の高まりと、ICT（情報通信技術）の相乗へのチャレンジなどは、もはや常識中のあたりまえ。同時に、ビッグチャンスへの鍵でもある。既存の構造を飛び越えて新しい秩序を編み始めることのできる技術を、人類は手に入れたのだ。私たちが、「日本人」から「国際人」を通り越して「地球人」的なリーダーシップをとれなければ、東京に魅力ある未来など拓けないのである。

（4）金融至上主義からの脱却

4半期（3ヵ月）ベースでのボトムライン（最終損益）や株価こそが経営の目的でありすべてである、という価値軸。ＲＯＥ（株主資本利益率）指標こそがいのち。「志」だの「未来の社会創り」だの、「環境負荷を減らす」などは、「ナイーブで女っぽく子どもじみていて」、経営などと呼べる軸ではないという思考。そんな金融至上主義的思考のみの価値軸で、己の能力を自負する人々に、10年以上前、電機メーカーの会長時代に、悩まされた。時あたかもリーマンショック以前。「お金」を握る者に、出来ないことはないですよ、と真顔で豪語するさまを忘れることは出来ない。そしてそういう考え方が今も、世界の政治でも経済でもリーダーシップを担っているという事実。自利拡大目的達成のためならば、マスメディアを当たり前のように従わせ、社会への喧伝をかける。あることないこと、ではない。ないことないことを、巧みで強力な、手段を選ばないという方法論を駆使し、メディアにのせる。家族の安全というあたりまえすら、その攻撃の射程の範囲にしてしまう人たちだ。事実は小説より奇なり。この時に得た体験ほど強い学びはない。

「激変する地球という世界」の中で、どんな「都市」に変身していくべきか？　このアンテナや感性ぬきで、経済の比較優位のものさしばかりに気をとられていたのでは、モトもコもなくなるのは自明の理。東京にある、東京にしかない宝物まで壊してしまってからでは遅すぎる。「文化」という言葉を用いたところで、まず、その瞳がソロバン視座ならば、たいした稔りのアートは根づかない。経済取引目当ての浅薄なアート刺激策や、流行創りのトラタヌ（取らぬタヌキの皮算用）に興じているイトマはない。「家康レガシー」に注目といっても、値踏みからくるマーケタビリティーに基づく「江戸」のメークアップならば、やらないほうがいい。

「No problem can be solved by the same level of consciousness which occurred it !」——アインシュタインの言葉を思い出す。「問題を起こしたのとおなじレベルの意識では、どんな問題だって解決はできない」という意味だ。

ここ10年で、様々なことが起きた。リーマンショックが、まず起きた。ギリシャ、そしてスペインショック。フクシマ原発事故。ＩＳＩＳ（イスラム国）。テロ。中東泥沼戦争。イギリスのＥＵ離脱。アメリカ大統領選、そしてトランプ氏の勝利……。政治の世界も、国民生活のための手段であった経済の勢いに隷属するかたちで動きはじめ、しかも、それは瞬時に地球全体に影響をおよぼすテリトリーの拡大を示し始めている。地球の自転速度があがったのではないかしら、と思うほどに、次々とコトが起きる。

経済の「血液」であったはずの「お金」が、「お金」自身を増やすために、逆に、自在に経済活動という肉体そのものを崩壊させるほどの力を行使し始めたことを、しっかり確認しておく必要がある。暴力的と呼んでも良いほどに力をつけた「お金」の姿に、あちこちで気づき始める人々が、急速に広がりを見せ始めている。そんな、激変する国際状況の渦の中での日本であり、そのヘソとしての、東京の未来なのである。

2.「あなた」に覚悟はあるか？

(1) フクシマに学ばない日本

２０１１年３月11日――人類史上最大級の原発事故が起きた。少なくとも広島型原爆の２０００倍以上の放射能（東電発表）が地球全体に広がった大惨事である。この事故は、まさに、ウエークアップコール。目を覚ませ、の警告だったはずなのだ。

フクシマをきっかけにして、再生エネルギーへと、大きく舵をきる国々がで始めた。95％以上、つまり、エネルギーのほとんどを海外に依存している日本である。この国の未来を考えれば、当然、21世紀をリードするために、重厚長大を脱皮し、新しい地平を拓く姿を見せると思っていた。しかも、世界トップの再生エネルギーの先端技術を誇っているのである。これほど、良いタイミングはなかったと思う。でも、しなかった。

『新しい地球エネルギーマネジメントの世紀を拓く日本』。

これこそ日本にしか出来ない、21世紀の地球全体に対しての、国際貢献の柱であり、地球の未来のために国をあげて研究をすると表明すべきであったと強く思う。しかし実際は、真逆の方針が発表され、しかも、「アンダーコントロール」という、東電の現場担当者ですら、えっホント!?と耳を疑ったという、現状認識までが、国際舞台で宣言された。

世界は日本のどこをどう見ているのだろうか。国境の線など引いてない実際の地球という惑星。その運命共同体メンバーとして、とりわけフクシマ由来の放射線問題については、諸外国は、自分事としての視座をしっかり持って、日本を見ていることを忘れてはならない。外国メディア（ドイツ他の公共放送）は定期的に日本にはいり、福島はじめ、東北各地の現場からのリポートもしているのである。日本にいる私たちよりも、世界の人々の方が「事実」を知っているのである。日本の政府は、実際に起きていることを、公表していない。マスメディアも、報道しない。国も都も、決してこのことを軽んじてはいけない。

「科学的根拠ナシだから大丈夫」といったおためごかしの時間稼ぎや消極性より、積極的で、能動的な対策への姿勢は、新たなビジネスチャンスや、それこそ、新しい時代の扉を開く鍵にもなる。国や都をあげて、原子力や新エネルギー関連の技術開発や人材育成インキュベーターとして、アカデミアを含め、例えば、世界の研究拠点的磁場を東京につくる、と宣言すればいい。世界中にある原発の「廃炉技術」ひとつ、人類は、まだ、確立することが出来ていないのだから。

加えて、いつ起きてもおかしくはない、といわれる、首都直下型の地震である。これについても、人々の間に要らぬ不安を煽ることのないようにできるだけ触れないほうがよろしい、といった思いが、経営者や、政策決定権者の間にあるのなら、大きな時代錯誤である。

(2)「お金」よりもはるかに大切な「いのち」、そして「いのち」へのおもてなし

国や都など、公としての「あなた」には、これからの一つひとつの政策は、たった二週間ほどのオリンピックというイヴェントへの「おもてなし」もさることながら、未来に、この街に暮らす都民の「いのち」への「おもてなし」を軸にしたものにしていただきたいと思う。そのためにも、事実に真剣に真摯に向き合う「覚悟」と「決断」と「行動」をのぞむところである。

そのためには誰がリーダーシップを取り、誰が支え、誰と共働していくのか。ここに、これまでとは異なる仕組みを作り実行する必要がある。そして地区や地域別、あるいはテーマ別での座組みを柔軟にして、各々の情報や人材の共有を進める。声や財力や態度の大きさがディシジョンメーキングの力にシンクロするような、従来型の、既得の権益を守るためのものではない座組みにすることは、必須である。権限がある、というのは、表裏一体としての、責任の所在を意味する以外の何物でもない。それは情報の、プロセスもあわせての公開を徹底することで可能になることなのだから。

(3)ナニで生きていける街になるのか

世界にある、魅力ある都市を思い浮かべてほしい。ローマ、ニューヨーク、パリ……何故惹かれるのか。

動かしようのない、「その街独自の歴史」と、「尖った今」がそこにあるからではないのか？「江戸」を誇りにせず、「お金」でスクラップ&ビルドを連続。それが勢いある「経済力都市」だ、と驀進してきた東京である。良い悪いのオルターナティブ視点でなく、どうしたら、その姿を未来に繋いでいけるのだろうか、という視点が大切だ。「その街独自の歴史」と「尖った今」を未来創りにどうしつらえるか。方向性とビジョンを持たねば、生き残れない。

港区在住者としては、この1、2年の建築ラッシュには、本当にびっくりする。どこもかしこも、高層ビル工事。この入れ物に入居し、賃料を払い続けることのできる、新たな産業や企業がたくさんでてこなければ、この投資は付加価値など産むことなく、ただの箱化した空間だけが残り、輪転機生まれのカンフル剤マネーは、次世代には負債となる。ビル乱立が、即、いけないなどと言っているのではない。「少なくとも30〜40ヘクタール単位でグランドデザインを作り、合意形成が出来た地区から、少しずつ作り変えていく。それぞれの地区に歴史でも、水系でも、二酸化炭素削減寄与でも、テーマを検討、連続して実現していけば、残すものは残せるし、容積率も移転しながら、空間整備もできていく」と、森稔さんが『グローバルフロント東京』などでも、すでに語っている。どんな街にしていくのか、というグランドデザインをしっかりと形成することは、大事どころか、それなしでは未来はダメになる。昨今の港区、千代田区近辺を歩くと、まさに、「わたしの持分の土地、目一杯使いますよ。どんな街にするかなんて、わたしの知るところではないですからね」そんな声が聞こえてくるような高層ビル建築乱立競争の様相を呈している。街の未来などさておいて、お金の我欲の大合唱しか聞こえてこないのはわたしだけだろうか。

国の方針など、人が変われば変わる。だが、街は、一度つくったら、そう簡単には壊せない。「技術力」や「規律」「きめ細かさ」「正確性」などの日本イメージを、新たな目標に向けて再編し、憧れられる社会創りの世界のショウケースにすればいい。ビッグチャンスである。まずはとにかく、エネルギーマネジメントだ。自律できるエネルギーと水マネジメントの最先端技術。これは、地球に暮らす人類すべてにとっての、課題なのであるから。

例えば、サスティナブルビルディング街など、水とエネルギーのマネジメントシステムが合体する、限りなくゼロエミッションの自立型都市への志向と設計の実現である。そこに加えて、固有の文化が息づいている街づくり。これがしつらえられれば、最強間違いなしだ。

3. 日本という「あなた」の良い加減さと多様性

少し視座を変えて自分たちの強み、弱みについても考えてみたい。

「白か黒か？　善か悪か？　正義か悪徳か？　敵か味方か？」

こうしたはっきりとした、価値の二項対立の世界は、厳然とある頂点としての「一神教」をいただく社会、とりわけ西洋には、あたりまえに存在する軸である。「個」は確立することが求められ、成果も責任も、しっかりと可視化される。

さあ、比べてみると明らかに私たちの社会の底流に流れるものとは違う。

どちらが良い悪い、を言いたいのではなく、文化や社会の成り立ちを支えるもの、そこに流れる通奏低音の違いがあることを、自分たちも、互いのために確認しあうことが、これからは、とくに大切であることを指摘しておきたい。

（1）組織に従順な日本人

日本人は、集団生活のなかで自己主張をするのは「子どもじみたこと」、穏便にモノゴトをすすめるのが、「大人らしい」振る舞いと教えられてきた。

限られた土地の島国で、海に囲まれ逃げられない。知ったメンバーばかり。じたばたするよりは、年功序列、男女別、保有財産別など。個々に違いはあれど、属性の中にあるヒエラルキーに「従」であることこそが、己のリスクマネジメントそのものである、という長い歴史が編んできた社会生活のためのアルゴリズムでもある。

「藩」に「従」だったサムライが「会社」に「従」なサラリーマンに変わっただけ、と思えば腑におちる。だから組織は、効率よく強さを発揮できた。雇用の流動性などあったら困る、くらいの勢いである。サムライにも居住の流動性などないし、独立したければハラキリか、脱藩。即、素浪人というフリーターだった。それは、落ちぶれもんへの急降下を意味するものでもあった。だが、それらの人々が大きくうねりとして連なる時に、時代を拓く大きな原動力となってきたことを、歴史は教えてくれる。

（2）日本社会の持つエネルギーは底知れない

ピーター・ドラッカーさんの言葉。彼がまだお元気だったころ、ロスのご自宅でお話を伺う機会があった。「表面張力するコップの水にポトリと一滴たらすと、揺れといっしょに、ぽつぽつとあふれる。たらす水の勢いであふれる量が変わる。これが、西洋社会。でもね、日本の社会変化というのをコップの水に置き換えると、不満や不具合や鬱憤があっても、じわじわとたまっていく間は、何の変化も起こらないと思うほど、平穏にみえる。表面張力までいっても、まだ静かで動こうとはしない。緊張感すら感じさせないんだ。でもポトリ、と何かの小さなきっかけが加わるだろう。すると、だあーっと、底の水まで全部が溢れ出て、コップは空になる。すべてを変えてしまうエネルギーを持っているんだ。本当に、特別な人々としての形だ。それにあえて加えるとすれば、日本社会を根本から変革してきたのは、地震や噴火の自然災害エネルギーかな。それをきっかけにしてガラガラ、ポンとドラスティックな構造変化を、美しく可能にしてしまう国だよ」。

我慢強いサイレントマジョリティーの存在がある、ということと、その存在のなせるワザということか。確かに、この私たちの特徴を軽んじてはいけない。治める側も、治められている私たち、マジョリティーサイドもだ。

東京というコップの中には、このところ、かなりの不安や不満がたまってきては、いないだろうか? 暮らしにくい不具合や、それは、その場凌ぎのウソではないか? と様々なメディアや公の発表を疑う不安や恐れなど。そう、ティッピングポイントは、もうすぐそこにあるかもしれないとも思う。小さなきっかけが、ポタリ。それが、変化への引き金になる可能性も高いことを、肝に銘じるべきかもしれない。

(3) 日本という「あなた」こそ、多様性への救世主?

先進国のなかで、「一神教」をメインの宗教としていただかないのは、日本だけだという。無宗教と表現されるが、とんでもない。多くの私たちは、お正月には初詣、夏祭りの盆踊りの輪には加わるし、ハロウィンにはカボチャのメーク、クリスマスにはケーキやプレゼントでお祝いし、結婚式は教会がお洒落。お葬式はお通夜に読経。こうした生活様式を、抵抗なく受け入れている。戦後の商業マーケティングにのせられているだけ、と言えば言えないわけでもないが、ここにも、私たちの社会に流れる、独特な生活習慣や文化の存在がある。

それは、生きているのではなく、生かされている存在でしかない自分自身、という自覚である。自然《じねん》の懐の中で、それを確認できるような生活感。「お天道様の下で、嘘はつけない」とか「お天道様が、どこかで見てるんだから、正しいことをしなさいよ」とか。チャンバラ時代劇にも、それは必ず登場する、庶民の生活倫理の価値軸にもなっている。

ヨーロッパでは、大陸を覆う暗く大きな森、ブラックフォーレストに対峙したとき、そこを切り開き、征服していくことこそが、人類の手による文化文明の発達である、と認識されてきた。しかし日本では、大きく暗い森を前にしたとき、すっくりとその中へ入っていって、そこを鎮守の杜と称して、自分たちの魂のよりどころに。そして大切に、祈りの対象にしつらえてしまう。それは、「多神教」というよりも「古神道」の自然観ともいえる。私たちは、それぞれの尾骶骨にこの感覚を持っている、と表現してもいいかもしれない。自然を克服すべき「野蛮」と見なし、ヒトを上位概念に置く西洋とは、全く異なる自然観が流れている社会だと思う。

実際のところ、こうした感覚は、世界各地の先住民族の間では、それぞれに形こそ違え、物語としてもしっかりと、今に連なっている。最近では、教育プログラムとして編集され、ハワイ州などでは、公立学校で授業にもとりいれられるようになっている。

（４）問題解決の糸口は、「いのち」なのである

こうした自然《じねん》観こそが、地球全体を覆う「温暖化」など、これからの全ての「環境問題」解決へのアプロー

チになくてはならないものなのである。「生きている」のではなく、「地球という自然」に「生かされている」存在でしかない「人類」という生き物の立ち位置を謙虚に認識すること、である。「人類」を最上位概念に置き、やりたい放題の作法で自然と向き合ってきた、そのやり方、考え方、作法そのものが、いわゆる「環境問題」の原因なのである。つまり、そこを変え、シフトしない限り、問題は解決の道をたどれないのだ。まさしく、私たち日本の出番がまたれている、とは思わないか。「お金のメモリ」から「いのちのメモリ」への転換に、豊かな未来を切り拓く力のある鍵が隠されている。

国際都市の看板は、ありていに言えば、いかに「お金」が集まり、動く街でいられるかということだ。20世紀に、この都市に動いていた「お金」が、いつまでも同じように活動しつづけてくれるはずは、ない。だから、どう変えていくか、である。

より儲かるからとか、費用対効果、という「概念」や欲望の経済行為の暴走の結果生じてきた温暖化や、様々な環境問題に対して、さらに、複雑なお金のからくりを駆使した方法論で対処しようとする。これでは、解決への道は拓けない。

あの、アインシュタイン博士の言葉を、今一度、噛み締めたい。

「問題を起こしたのと同じ意識レベルでは、どんな問題も、解決など出来るわけがない」

ただ、誤解をしてはいけない。「お金」は、都市の言語であり、力である。これがいけないのではなく、モノゴトを判断するときに、「いのち」は、喜ぶか？　と問うことを忘れないこと。これがこれから主導権を握っていくビジネスには、不可欠なのである。

実際に、高度成長時代と今を比べてみれば、よくわかる。人々の消費活動は、モノではなく、安心安全で心地よく、癒されることには惜しみなく「お金」を注ぐようになってきている。その場所へ行かなければ味わえない食べ物。最先端の健康チェックやダイエット、アンチエイジングなど、広がる医療領域、リハビリはもちろん、スピリチュアルな体験、経験、そして、なにより感動する出来事への参加感。便利なファーストフードより、「いのち」が喜ぶ安心安全の有機野菜やスローフード。不便でも、多少高くても、これに、人は惹かれるようになっている。「もっと便利でもっと安くもっとたくさん作るんだあ」と昭和の掛け声でモノやサービスを売っていたのでは、今現在の足下もおぼつかないし、未来はもちろん、ない。

4. いよいよ、私たちが「あなた」になる番だ！

(1) 私たち一人ひとりにも責任がある

ざっくり400余年を生きてきた東京という街の生き様を見てきた。徳川家康という権力を握った個人の覇者の憶《おも》いから始まって、国家による設計図がひかれ、続いては、経済というパワーの嵐が肉付けをした。世界に類をみないスケールで東西南北に増殖、拡大しつづけた東京の20世紀が終わり、さあ、どうする、という2017年である。

前述したが、ある意味、すでに処方箋は出揃っている。本書もそうだが、複眼的思考で、多角的なアプローチも揃っている。やるのか、やらないのか。やるなら、誰が？　いつまでに？　何を？　どうゆう風に？　それを決めればいい。

「庶民の思いは、公聴会やパブリックコメントでおつたえしました。あとは、行政の仕切りで、専門家の方たちと業務経験豊富な企業の方たちにお任せします。私たち都民は、ここまでで、オシマイです。昔はパブコメなんて面倒なこともなく、「おかみ」というお役所がすべてやってくれるもんでしたからね」とここで終わることもできるが、もう、ダメなのだ。これこそ、20世紀型、旧パラダイム思考のまま。問題は解決するはずがない。

現在の混沌の東京のかたちを創ってきた、もう一つの大きな原因の根には、この私たち、一人ひとりのタックスペイヤーとしての責任放棄があったことも大きい。住んでいる私たち都民が、「自分事」として、東京の、ミヤコとしての、未来に関わる「覚悟」と「決断」と「行動」をしてこなかったこと。これも、大いなる原因である。これを新たに加えない限り、少なくとも人間としての「暮らし」が豊かになる未来の東京創りは、実現しない。

(2)「おんな」「こども」そして「としより」、「みんなちがってみんないい」

朝早く家をでて、真夜中まで帰らない。「ウチの会社」の成長こそが、「オレ」の成長。人生の時間を捧げ「働き」続けてきたサラリーマンのお父さんたちのおかげの高度経済成長。交際費という名のエネルギーも使えば使うほど、GDPにも貢献するし、ゴルフの腕もあがるし、会社も役所も、各々互いに繁栄していく仕組みがあった。そのなかで、都市の計画もすすんできたのだろう。そんな時間を毎日驀進し、隣近所や子どもの誕生日、地域の学校のことなどかまっている時間のないお父さんたちに、日々の「暮らし」への想いや、まなざしが、たっぷりあったとは思えない。そんな、ほとんどが男性陣の企業や政治行政が、この国や東京という社会のレギュレーションを決めてきたのである。「いのち」の問題も、「お金」をかければ解決する、と何の疑いもなく考えてきたのだろう。そう考えると、息苦しい街がひろがってきたのも、うなずける。そうした、これまでの東京の街づくりの、いずれのディシジョンメーキングにも加わっていなかった、あるいは加わってはこられなかった、主流ハズレモノたちに、注目である。

そう、「おんな」「こども」そして「としより」層である。かれらこそが、実は街づくりのための「いのち」のメモリには、欠かせない存在なのである。

「おとこ」から生まれる「いのち」はない。「いのち」を体内に一年近く抱え、激痛とともに生み出し、育むサイドの「おんな」のニーズ。それがことごとくみたされない環境では、よい「おとこ」など、育たないのである。可処分時間と可処分所得のボリューム層として、消費者の「おんな」だけが注目されてきた街から、「いのち」の母としての「おんな」に着眼する時代である。

「こども」という括りもおなじ。実は、彼らこそが、今ここにある「未来」である、という捉え方だ。こう捉えてみると、この子たちが貧困におかれ、豊かな感性も、愛も、教育も受けられない「今」におかれているのなら、どんな立派な建物を造ったところで、豊かな未来など、来るはずはないことは明白だ。幼保一体、学童保育、待機児童……これらを、ビジネス、あるいは制度の問題としてしか捉えず、「いのち」の喫緊課題として対処してこなかった過去ゆえの「今」の東京だと思う。

奇想天外であっても、一人ひとりが自分の夢や希望を描く子どもたちがそこにいて、一人ひとりの大人たちがハタ（傍）をラク（楽）に貢献できる「はたらく」就労の場があり、感謝されながら、様々な刺激をあたえあう。歳を重ねることで見えてくる知恵や経験を繋いでいく機会が、地域や企業のそこここにあれば、「濡れ落ち葉」や「粗大ゴミ」と称される「加齢臭」漂う存在の「としより」になり、いずれは「おむつ」のお世話になる「高齢社会」に突入か、と怯える社会にはならない、と信じている。

これからは、想像だにできない技術革新や、産業の構造化が進む。そうした変化の波には、楽しんでチャレンジする柔軟な対応が不可欠だ。これにもワカモノ、バカモノ、ヨソモノ、主流ハズレモノたちの参加が力になることを、成功体験と自信に満ちたお父さんたちも謙虚にみとめること。行政や、企業や、団体としてのメガネをはずして見回してみることが大切だ。

誰ひとり、年をとらないヒトはいない。企業や役所や団体の名刺がないご自分を想像してほしい。裸のひとりの人間としての自分が、まる裸で社会と対峙する。その時に、どんな制度があれば安心して生き、死んでいけるのか。そのための、制度設計や改良をするのが、今である。

「街づくり」と聞けば、行政がすることだと思っている人々がほとんどだと思う。

そんななかで、今回のわたしのミッションは、未来を拓く主人公「あなた」を、限りなく私たち一人ひとりに近づける作業だと思って、会合に参加してきた。そのためには、一人ひとりの繋がりを広げていくこと。その上で逆に、組織としての行政や企業へと、ボトムからアップして、みんなが「自分事」として責任と義務を分担しながら行動する。これなら私たちにも、始められるのではないか……と思えるしつらえを考えることなのだと思ってきた。

あらためて考えれば、そもそも、民主主義とは、そんなベクトルでしか実現しない制度なのだ。「ポピュリズムばかりが横行し、民主主義は危機的状況だ」そんな声が世界のあちこちから聞こえて来るが、わたしは、そうは思わない。民主主義は、君主主義よりずっと素敵だし、その集団の構成員が、等しく決定権限をもち、自ら参画する、という一番大事な背景条件がある。その上での、平たく言えば「多数決」で決める制度、である。でも、例えば、衝撃を持って迎えられた「トランプ勝利現象」も、獲得した総票数はヒラリー氏のほうが260万票ほど多い。日本の自民党政権も、得票数では、全有権者数の3割に満たず、野党票数のほうが多数である。これでは現実的には、多数決を反映しているとは言えない。民主主義のなかみではなく、その実現のためにつくってきた制度設計の問題が顕著になってきた、ということなのだと思う。投票行動という自ら参画するという義務を果たさない人々が多数になると、こうなる。だったら、選挙制度そのものを再考し、教育も含め、一つひとつ、これも変化と改革が必需という認識を持てばいい。

東京の街づくりにおいては、いよいよこれからがデモクラシーの事始め。ギリシャ語でいう「demos（民衆）」が参画し「kratos（権力）」をもって、地域創りに参画する。そのデモクラシーの始まりを起こせばいい。いや、むしろ、それを超えて「いのち（bio）」がちからをつける「バイオクラシー」なるあたらしい考え方を創ってすすんでいくのも良いかもしれない。

5．東京には「明治神宮の森」があった

（1）100年先を見通すチカラ

ぐるりと見渡してみると、実は私たちのすぐそばに素晴らしいお手本があることに気がつく。１００年前に造られた、明治神宮の森である。

日本全国から10万を超える若者たちが、それぞれの地方から自慢の苗木を持ち寄って、何もなかった武蔵野台地に続く平原に植えて造った森である。国鉄も、運賃を半額にして協力。日本の近代を拓いた明治天皇の崩御を受けて、その聖徳を未来に広く繋いでいくための森を造ろうと始まったプロジェクトである。造園学をヨーロッパで修めた本多静六氏、本郷高徳氏、上原敬二氏のリードである。スタートは人工であるけれど、１００年の後には原生林と見紛う森にしようというのが、この森の誕生の肝《きも》なのである。

一木一草持ち込むことも持ち出すことも禁じ、あとは、針葉樹、広葉樹、落葉樹……それぞれの木々が持つ「いのち」の強弱を、日当たり、方位などの条件下にしつらえる。その後は自然という舞台の中で、それ

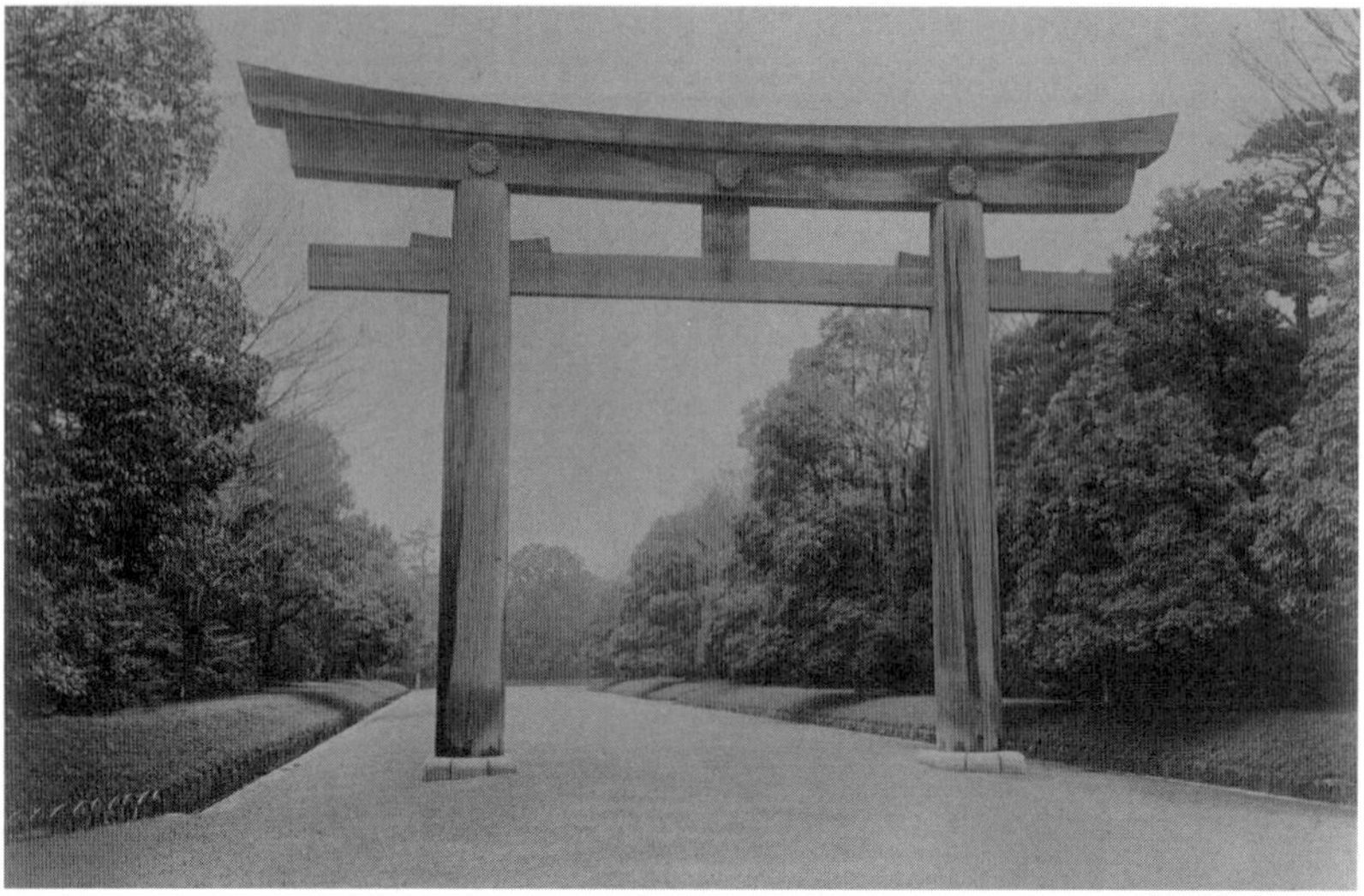

図表 7-1　明治神宮の建立当時の第２鳥居（正参道）（提供：明治神宮）

ぞれの「生き抜いていくちから」に委ねてしまうのだ。しかもこの森には、１００年後には、多くの人々が集える森になるようにと、木々のあいだに広い芝地までも配置されてある。

東洋にあって、四季折々の豊かな自然の中で育まれてきた日本の「古神道」の心が植え込まれている、と言える。神々《こうごう》しくあることを、自然《じねん》の懐に委ねて、西洋の庭園や公園に見るような「人為」の表出を、極力排除したのである。神宮外苑には西洋を感じる部分もあるが、内苑は、歩道部は分けて、堆積する落葉の養分を主にした循環型、無農薬無肥料の森になっている。まさに、１００年の時を経て、壮大な都市の森が生まれたのである。

(2)「私たちは、生きているのではなしに、生かされている存在でしかない」

あの森に足を踏み入れる度に、痛感する。深呼吸をすると、鼻腔にはアロマ。目を瞑る。大都会東京の真ん中であることを、忘れてしまう。木洩れ陽が、そっと囁いてくれる。——何をそんなに疲れているんだい？　いいん

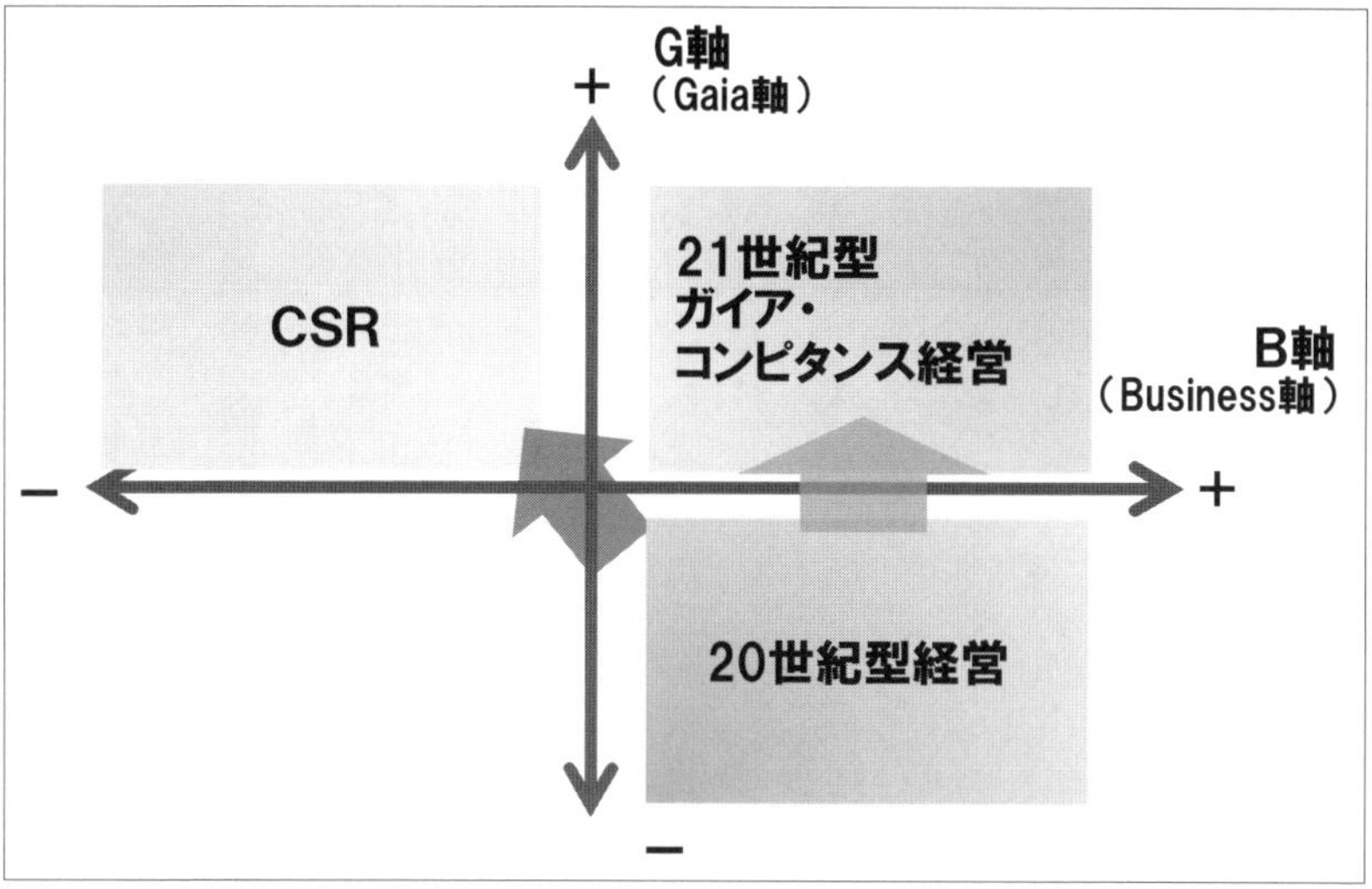

図表 7-2　GAIA 軸の図　©Gaia Initiative

だよ、君は、そのままの君で。世界で一人しかいない君がいる、それだけで、素晴らしい存在なんだから——。

「いのち」の本来の幸せは、まったく「お金」では買えないところに詰まっている。酸素カプセルも、アロマスプレーも、様々にある便利グッズは、「お気の毒な都会人」への、自然の紛い物でしかない。10万年単位で繋がれてきた「いのち」のＤＮＡの健全は、一体何を求めているのか。これを都市という機能集中を目途にするマネジメントに合体させ、具現化させる。未来創りへのキモは、ひとことで表現すれば、まさに、ここにある。

そう、でも「大切なのは環境意識だ」と、例えば表現してしまう。すると、途端に「環境」という二文字についた手垢イメージの構図のドツボにハマり、思考が止まる。開発か環境か、守るのか、攻めるのか。自然をとるのか、経済優先か。という一軸に陥る。これは、使い古された旧来型の思考である。だから「環境」を「いのち」に置き換えてみる。そこに見えてくる、新しいビジネスチャンスは山盛りだ。

6．100年目のバトンを、100年先の「あなた」へ

（1）21世紀最高の贅沢は、「いのち」の時間に包まれること

2020年。言うまでもない。東京オリンピックの年である。実は、その同じ年が、100年先を思いながら、そこに集う若者像を思い浮かべながら、明治、大正の先人たちが一人ひとり参加して造り上げてくれた「明治神宮」の、ちょうど100年目にあたるのである。

いま、東京をめぐるキーワードとしてのオリンピックは、とにもかくにも景気回復のみ。2020年を目指すことが目的化した投資活動だけが、闊歩しているように思えて仕方ない。明確な未来へのヴィジョンも、チャレンジする方向への思想も哲学も聞こえてこない。もう拡大基調の右肩上がりの日本ではないのだから、今あるものに勇気をもって修正しながら進んでいくという覚悟を持つべきだ。

2050年も、2100年も、やってくる。何がどうなるのか、誰にもわからない。例えば、100年前の1916年は、芥川龍之介が『鼻』を発表した年。当時の芥川は、ダイの大人も子どもも、小さな長四角の電話機片手に東京の街を徘徊して携帯ゲームに興じ「ポケモン珍怪獣みつけたぞ！」と狂気乱舞するさまを、想像だにしなかったことだろう。社会現象は、様々に変わる。何が起こるかわからない。

ただ、そこに生きる人間の「いのち」の仕様は、変わらない。1回しか死ねない。豊かな自然《じねん》の懐の中でしか、幸せを感じて生きられない動物《いきもの》であるという事実も、変わらない。これこそが、キーワードになる。

何もなかった大地に、全国からの365種、10万本の苗木が集い、今では、絶滅危惧種といわれるオオタカが舞い、在来種が息づく森になっている。ここには悠久の、「いのち」を育むという時間が流れている。

図表 7-3　明治神宮の空撮写真（提供：明治神宮）

地球の上の「いのち」あるものに不可欠な酸素や食べ物は、こうした森の時間で循環していく。それに触れるとき、再び私たちは地球に繋げてもらえるような空気に包まれる。柔らかくほんわりとしたエネルギーが、自分の中に広がって、なんだか元気になっていく。

（2）「いのちの森」を拡げよう

森は、私たちの「いのち」にとって、なくてはならないものなのである。水と空気と食べものと、お日様からのエネルギー。太古の昔から、これらがあったから、いのちのＤＮＡのバトンを繋げてくることができた。どれ一つ欠けても、私たちは干からびて、途切れてしまう存在でしかない。つまり私たちは、水を湛えてくれて、光合成で空気を与え、炭水化物を実らせてくれる、土壌や樹木たちのおかげ様の存在でしかないのである。

地球に感謝を！という営みの「アースデイ」

図表 7-4　アースデイいのちの森（提供：アースデイいのちの森実行委員会）

が始まったのは、今から40年あまり前のアメリカ。アポロ計画で、ポカリと宇宙に浮かぶ、ちいさな惑星の地球の姿を客観的に初めて映像として見た、私たち人類。地球人としての運命共同体意識が生まれたその時代に、アースデイも生まれ、世界に広がった。日本でも各地で、それぞれのアースデイが祭りとしても根づいていった。東京でも代々木公園に2日間で10万以上の人々が訪れる一大イヴェントになった。

ただ年を重ねるにつれて、本来アースデイは、環境を考え、環境に感謝をし、よい未来を創ろうというものにもかかわらず、ほとんどの出し物や出店には、お金が必要なイヴェントになってきた。購入することでしか、参加できない。本来のテーマ「いのち」に気づくこと、そして地球に感謝するのに「お金」の介在はいらないはず。8年前にそう考えて、アースデイに合わせて明治神宮内の芝地で「アースデイいのちの森」を始めた。中島精太郎宮司様はじめ、たくさんの方々の信じられないほどのご理解をいただいて今日にいたっている。実行委員長として、あらためてここに感謝を申し上げたい。

公園ではなく鎮守の杜の、八百万《やおよろず》の神々と先人たちへの、「いのち」の感謝を捧げるお祭りである。毎年たくさんの子どもたちも参加してくれる。芝地の上はヨガに興じ、お絵描きをし、紙芝居を楽しみ、竹のジャングルジムに登る、たくさんの幸せな歓声であふれている。アメリカインディアン・ホピ族のティピ（テント）で「種《たね》」や「薬草」の講話を聞いたり、古典フラダンスをしたり。芝地に緋毛氈《ひもうせん》の上で、神職の皆様による雅楽も興される。なんという贅沢な、時代も超える一時だ。神宮内で活動する「ＮＰＯ法人　響《ひびき》」の若者たちが中心になって精力的なマネジメントにあたっているが、これまでの多様性にみちた参加団体は、およそ30団体、実行委員（プログラム実施者）は延べ約２３０名になった。

この間に起きた、東日本大震災。被害を受けた神社やお寺や公園に、１００年前に送り出してくれた苗木たちへの恩返しをしよう、と、持ち出すことを禁じられていた森のいのちの「どんぐり」たちを、苗木にして東北への植樹活動を決めた。各地で、森造りに関わる人々と交わり、たくさんのことを学ばせていただいている。

（3）次は私たちの番なんだ！

表参道に連なるケヤキ並木も、実は、市民の思いと行動によって生まれたものである。「明治天皇と昭憲皇太后の御霊を偲《しの》び、お参りのために全国からたくさんの人々が訪れることになるんだから、大きな参道が必然だ」という思い。当時植えられた苗木の身長は、わずか40センチたらずだったそうだ。

「やれば、出来る」を集める先人たちのエネルギーを見せられた。この緑陰が、この木漏れ日が、どれほどこの街を豊かな街にしつらえているか。明治神宮造園から１００年目を迎える２０２０年に、先人たちの思いのバトンを受けるのは、現在を生きている私たち。そして、受け取ったバトンを、「やれば、出来る」から「やってダメなら、出来るまでやるだけだ」へ進化させればいい。みんなでやれば、なんとかなる。

なんとも青臭いが、小さいながらＮＰＯも具体的なミッションが明確になることで、求心力も急進力にも弾みがつきはじめた。動き始めてみると、情報通信の大手メーカーが未来創りへの想像力を生むためにも、子どもたちでも過去を振り返ることができるＶＲコンテンツを作りましょう、と協力を申し出て下さった。ゴーグルをはめてぐるりと動けば、１００年昔の景色も動く、という先端ギアも、プロジェクトのサポート隊に加わってくれた。

（４）「グリーンコリドー」そして、「里親」へ

国立公園などで行われている手法に「グリーンコリドー（緑の回廊）」造り、というものがある。道路などで分断され、動植物が自由に行き来出来なくなったことへの対処として、野生生物が自由に行き来出来るグリーンベルトを造る方法である。

あらたに自然をつくるのではなく、今ある自然（野生）を母として拡げ、繋げていく。私たちも、この発想でいけばいい。そうして立ち上げたのが「グリーンコリドープロジェクト」である。

明治神宮の森とその周辺を繋ぎ、生き物たちが行き交う緑の回廊プロジェクトである。

一木一草持ち出し禁止、というマネジメントで出来た森をそのまま外側へと繋げていくことは、容易に出来るはずはない。ビルの屋上緑化でも、ベランダや店先緑化でも、街路樹でも、とにかく緑で繋げていく。

１００年後、ドローンで東京を見るとすっぽりと、渋谷、新宿、港、千代田、そして、中央の各区が緑におさまっている図を夢見る。宇宙から夜景写真を撮った時、真っ暗で何もないように見えるのが、緑に覆われ

た東京である。しかしその下では最先端の医療技術や情報、エネルギー技術にリードされた新しい産業が経済をリードし、安心安全の食に満ちて「いのちが輝く」平穏な生活を人々がおくっているのである。

自然《じねん》の営みのサイクルの一員としての、慎ましやかなポジション。それを守りながら、世界にないやり方で、商いを営んでいける街をつくっていくのである。「いのち」に不可欠な「水」「空気」そして「エネルギー」。必ず出る「ゴミ」はカッティングエッジのシステムで。いかに自然《じねん》の循環の中でマネジメントしていくか。日本にすでにある環境技術でも可能なのだから、この方向へ推進すれば、世界に敵はない。日本の力の腕のみせどころでもある。

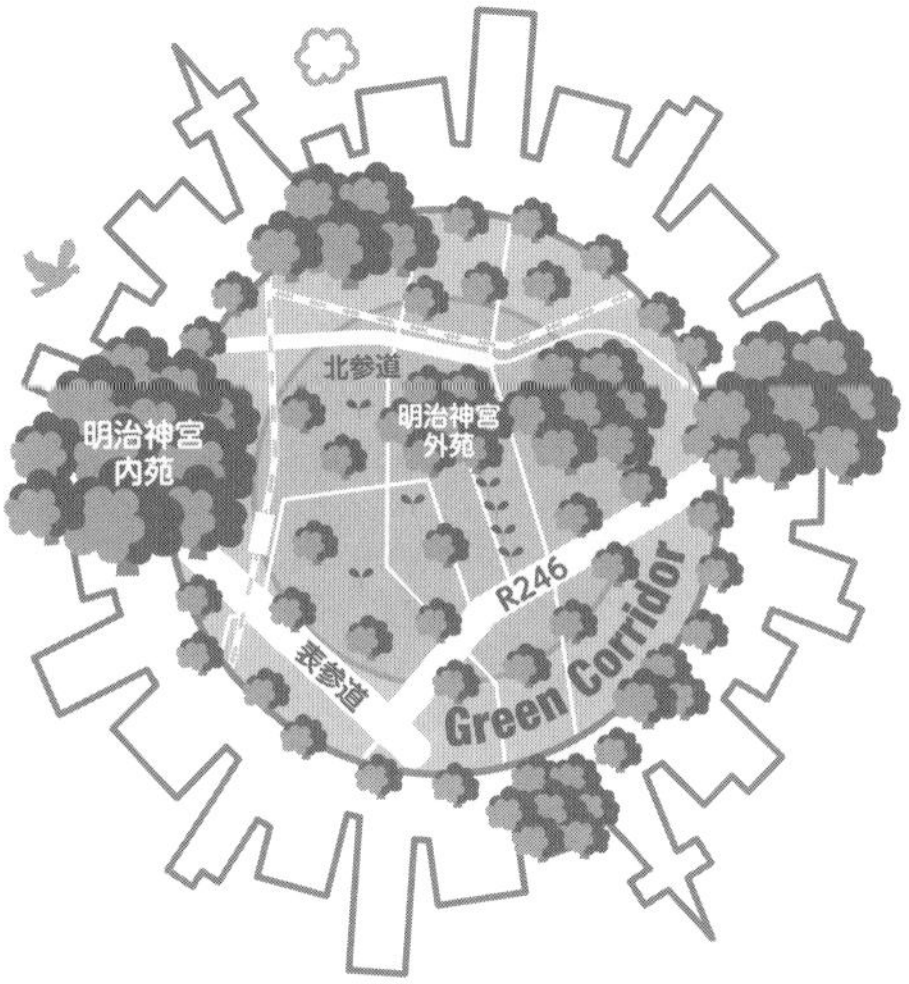

図表 7-5　グリーンコリドープロジェクト
（提供：アースデイいのちの森実行委員会）

例えば、まず、23区のなかで、このグリーンコリドー表参道界隈の近未来を想像してみよう。

絶滅危惧種のオオタカが子育てをする森の中で、お薄（日本茶）をいただきながら最先端の健康チェックや診療が受けられ、江戸の循環する生活様式の住居や、浮世絵もあちこちに（今も素敵な美術館があるが）。ロジスティックは、やはり馬か、セグウエイシューズというところかな。離れた家族とは、ホログラフでいつも一緒……こんな素敵な原宿ができたら、「爆買い」を卒業して、この地に行かなければ味わえない魅力に惹かれた「爆通い」のリピーターがたくさん誕生するのでは、と、思わずトラタヌしてしまうのは、わたしだけではないはず。

大事なことは「いのち」に気づき、「いのち」が喜ぶことに徹底的に寄り添うこと。どこかの分岐点で、「お金」を目的化する道を選んだ日本を止めて、「いのちが輝く最先端の街づくり」を実現するために「お金」に汗をかかせるのである。世界が憧れる東京を創りたい！と、熱く思う「あなた」という人々の輪を拡げることだ。日本発でオリジナリティー満載の、世界初の「都市計画」へと拡げるヴィジョンの「核」になると信じている。

7．未来の「あなた」へ！

（1）行政、企業、団体……「あなた」が誰であれ！

シンプルで、誰でも出来ることから、小さく始める方法論を用いること。とりわけ、初めはそれでないと、続かないし、拡散しない。始めの一歩が肝心だ、と考え、ＮＰＯ響《ひびき》が大きなスタートを始めたことを、ここでご紹介しておきたい。

日本全国から集まった選りすぐりの木々が１００年の時を繋いで、この森で生み落とす「どんぐり」は、とても元気だ。一粒一粒大切に、30センチ程の苗木になるまで、神宮の内苑の森でしっかり見守りながら育てていく。それをポットの鉢にひとつずつ植えて「いのちの森」の開催時に、参加者に渡す。これまでも続けてきたこの活動を、今年からは、ヴァージョンアップ。様々な環境での成育状況もわかり始めたので、思い切った「里親制度」のスタートをきった。

４月に行った「アースデイいのちの森」で、その苗木を持って帰り、一年間職場や、ご自宅で育てていただく。そして、来年のアースデイに持って帰ってきていただいて、一緒に東京の街へと旅立つ応援をしていただこう、というものである。共に、自分たちの街東京の「グリーンコリドー」造りに参画するプラットフォームである。もちろん、生きものである。枯れることもある。愛して見守っていただくことはお約束だが、弱い子もいる。それも含めて「いのち」を育てていく体験をシェアしていただくことが狙いである。

お渡しする時に、ドングリ鉢と一緒の写真をワンカット。メールアドレスの登録もして、憶《おも》いを共有しながらのホストファミリーの誕生だ。

「参加することに、やっぱり、意義はありますね――。今んとこ、元気に育ってくれてて、やり甲斐ありますよ」嬉しいメールも届きはじめている。その数、

図表 7-6 「里親制度」で参加者に渡すどんぐりの苗
（提供：アースデイいのちの森実行委員会）

375個（子）になった。

「お金」は時間を買うことができる。「労力」しかり、時には「愛」も。だから、「お金」は万能だ、と思ってしまう。だけれど、「いのち」が育っていく、その成長に必要な時間は、買えないのである。億単位のお金を小学生にかけたら、途端に立派な社会人になるか？　答えは、否だ。人間も植物も、促成栽培の高額肥料は、かえって、良き芽を腐らせダメにしてしまう。ドングリの「里親制度」で、ゆっくりと、でも、確実に成長していく「いのちの時間」の流れ方も味わい、学びながら共有していきたいと思うのだ。

(2) いのち輝く街、東京

元気な「いのち」というテーマは、あたらしい「お金」を生み出す打ち出の小槌であることに、一刻もはやく、旧パラダイム系既得権益サイドにいらした方たちにも気づいてほしい、と願う今日この頃である。あふれる「インバウンド」対策と銘打って、政府がラブホテル改築費用補助金を決定した、と聞いた。耳を疑った。いつまでも、「モノ」に執着して彼らが爆買ツアーでおしよせてくれると思っているのだろうか。かつての私たちを思えば容易に分かるはず。そんなはずはない。多くのモノがメイドインチャイナであることに気づき、「グルメ」を通過し「断捨離」になり、「健康」から、スピリチュアリティーを包む「いのち」への気づきへと、人々は成長変化を遂げる。税金は、もっと根本的な未来への投資に使ってくれないものだろうか。「栄枯盛衰」は、循環する宇宙の営みのお約束。東京は、栄えた。だから次は枯れていく。いいじゃないか。朽ちるから、「新」が生まれるのだもの。それをだから美しく、見せていく。どんなふうに朽ちて、変身するほどに、生まれ変われるか。それが21世紀、平和な都市創りのプロセスそのものなのだから。それを活き活きと見せながらする街づくりにすればいい。東京は独自の優れた伝統もありながら、未来に向けての可能性も自然《じねん》も、まだ山盛りある。

「栄枯盛衰」転じて栄も枯も盛況する「栄枯盛況」の都市として、未来を目指す姿を見せていく。そのための、メリハリのある方向性＝ヴィジョンを定め一日もはやく共有し、明確に実行していくことが大事なのだと思う。「グリーンコリドー」プロジェクトも、そのひとつとして参画できたら、この上ない喜びである。

わたしは東京生まれの東京育ち。故郷が無くてお気の毒、と学生時代によく言われた。何となく淋しい喪失感があったが、今は東京こそ、輝く新未来フルサトにできる街だ、と思う。生まれ故郷なのだから当然、誇れる伝統文化のシツラエや、ホッコリできる自然《じねん》の懐が必需。それがフルサトというもの。どんな故郷がいいか。それを素直な、裸の人間として、一度しかない人生の大事な時間を「暮らしたい」と願える街にしていけばいい。

１００年後の故郷ＴＯＫＹＯが「いのち輝く街」に変身していく様を夢に抱く。そして、できることからその実現のために、一つひとつを重ねて努力していけばいい。孫や、その先に続く子どもたちの世代にも喜んでもらえる、誇れる地球の街にしなければ、と強く思う。東京は、世界にひとつだけの、オリジナリティー満載で、豊かな自然と最先端が相まみえ、八百万の神々が今も棲んでくれている街なのだから。

第8章

「日本文化の再認識」と「継承、発展」を目指した国際交流

——日本文化とは、外国人を含む日本で生まれた文化のこと——

藤井宏昭

1．日本文化の再認識

（1）東京五輪のレガシー

オリンピック・パラリンピックは憲章に明記されている通り、文化の祭典でもある。東京五輪は文化で日本と東京の魅力を増やし、世界に発信する絶好の機会である。ロンドン五輪の際、英国は国中で文化行事を行った。この為ロンドンはより魅力的な都市になった。東京２０２０組織委員会は「アクション・レガシープラン」の中で文化プログラムのコンセプトとして次の４つのレガシーを掲げている。

- 日本文化の再認識と継承・発展
- 次世代の育成と新たな文化芸術の創造
- 日本文化の世界への発信と国際交流
- 全国展開によるあらゆる人の参加・交流と地域の活性化

東京五輪を梃子として、これらを実現させてゆき、東京の世界的な芸術文化都市としての輝きを更に増大させることが望ましい。

（2）なぜ今「日本文化の再認識」か？

今日、世界は大きな変化と分断の時代の入り口にいる。

- 自然破壊による地球温暖化は、人類にとって益々差し迫った問題になりつつある
- ＩＣＴ革命が進展し、さらに「第４次産業革命」といわれる技術革命が展開

- 超大国の後退の可能性など地政学的変化と世界秩序の在り様
- グローバル化の進展により経済の統合及び文明の単一化が進む反面格差が拡大し、人々は自己の文化とアイデンティが脅かされると感じ、「文化・宗教の衝突」が多発

大きな変化の時代を乗り切るには「大きな物語（ヴィジョン）」が必要となる。また、一つの運動法則がある。それは、一面原点回帰であり、一面新しい時代への跳躍である。イタリアのルネサンスはその典型であった。暗い中世世界の中で一面ギリシア、ローマへの回帰であり、他面、中東等の新しい異文化との交流であった。「王政復古」の錦の御旗に始まった日本の明治維新による西洋文明の吸収、グレコローマンスタイルの首都ワシントンが象徴するように旧世界から独立したアメリカ合衆国にも同様な原理が働いていたやに思われる。

したがって、これから世界と日本が不確実な時代の荒波の中へ旅立つ中で、日本はその最大の強みである文化の原点を見つめ直す事により、初心に立ち返って安心して文化の大交流を展開し、世界の人々とともに新しい文化と独自のビジョンをつくりだす事が出来るのではないかと思う。云うまでもなく、いかなる原点に立ち戻るかは極めて重要であり、狭いナショナリズムに陥る事なく視点を人類と地球とに捉えることが望ましい。

（３）日本文化の原点とは何か？

日本が極めて強固な文化的、社会的な特徴を持っている事はフランシスコ・ザビエル以降、多くの海外の識者が指摘してきたところである。

日本の文化は古くは中国、19世紀半ば以降は西洋の文化に影響を受けたが、それらの文化とは別物である。日本には極めて根強い基調文化が存在し続けたことが、その大きな理由である。その基調文化とは何なのか。それは縄文の文化に他ならないのではなかろうか。

かつて、縄文時代は未開野蛮な時代としてのみ考えられていた。近年、放射性同位元素による年代測定技術などを利用した研究が飛躍的に進んだ結果、縄文時代は今から1万5000年超前にさかのぼること、また、その暮らしぶりもかなり分かってきた。縄文人は狩猟採集民であったが、土器の使用（土器革命）により豊かな食生活を手に入れ、人類最古の定住者の一つであった。四季があり、海に恵まれた日本列島において土器、弓矢、犬、丸木舟を用いた縄文人は海からは魚介類を、野原からは旬の草や木の実、更に鹿や猪等を得ていた。土器は栗やどんぐり、草根類等を煮沸《しゃふつ》してあくをとる事、また冬期の貯蔵を可能にした。

旧来の世界史の教科書では人類がアフリカに誕生してから狩猟採集の時代が長く続き、この間人類は常に移動していたが、今から1万年超前にメソポタミアで農耕、牧畜を始める事によって定住し、第2段階に入ったとされている。しかし、日本列島においてはそれより更に4～5000年も前から定住していたと考えられる。土器の使用は小さな集落を作って定住することを可能にし、逆に移動を困難にした。定住する事によりコミュニティーが出来、また分業と文化の伝承が可能となった。壮年男性は主として狩猟、漁労に、女性は木の実や草の採集のみならず、土器の製作でも大きな役割を担っていた。移動する生活では最大の弱者だった老人が家で子供の世話をすることにより子供は老人の経験から学ぶことが出来、文化の伝承が可能になった。農耕、牧畜を行う為には農地や牧草地を作らなければならない。森を切り開き、いわば人間が自然を征服せざるを得なかったのに対し、縄文人は自然の恵みの中のみで生きてきた。縄文文化が1万年の長きにわたって続いたのも自然との共生の賜物であった。

（４）縄文文化の特色

自然の恵みの中で生きた縄文人は、人は自然の一部であると考え、自然と共感共鳴していた。また、一定の土地を確保することが重要な農耕以降の人々と違い、戦争を行う理由が少なかった。縄文時代にも人殺しはあったが、組織的な戦争は見当たらない。

更に、最新の研究によれば、今から約２９００年前、農耕を行う弥生人が朝鮮半島より北九州に渡来した後、在来の住民とも同じ集落を形成し、渡来要素を在来要素に取り込む形で新しい弥生文化へ変化した由である。この文化が今日の東京の地に至る迄、約７００年かかっている。室町時代から今日迄という時間を要した事になる。この間外見も文化も全く違う縄文人と弥生人との間で平和的な文化の移行が行われた。縄文文化が人と自然のみならず人と人との調和にも特色を持っていたからであろう。また、食生活は豊かではあったが、富の蓄積は小さく、格差や不平等は少なかった。

更に縄文中期の火焔土器に見られるように実用品に対する制作者の熱い想いが感ぜられ、人と道具の調和も一つの特色かと思われる。

このような縄文文化を何人かの20世紀の優れた知識人は「モダン」であるとみた。

例えば岡本太郎は、縄文土器がアヴァンギャルド芸術に比べて少しも遜色ないと述べている。また、20世紀の知の巨人と云われたレヴィ＝ストロースは１９８８年の「世界における日本文化の位置」という講演の中で次のように述べている。

「狩猟・漁撈や採集を営み、農耕は行わない定住民で、土器作りの名手として知られる人たちが生んだ日本の一文明は、私たちに独創性の一例を示してくれます。人類諸文化のすべてを見ても、これに比肩できるものはありません。なぜなら、縄文の土器が、他のどんな土器にも似ていないからです。まずその年代ですが、これほど古く遡ることのできる土器作りの技術は、他に知られていません。次に1万年も続いたという、長い期間もそうです。そしてとりわけ様式が独創的なのです。その様式は、縄文中期の『火焔様式』とでも呼ぶべき土器において、見る者の心をとらえずにおかない表現に到達しています。これを他と比較する言葉などありません。それであまりにも突飛な形容をしてしまうのです。（中略）5、6000年前に『アール・ヌーボー』が生まれていたような気持になりますし、別の側面からは、アメリカのいく人かの現代芸術家が言うように、叙情的抽象とかアクション・ペインティングが想起されます。（中略）私がしばしば自問することは、弥生文化によってもたらされた大変動にもかかわらず、『縄文精神』と呼べるかもしれないものが、現代の日本にも存続していないだろうかということです。もしかすると、日本的美意識の変わることのない特徴は、この縄文精神かもしれません。」（『月の裏側 ―日本文化の視角』／クロード・レヴィ＝ストロース著／中央公論新社／2014年）

（5）人類共通の文化

日本文化の基調には縄文文化が厳存していると思われる。これは1万数千年に渡って続いた文化で、弥生から今日迄数えても高々2000年に過ぎないことを考えれば当然であろう。自然、人、道具との調和を重んじ、全てのものに「神」を見出していた縄文文化が存在した場所は北海道から沖縄まで、たまたま現在の日本国の領土と一致するが、その基本的な考え方は決して日本人だけのものではない。人類は全てある一時期に同様な考えを持っていた。したがって縄文文化の精神は今から約5000年前に各地で誕生したインダス、黄河等の「文明」とは異なって人類共通のものであり普遍的である。

アニミズムと云うと伝統的には遅れた信条と考えられてきたが、近年では再評価が進んでいる。例えば世界史の権威であるウィリアム・H・マクニール氏は2003年の著作の中で以下のように述べている。

「現代では『アニミズム』と呼ばれるこの概念は、人類が創りだした中で最も感情的に理解しやすい世界観だ。地球上のあらゆる地域に住む狩猟者や採集者に信奉されてきたことからすると、アニミズムは人類が地球上に広がっていく過程でずっと保ち続けた文化的な装備の一部だったのだろう。後に現れた宗教や哲学の体系がアニミズムに完全にとって代わることはなかったし、現代科学の概念も同じことだ。どのような世界観も、アニミズムほど長く存在し、多くの事を説得力ある形で多数の人々に説明したことはなかった。」(『世界史Ⅰ 人類の結びつきと相互作用の歴史』/ウィリアム・H・マクニール著/楽工社/2003年)

21世紀を見通して人類は地球温暖化の一点からしてもそれぞれの信条、信仰、文化は堅持しつつも普遍的なアニミズムの心情をも大切にし、自然、人、道具との調和を考えなければならなくなった。そこに縄文文化の今日性があり、レヴィ=ストロース等が縄文土器を見て「モダン」と云った直感の冴えがあると思う。

(6) 東京と縄文遺跡

縄文海進期(1万~6000年前)と呼ばれる時代の東京の地図は中沢新一氏の『アースダイバー』(講談社/2005年)に詳しいが、東京には当時陸地であった固い土で出来ている洪積層と水が浸入した砂地の多い沖積層という二つの地層がある。この二つの層の間からは縄文の土器が多く見つかる。港区だけで

図表 8-1　三田台公園（港区）の貝塚

も縄文遺跡、或いは土器が発見された場所は40に上る。六本木ヒルズからは土器が、東京ミッドタウンからは住居跡が発見された。東京で最も古い縄文の土器は1万年超前のものが多摩ニュータウンの辺りで見つかっている。東京は1603年の江戸開府以来都市となり、日本では比較的新しい街と考えられているが、縄文遺跡の上に乗っかっているのが東京であり、今日、世界の大都市の中では人類が定住した最古の地の一つである。

(7) 日本の伝統文化の特色

縄文文化の基調の上に大陸や西洋からの文化を借用し、咀嚼して日本の文化は形成された。諸外国からの軍事的、政治的圧力の殆どなかった日本は自分の好みに合った文明を借用することが出来た。それらを常に溶かし独自の文化を形成した日本を「深い泉の国」と呼んだのはスイス人神父のトマス・インモースであった。そして彼はその「深い泉」は人類の共通体験であると述べた（『深い泉の国「日本」―異文化との出会い』／中央公論新社 中公文庫／1999年）。

日本の伝統文化の特性には、次の様なものがある。いずれも縄文文化に源泉をたどることが出来る。

自然とよりそう文化

・季節感

例えば、日本の詩歌において、また、食文化において「季節」の持つ意味は非常に大きい。

・簡素

日本文化の特色の一つは簡素（シンプリシティ）にある。例えば同じ17世紀に造られたヴェルサイユ宮殿と桂離宮とを比較すれば一目瞭然である。桂離宮を絶賛したブルーノ・タウトは1936年に次のように述べている。「日本文化が芸術及び人間生活において恒《つね》に簡素を好む傾向を包蔵するものであるとするならば、これは実に欧米の教養ある人々が良い意味で「現代的」（モダーン）と呼んでいる所のものに他ならない」（『日本文化私観』／講談社 学術文庫／1992年）。それは、一輪の花に美を見出した利休の茶の心に通じ、エコロジーにも通じる。

・美と精神性

富士山頂で御来光に向かって手を合わせる日本人の姿がよい例であるが、日本人は自然の中に美と神を見た。フランスの文学者アンドレ・マルローは伊勢神宮や那智の滝を見て、その精神性（スピリチュアリティ）に深く感動している（竹本忠雄『マルローとの対話』／人文書院／1996年）。

・道具といのち

日本の伝統的な自然観では森羅万象は、すべて生命をもった存在であり、仏教も日本に渡ってくると「草木国土悉皆《しっかい》成仏」という言葉の通り全ての物が成仏するとの思想に変わる。日本人は動物や植物はもちろん、生命のない、岩石や日常の道具類も人間と同じ様な心を持った「有情な存在」と考えてきた。「針供養」「筆塚」等不用になったものを神社に納める儀式もその一例である。「刀は武士の魂」という言葉も同根であろう。

重層性、連続性

多くの国では文化が交替するとしばしば前の文化は滅びてゆくが、日本においてはあたかも、日本の箪笥の様に前の文化は別の小さな引き出しに保存される。また、過去の有力者や寺社などに代々受け継がれている伝世品は極めて豊かである。その最たるものが正倉院の宝物であろう。あのような防衛機能もない木造建築に聖武天皇、光明皇后ゆかりの９０００点に上る宝物が８世紀半ばから保管されてきた。また、何世紀も続いてきた民間の企業が日本には多い。例えば、〝金剛組〟は６世紀末から続く現存する世界最古の企業である。

連続性の最たるものは日本の皇室である。国内で日本ほど平和が長く続いた国は珍しいが、戦乱の時でも権力者は常に皇室を尊崇することを忘れなかった。

大衆性

欧米においては永い間芸術とは選ばれた人々に特有なものであり、一般大衆とはかけ離れたものであった。

しかし日本では江戸時代のように大衆文化が全体の文化をリードした時代が長く続いた。したがって欧州でいうハイカルチャーとローカルチャーの区別は鮮明でない。

更にもう一つの特徴は大衆参加型の芸術であり、多くの芸術分野において大衆はプロの芸術を観賞するのみならず、自ら作り手となって参加して来た。古くは7世紀末から8世紀にかけて、４５００余首が記録された万葉集の中には皇族から極めて身分の低い人々までの詩歌が集められている。参加型の例としては和歌、俳句、習い事、お茶、祭等々数限りない。今日でも多くの人々が芸術や文化の制作者となっている。また、大衆性及び参加型は文化における人々の平等性にもつながっている。例えば、俳句の為の集まりである句会において人々は全く平等である。唯一の違いは上手いか下手かしかない。

明るさ

森羅万象に神が宿り「生きとし、生けるもの」を尊ぶ精神は性善説に通じ明るさに通ずる。

（８）日本の伝統文化が内蔵する今日性

縄文という普遍性を持った文化を基調に持つ日本の伝統文化の特性は、21世紀に人類が直面する次のような重要な課題に適合している面がある。日本の国としての政策においても日本文化のポジティヴな面を認識して、それを理念に結実させ、それに沿った行動をすることが肝要であろう。

同時に日本文化の継承、発展を国民的な関心事としてゆくことが大切であろう。

エコロジー（人と自然との調和）

２０１５年に国連気候変動会議（ＣＯＰ21）で採択された「パリ協定」は歴史的快挙であった。日本の伝統文化が深く内蔵する自然との共存を実現する為に、水素の利用等、先端技術を加速度的に開発し「エネルギー低炭素革命」をリードしてゆくことにつなげたい。

戦争と「文化の衝突」（人と人との調和）

力関係の変化に伴う国家間の組織的な戦争という伝統的な危険は現存する。同時に宗教、文化に由来するテロ等の「戦争」、移民、難民の問題はとどまるところを知らない。文化の対立を和らげるため人と人との和を大切にしてきた日本の伝統文化の精神に沿って自らも寛容な心を広げるとともに、外交においても人や国々の調和に腐心することが望ましい。

第４次産業革命（人と道具との調和）

人工知能（ＡＩ）、ロボット、ＩｏＴ（モノのインターネット）、バイオ等々の技術が飛躍的に発展しようとしている。この革命は商品や製品の革命ではなく、システムの革命と云われる。日本がこの革命に乗り遅れないか心配な面もあるが、世界はなだれを打ってこの革命に突入しようとしている。その際最大の問題の一つは、技術は人間の魂まではカヴァー出来ず、また、科学の発展をコントロールする思想や倫理が発達していないと云う事である。この思想は科学が普遍的であるように国家や東洋、西洋といった「文明」を超えて人類に普遍的なものでなければならない。縄文文化及びアニミズムは一つの重要な示唆を与え得る。

不平等の拡大

先進国内においても「不平等」が重大な問題の一つになり、社会を分断し、亀裂を生み易くなりつつある。日本においてもこの問題は深刻ではあるが、日本は文化の面では最も平等を重んじた伝統を持っている。日本は格差緩和のロールモデルを目指す事が望ましい。

2. 日本の伝統文化の継承と発展

各方面から日本の伝統文化継承への危機感が表明されている。例えば「お祭り」のような日本文化の中枢の一端を占める文化でも、一部では日本人のライフスタイルの変化、地域コミュニティの弱体化、高齢化等により存続が脅かされているものもある。

前述のような今日の世界に適合する特性を持った日本の伝統文化を、将来の世代に継承してゆく努力の必要性を改めて認識することが求められている。

継承の成功例から継承の為の要素を考えてみたい。あくまで例示であるが、歌舞伎、相撲、食文化、俳句・短歌などがある。

• 歌舞伎

江戸三座が17世紀初頭に出来て以来400年近い間興業を行っており、世界でも古典劇としては採算がとれている数少ないものである。この理由の一つは歌舞伎という言葉が「歌舞伎者（異風を好み、派手で、常軌を逸脱する者）」等から来ている様に一つの革新であり、その後も常に新しい事に取り組もうとする精神があった事が大きいと思われる。

・相撲

今日でも国民的な催しものであるが、上位力士の中には外国人が多い。日本の伝統を外国人の力を借りて立派に維持しているよい例である。

・食文化

日本の食文化のレベルは高い。和食は世界的にブームになっている。なお、東京ではフレンチ、イタリアン、中華、韓国等々和食以外の食事の水準も極めて高い。ミシュランの星付きの店舗数は港区だけで87あり、これはニューヨーク、ロンドンより多く、パリの91に近い(『ミシュランガイド２０１７年版』)。更に和食と云ってもラーメンなど、いわゆるB級グルメが世界の大衆にも受けている。

・俳句・短歌

正岡子規は江戸後期以来停滞していた俳句を「月並み」と称し、近代俳句への転換をもたらした。今日、主要新聞には週1回短歌俳句のページがある。俳句人口は正確には把握されていないが、相当多い事は間違いない。

以上、伝統文化が今日尚盛んな例を見るに、それぞれの理由はあるにせよ大なり小なり次の三つの要素があるように思われる。

・伝統の上に革新を行っている事
・外国人を巻き込む事
・人々に分かりやすい事、参加し易い事

以上の様な見地から他の伝統文化を見渡してみると、能楽と文楽は立派に継承されている。能楽は欧米流に云えば日本を代表するハイカルチャーであり、能は世界でも有数な、現存する芸術性の高い「仮面劇」であると云える。文楽は世界で希な芸術性の高い「人形劇」であり、もともとは大衆のものであった。例えば、日本財団は文楽の普及のため本来の「演芸」に戻ることを目指して「にっぽん文楽」プロジェクトを立ち上げ、東京五輪まで年2回の全国公演を実施している。また、現代アーティストの杉本博司氏によるいわゆる杉本文楽は欧州公演等でも絶賛されている。能楽や文楽についても特に外国人観客の増大を目指し、解説をつける等、より分かり易くする努力が今後一層求められよう(歌舞伎については国立劇場で外国人向けの「Discover KABUKI」が開かれている。また、能楽についても国立能楽堂で「外国人のための能楽鑑賞教室」が開かれている)。茶道や華道についても一般の人々及び外国人観光客にとってより容易に体験できるような施設を増やしていく等、外国人への普及を可能にしてゆく「つなぎ手」、「ファシリテーター」が必要とされている。

更に、日本の伝統工芸は極めて優れているが、これが消滅してゆく危機感が広がっている。近年日本の工芸を維持しようとする動きが各方面から起こっている。例えば一般社団法人ザ・クリエイション・オブ・ジャパンはオールジャパンで諸外国向けのデーターベース等「創り手」サポートを多面的に行いつつある。また、日本橋三越本店のように「日本の工芸界には新潮流を生み出そうとするアグレッシブな作家たちが増えている」として、日本の工芸を世界に発信する意欲を持った企業もある。個人でも元サッカー日本代表の中田英寿氏が「Revalue Nippon Project」を立ち上げ、工芸家とアーティストのコラボによって新しい作品を制作し、最近その展覧会が開かれている。

伝統と伝承とは異なるとの考え方がある。前者は革新を常に必要としているが、後者は寸分違わぬ形で継承されるべきものである。後者の例としては伊勢神宮の式年遷宮と雅楽がある。いずれも日本が世界に誇るべきものである。伝承なくして伝統の維持は不可能である。尚、式年遷宮とは変る事によって変らない事が出来る日本式の「永遠」である。

云うまでもなく、公的支援も重要である。文化庁予算の内、「文化財の保護と活用」が全体の約4割超を占めているが、それ以外にも伝統文化に生命を与える一つの方法は諸外国に向けた対外発信である。例えば、国際交流基金は過去45年間日本の文化の対外発信を支援し続けてきた。その主な目的は言うまでもなく日本のソフトパワーの強化であり、日本を理解し、共感してくれる人々を増やすことである。

しかし、国際交流基金は常にもう一つの側面を意識してきた。それは外国で展示、公演を成功裡に行う事により、その関係者がより元気になる事である。日本の伝統文化は適切に紹介されれば世界で称賛を受ける可能性が極めて大きく、伝統継承の大きなよりどころとなる。

今日、日本は継承と発展とを同時に行わなければならない。発展の為には新しい日本文化について考える必要がある。

前出の岡本太郎が書いた『日本の伝統』（光文社／1956年）という本の中で「伝統とは創造である」として、「古典はその時代のモダンアートだった。すべての古典はそれぞれの時代に、あらゆる抵抗にたいして現在を決意し、たくましい生命力を充実させた精神の成果」と述べている。なお、彼が縄文の土器と土偶からヒントを得た「太陽の塔」は1970年の大阪万博のシンボルの一つであった。当時はこの巨大な作品は殆ど評価されなかったが、大阪万博で今日残っている唯一の構造物として、大阪府吹田市の万博記念公園で光を放っている。確かに、例えば雅楽も当時にしては金ピカの渡来物であったであろう。また、茶の湯も当

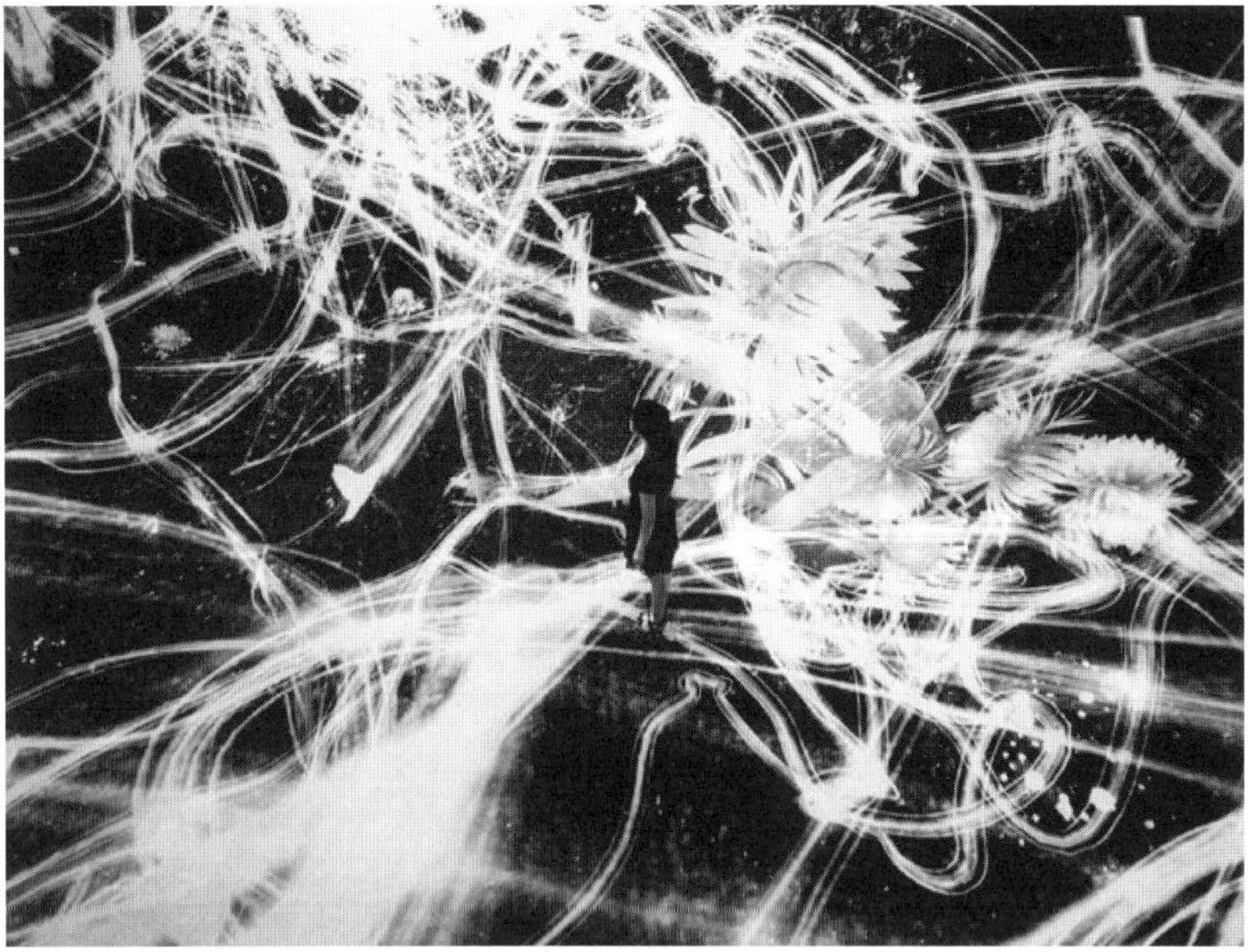

図表8-2 アートとテクノロジーの境界を越えるチームラボ
《追われるカラス、追うカラスも追われるカラス、そして衝突して咲いていく – Light in Space》
2016年 / インタラクティブ・デジタル・インスタレーション / 4分20秒 / サウンド：高橋英明

時最大の異国との貿易港であった堺から始まった斬新な芸術であった。

今日の日本人が後世に残し日本の伝統の一部となってゆくものは何か。将来の人々が東京を今日の京都のように思うことが出来るとすれば、それは何によってであるか。それを見出す為にはルネサンスと同じ原理での「原点回帰と国際文化交流」を行い、新しい今日の日本文化の花を咲かせる必要がある。その材料は「伝統」と「未来」と「創造的精神」であり、その大きな手段が国際的多様性の強化である。

日本および東京の強みの一つは伝統と未来が共存している事である。しかし、問題の一つは、伝統は芸術、工芸等の中に、未来は主として科学技術の中にあり、この二つが触発し合い、融合する度合が低いことである。また、芸術文化と産業との協働が進んでいないことも問題である。既にＩＣＴ革命は進行し、今日の企業はものづくりのみならずソフトウェアを益々重視しつつある。アートを創り、或いは愛でる心は次に来る第4次産業革命に突入する心と通底している。一言で云えば創発であり、0から1を創りだすことである。

若いアーティスト達が若いスタートアップ（起業家）と似ているように、連続ではなく飛躍であり、リスクを取る精神である。チームラボなどはアートとテクノロジーとの境界を横断しながらビジネスを取り入れている。アートはこれから伸びるクリエイティブな産業を精神面で支援する。

日本はややもすれば安定志向で創発の精神に欠けている所がある。日本ではあまりにも居心地の良い社会を作るせいか、内部から変革が起こりにくい。主要国で革命を経ずして近代化したのは極めて希な例であり、伝統が残っていると云う点で評価すべきではあるが、他面惰性に流され易く、時代に合わせて自らを変えてゆくことが難しいという面もある。このような流れの中で、伝統文化からインスピレーションを受けつつ、今日の文化を創造してゆくことは日本にとって喫緊な課題であり、その為の一つの重要な手段が後述する「東京を国際文化交流のハブにする」事である。

3. 東京の魅力向上に向けて

以上の日本文化の特性とその発展の必要性を踏まえ、日本人には勿論のこと、世界の人々にとって東京の魅力を増大する方策を検討したい。ここであえて日本でなく東京としたのは、2020年のオリンピックを控えて、その必要性と機運が盛り上がっているからである。なお、ビジネス、留学、長期滞在、移民等、目的別の外国人の受容促進についても同時に検討される必要があるが、インバウンドの観光とインバウンドの投資及び外国人の住み易さとは明らかな相関関係があるので、本稿では主として外国人観光客の立場から東京を考えてみたい。

（1）東京の潜在的な強みと弱み

東京の強み

世界の他の大都市と比較して東京には次の様な特色があり、これらが潜在的な強みになる可能性がある。

・世界最大の都市圏とエコロジー

東京圏は人口、GDPで世界最大であるにも関わらず、エコロジカルな都市である。

・皇居と東京湾

東京の中心は「空白」であると云った外国人がいる。しかし、皇居は世界の大都市の中心にある最も自然と文化の豊かな場所である。皇居には最近の調査で711種の植物と2737種の動物、合計3448種の動植物が確認されており、2014年には「フキアゲニリンソウ」と命名された新種の花も発見された。鳥類では「オオタカ」の繁殖も確認されている。尚、明治神宮の森は人工であるが、時を経て自然林になるよう設計されており、造成100年後の今日ではほとんど自然林に近い状態になっている。

東京湾は鉄鋼業、電力業、石油業等、湾岸にこれほどあらゆる重要産業が配置されている湾はないと云われてきた。その為もあり、かつては汚染が深刻であった。まだまだ為すべきことも多いが、今日では700~800種の魚が住み、漁業も復活した。これほど魚種の豊富な海は世界でも珍しいと云われ、「都会の里海」と呼ぶ人もいる。お台場には人工ではあるがビーチも広がっている。

このように、都心にこれだけ本物の自然を残している大都市はほかにはない。

・伝統と現代、未来の並立融合及び新しい文化

・多様な地域文化

大丸有、銀座、日本橋、六本木、虎ノ門、新宿、渋谷、池袋、上野、浅草、秋葉原、原宿等、それぞれの歴史と個性を持った地域があり、お互いに切磋琢磨し合っている。例えば、銀座は伝統と現代を活用し、その魅力を増しつつある。

・食文化

・参加型文化

・治安の良さと交通の正確さ。クリーン、親切、24時間のコンビニ等の利便性の良さ

・地方への入り口としての東京

日本ほど、各地方により異なる多彩な自然に恵まれ、また個性ある伝統文化を残している国は珍しい。それも東京からそれ程の時間がかからずに行ける地方が多い。

・郊外と山

都心から1~2時間の距離に自然豊かな避暑地がある（軽井沢、日光、箱根、山中湖、河口湖等）。都心の展望台から見ると良く晴れた日には筑波山から大山迄の連山が富士山を含めて望見することが出来る。都内最高峰の雲取山は標高２０１７メートルもある。このように標高差の大きい山々に囲まれた大都市は多くない。このほか東京郊外には熱海、伊豆等の温泉地、鎌倉等の歴史を体感する場所もある。

東京の弱み

他方、東京には世界中の誰もが知っている建造物がない。また、大英博物館、ルーブル美術館、メトロポリタン美術館のような初めての旅行者が必ず訪れる美術館、博物館もない。更に、劇場、コンサートホール等の集積地がなく、街並み等の美観でも欧米に比べ劣る。

また、都心の公園、緑地面積は香港が圧倒的に大きく、次いでシンガポール、ソウルと続く。東京は皇居を入れても世界の主要８都市の中で最も小さい。更に、欧米の主要都市については世界中の人がある程度の基礎的な知識を持っている。また、香港、シンガポール、上海には超高層ビルが林立する等、一見して印象的な場所がある。ソウルも近くに山が迫って同様な要素がある。それらの都市に比べると東京は説明を聞かないとその深さが外見からは分からない。なお、国際的多様性の少なさについては後述する。

（2）東京の魅力向上への具体的提言1

都市は変わる。ロンドンはオリンピックを契機に、ニューヨークはブルームバーグ市長のリーダーシップの下で近年大きく変わってきた。この両都市で目立つのはロンドンのオリンピックパークやニューヨークのハイラインに見られるように日常の緑が増えた事である。東京も自然（水と緑）と歴史と文化と科学技術で大きく変わり得ると思う。

以下、全くの試論であるが、個人的な具体策を提言したい。

目標の共有

「オリンピックを契機に自然（水と緑）と歴史と文化と科学技術で東京をより魅力的にする」という明

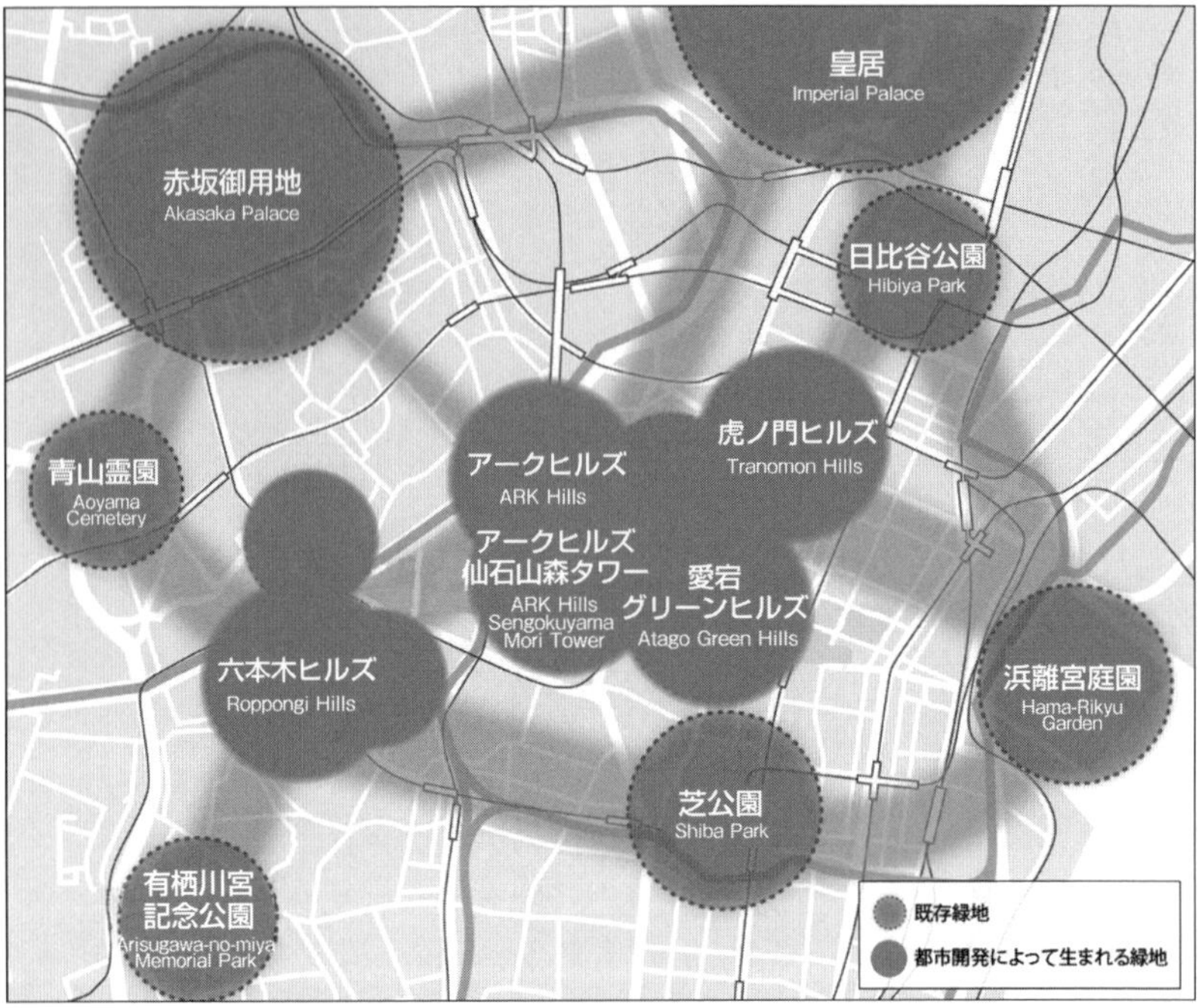

図表 8-3　都心の「エコロジカルネットワーク」の一例

確な目標を共有する。なお、国土交通省は2016年5月に「新たなステージに向けた緑とオープンスペース政策」について最終報告書を発表した。その中で今後の都市の方向性として「グローバルな都市、水や緑あふれ、歴史、文化が薫る美しいまち」について触れている。

緑と公園

都心の緑被率は近年の再開発で高まっている。前述の国土交通省の「緑とオープンスペース政策」においては特に「大手町の森」と「東京ミッドタウン」が好例として紹介されている。最近は緑の量を増やすだけでなく、生物多様性に着目し、質を高める傾向も顕著である。

東京都も〝江戸のみどり復活事業〟を主導し、港区も「港区生物多様性地域戦略」により2050年の港区の将来像を描いており、「港区みどりの街づくり賞」を授与している。

一例はアークヒルズ仙石山森タワーである。食物連鎖の三角形の頂点にはコゲラ（キツツキの一種）があり、空中の鳥、地中の虫等を形成・維持する為、出来るだけ在来種の樹木を高木、中木から低木、地被類と立体的に構成する。更に水辺や枯木などの仕掛けを作って生き物のすみかを増やす工夫をしている。このような拠点を多く作っていくことにより、鳥や昆虫が渡っていける「エコロジカルネットワーク」が強化される。

都心の「エコロジカルネットワーク」で最大のものは、皇居→赤坂御用地→新宿御苑→明治神宮である。更に皇居→日比谷公園→虎ノ門ヒルズ→愛宕山周辺→芝公園も一つのルートである。江戸はかつて園芸の都市であった。今日の東京はパリやロンドンに比べ如何にも街中に花が少ない。花と緑で東京の街並みをより魅力的にしてゆくことは充分可能である。

また、日本庭園は日本の伝統文化の中でも最も魅力的なものの一つである。都心に本格的な回遊式の日本庭園があっても良いのではなかろうか（例：浜離宮の活用）。

水

東京五輪の競技が最も多く行われるのは臨海部であり、選手村はオリンピックのレガシーとして先進的な居住地域になる。交通の便も改善されるであろう。隅田川と東京湾の歴史や生物をセンス良く説明、展示する場所、泳げるビーチを増やす等、臨海部を良きライフスタイルと憩いと観光の場所にすることが可能であると思われる。また、臨海部の広大な土地を活用し、新しい文化の為の施設などを作る事も望ましい。

歴史

都心には19世紀以前の歴史的建造物は多くない。江戸のなごりを大切にし、また、できれば復元することも考えられる。江戸の風流を如何に再現するか、重要なテーマである。

都心で最高の歴史を持っているのは何と言っても皇居である。皇居の自然保護の見地から一般の人々がこれ以上皇居の奥に入るのは望ましくないと思われる。しかし、東御苑には多くの観光客が来ている。三の丸尚蔵館のあたりに出来るだけ皇居の歴史、自然等を分かり易く恒常的に展示する場所を設けて頂きたい。また、苑内は江戸城の中枢であり、江戸時代について（あるいは幕藩体制について）分かり易い説明を施す事が望ましい。現在研究が行われているデジタルミュージアム等の手法を使ってその場所の昔の風景を現在の風景と重ねあわせて鑑賞、追体験が出来る装置を開発するには最適の場所と思われる。

参加型、体験型へ

東京の観光を見物型から参加型、体験型へ出来るだけ切り換える努力をすべきである。茶道、華道、剣道、柔道、座禅、花見、祭、忍者等の伝統的な分野で参加型、体験型への工夫をこらすファシリテーターが求められる。

英語の通じる街へ

施設の表示の統一、交通案内、車内アナウンス等の整備、統一等。多言語もさることながら少なくとも英語で移動し、生活し易い街にする組織的な努力をする必要がある。

夜のエンターテインメント

旅行者がスケジュールを考える時、夜に何をするかは重要になる。特にハイクラスな旅行者であれば一晩は上等な和食であっても、あと一晩は観劇なりコンサートへ行こうとなる。その際、歌舞伎、能楽、文楽、落語等を如何にしてより容易に楽しめるようにするかが肝要である。

スポーツの国際化

スポーツを産業化する動きが政府民間で進んでいる。例えば日本の野球は応援も含めて日本に独特の文化になっている。外国人により分かり易くする方策が求められる。

日本が分かる解説型の施設

縄文以来の日本の歴史や文化を分かり易く楽しく解説、展示する施設がますます重要となる。また、東京の未来が実感出来る様な施設が大切である。博物館、美術館では企画展が中心になりがちであるが、外国人相手が多くなればなる程、常設展が重要になる。欧米の代表的な美術館、博物館の客は外国人が多いので、常設展がメインとなっている。

この関連で日本科学未来館が２０１６年に、アートまでをも取り込んだ魅力的な常設スペースをオープンした事は高く評価される。出来れば技術革命の未来が見える場所として更に拡張されることが望ましい。また、国立近代美術館の「ＭＯＭＡＴコレクション」展も評価される。

街並み

表参道、丸の内仲通り、行幸通り等、魅力的な街並みが出現し、更に進化中である。虎ノ門ヒルズと新橋の間の新虎通りは、歩道幅も広くオープンカフェや公共行事を行う魅力的な街並みになる可能性が大きい。

原宿・表参道に若者の街と高級ブランドの街が隣接しているように、虎ノ門とサラリーマン的香りのある新橋との融合はよい効果を生み得ると思われる。それにしても、日本から多くの世界的な建築家が輩出しているのに、他の都市に比べて印象的で未来的建築物が多くないのはいささか淋しい。

東京を日本各地の文化のショールームとする

日本各地の魅力的な祭り、工芸品等を競って東京で発信するとともに、東京を外国人訪問客の地方への入り口（ゲートウェイ）とする。

科学技術

毎年「文化庁メディア芸術祭」が開催されている。また、技術とアートで都市を魅力的にするためのシンポジウム「Innovative City Forum」が森ビルとＭＩＴ（マサチューセッツ工科大学）メディアラボなどとの共催で毎年開催されている。

(3) 東京の魅了向上への具体的提言2

今日の日本で漫画、アニメ等、クールジャパンと呼ばれる文化が産業競争力を増している事は心強い。日本の漫画はワンピース、セーラームーン等、正義、友情、協力といった「明るさ」が根底に流れているものが多く、日本の伝統の産物である。同様なことはポケモン等のゲームについても云い得る。アニメに至ってはスタジオジブリの作品にみられる如く自然との調和、人との調和を深い所まで掘り下げており、漫画・アニメは今日の日本を代表する文化の一つである。舞台芸術でも、例えば音楽で初音ミクのような擬人化した映像表現を使ったものも出て来た。実験的な演劇等が益々展開されることを期待したい。更に、文芸、映画、放送文化でも健闘している。

しかしながら、諸外国と比較して日本は美術、特に現代アートの分野では後れを取りつつあると思われる。美術館について云えば、アジアでも2013年にソウルの中心部に国立近現代美術館が、2015年にはシンガポールのナショナル・ギャラリーが開館した。そして2019年には香港に大型の総合美術館M+がアジアの芸術の殿堂という明確な目標を持って開館を目指している。いずれも壮大な美術館で日本最大の美術館である国立新美術館より大きい。中国には多数の私立、公立の美術館があり、2020年までには新設美術館、博物館の数が2000に及ぶとも云われている。その他の東南アジア諸国もこれに続いてくると思われる。これらの美術館が展示する作品は現代のアートが主流になっていく。したがって、欧米のみならずアジアでも現代のアートがますます盛んになってゆくことは間違いない。

美術品市場を見れば、銀座には約300の画廊があり、また「アートフェア東京」は2016年に過去最大の顧客を迎えたが、残念ながら日本の美術品全体の市場は国際比較では小さい。2015年の世界の美術品マーケットの総売上高は約7兆円であった。内訳はアメリカ約3兆円、イギリス約1・4兆円、中国約1・3兆円であった（Arts Economis社調査）。

これに対し、日本の美術品マーケットは、正式な統計はないが、推計では古美術等も含め1500億円から2000億円市場と考えられており、日本のGDP対比で考えてもあまりにも小さい。更に、グローバルなアートマーケットの売上高を作品別にみると断然のトップは戦後・現代アートであり、第2位の印象派・近代を大きく引き離している。

日本の場合は美術品マーケットのかなりの部分が伝統的な美術であり、現代アートの占める割合は小さい。

日本は美術品市場が小さい上にその中で現代アートマーケットの割合が小さいという二重のハンディキャップを負っている。世界の美術品の総売上高の約半分はギャラリーなどのプライベートセールスで、残りの半分近くがオークション（競売）で取引される。

プライベートセールスでは近年アートフェアが盛んであり、中でもアート・バーゼル（スイス北西部の都市バーゼルで行われるアートフェア）が最も権威があり、多くのギャラリーが出店している。他にも香港とマイアミでアート・バーゼルの呼称でアートフェアが行われている。また、ロンドンに２００３年に生まれたフリーズ・アートフェアも盛んであり、ニューヨークにも進出している。アート・バーゼルはスイスのＵＢＳ銀行が、フリーズ・アートフェアはドイツ銀行がスポンサーとなっている。世界の富裕層を相手にした資産運用サービスの一環としている面がある。ドイツ銀行は６万点近い現代アートのコレクションを持ち、「職場にアート」とのコンセプトに基づいて世界中の自社オフィスに展示している。

一方の競売の方はクリスティーズ、サザビーズといった大手のオークションハウスが主としてロンドン、ニューヨーク、香港で活動している。この分野でも中国の成長が著しい。一つの推計によると、２０１３‐１４年の現代アートの国別競売売上比率は中国40％、アメリカ36・7％、イギリス15％、フランス２％で、日本は１％にも及ばないと云う数字がある（アートプライス年報２０１４）。

良いアート作品が生まれる為には教育機関、美術館、ディーラー、パトロン及び批評家が必要である。この内、最終需要者はパトロンと美術館である。パトロンにはいわゆるコレクター、一般の個人、一般の企業等がある。

日本では一般に美術品を買うという戦前にあった習慣が今では弱まっている。したがって個人のコレクターも限られている。バブル期に大きな需要者であった一般企業も今ではすっかりなりをひそめている。美術館もそのコレクションを増やす時、価値が確定しづらい現代アートよりは価値が定まった作品を買う傾向が強い。このような状況下でつまるところ日本・東京におけるアート市場を如何に拡大するかが一つの課題である。

一つは前述の海外発信である。文化庁は２０１４年から「優れた現代美術の海外発信促進事業」を立ち上げた。外務省、国際交流基金も東京五輪に向けて、現代アートを含む今日の日本の文化の対外発信への努力を強化するべきであろう。

更に、芸術文化がクリエイティブな産業の創業発展と共鳴し合うような東京を作るには、東京の最大の弱点を克服して「東京を国際文化交流のハブにする」事ではなかろうか。アート市場の問題もこの中で解決の糸口を見出してゆくべきものと思われる。

今日の東京の最大の弱点は国際的多様性の低さにある。例えば人口の内、外国籍出生者の割合がロンドン30・８％、ニューヨーク36・８％、パリ12・４％、シンガポール26・９％に対し、東京は２・４％に過ぎない。筆者はかつてロンドンとパリに在勤した際、東京に帰ると異様な雰囲気を感じた。その正体は街に日本人しかいない事であった。今日外国人観光客が増え、大分変っては来たが、まだ多様性に欠ける。グローバル化してゆく世界においては逆説的なようではあるが、「場所」が重要性を増す。繰り返しになるが、魅力を増し、異文化との交流が活発になり、さらに縄文時代という原点を意識した場が文化創造の最前線になる。

新しい日本の文化は「日本人が」創るものというより「日本で」創られるものが主流となり、制作者、消費者共に外国人の力を借りて創発してゆく必要がある。文化の面で、各国の高度人材、例えばアーティストを如何に獲得するかが肝心である。誤解を恐れずに言えば、文化創造の場としての可能性、潜在能力が最も高いのは、オリンピックを２０２０年に控えた東京である。東京に住み、制作、公演し、販売あるいは収入を得る仕組みを抜本的に強化する必要がある。その為には東京を外国人が住み、働き、学び易い街にしてゆく事が基本である。その上で芸術文化一般、特にアートについて云えば、公的支援と企業の協力が不可欠である。全くの試案であるが、次のような方策が考えられる。

「現代日本文化ミュージアム」（仮称）の創設

漫画、アニメ、ファッション、デザイン、建築、現代アート、工芸品等々を幅広く集め、常設展示を行う。それらを雑誌感覚で一定期間後に取り替えてゆく。その様なスーパーミュージアム（現代日本文化のテーマパークと位置付ける）を設置する。

大型国際展の創設

２００１年以来の横浜トリエンナーレとのタイミング等の調整は要するが、例えば臨海部で仮設の会場（テント等）を設置して大型国際展を行う事は充分考えられる。

アートアワードの創設

英国のターナー賞（50才以下の英国人、もしくは英国を拠点とするアーティストに対し毎年贈られる賞で、国立のテート美術館が組織する）や文学の芥川賞のように、国民的行事となるようなアートアワードを、アーティストを世に送り出す為に創設することを検討することが望ましい。もちろん、受賞資格が外国人にも与えられることは言うまでもない。

アーティストヴィレッジ（複数）

東京をアジア等のアーティストの集まる一つのハブとして成長させるため、一定の地域にアーティスト・イン・レジデンスのみならず、いわゆるオルターナティヴ・スペース（美術館でも商業的ギャラリーでもなく、アートの実験的な場所）に加え、商業ギャラリーや美術館が協力する場所を設ける事が望ましい（トーキョーワンダーサイト等と協力）。これらのアーティストへの支援を公的に、また、企業とともに行う。

アート減税

エコ減税があるように、アートに関連しての体系的減税措置を総合的に検討する場を設けることが望ましい。寄付減税、コレクターの所得税、相続税、文化施設に対する法人税、減価償却、企業のアート支援に対する税制優遇措置等々についてである。特に以下については減税等、制度的インセンティヴが必要である。

企業のアート市場への参入

企業は、企業文化の中にアートを取り込むことが企業の発展にとってもプラスになると云う見地から、社員用も含めてアートの購入を増大する等アートを支援することが望ましい。オフィスのロビー、受付、役員応接室のみならず、働く場所に、更にはホテルやレストランにもっとアートを置く慣習を広げたい。また、アートフェア等を支援する事が望ましい。

オープンスペースにアートを

東京の各地に出来るだけ公共のオープンスペースを整備、拡張し、緑とパブリックアートでその土地の価値を高め、地域住民のプライドを増す。東京のなかでの地方創生である。場合によってはアートに支出した企業名を付する。更に、駅舎等、公共的な場所にもアートを置くべきではなかろうか。

アート特区

六本木の「アートトライアングル」を構成する国立新美術館、サントリー美術館、森美術館の３館は六本木に位置し、六本木地区は上野に次ぐアート集積地域であり、共同で「アート特区」として文化産業の世界的拠点の形成などを目指している。

街に出るアート

２００９年以来、年１回、夜を徹して行われている六本木アートナイトには毎回約70万人以上が参加している。このような行事を更に拡大してゆく事も考えられる。

以上は本稿冒頭で述べた如く、東京五輪に向けて組織委員会、文化庁等関係省庁、また東京都、その他関係機関が一丸となって、東京のみならず日本全国で文化の祭典を繰り広げてゆく中で実現される事が望ましい。ロンドン大会の時には２０４の参加国と地域から４万人以上のアーティストが招聘され、英国中で展開された多くの文化行事に参加した。日本も世界の注目が集まるこの機会を逃してはならないと思う。

4. 結語

冒頭において、世界はいま大きな変化と分断の時代の入口にいると述べた。テロや宗教対立、英国のＥＵ離脱、アメリカの大統領選や移民問題に揺れる国際社会に台頭する排他主義（ナショナリズム）など、世界は混迷を深めつつあるかに見える。目につく現象は様々だが、われわれはその根底にある大きな変化を意識しなければならない。大きな物語（ヴィジョン）とは、この歴史のうねりをいかなる方向に誘導するかというヴィジョンである。歴史はそうした際に、原点回帰と大規模な異文化交流により新しいページを開いてきたこともあることを教えている。

オリンピックを好機として、自然（水と緑）と歴史と文化と科学技術で東京をより魅力的にする。先行き不透明な変化の時代に突入するにあたり、縄文時代という日本の原点に回帰しつつ、異文化との大交流によって、新しい今日の日本文化を創ってゆく必要がある。

日本の文化とは、日本と云う場所で花咲く文化である。我々の先人は異文化や渡来人に寛容であり、強い好奇心をもって異文化を取り入れ、新しい文化を創り続けてきた。総じて安定は大切であるが、停滞しがちな日本の社会の中で「月並み」を排し、独創的飛躍を行うとともに安定とバランスを保つ――この双方が大きな分断と変化の時代の入口に立ち、目前にオリンピックを控えた日本、とりわけ東京に強く求められている。

第９章

世界人を育む都市づくり

森浩生

1．都市におけるダイバーシティとイノベーションのあり方

（1）2025年の東京はどうありたいか？

「2025年の東京はどうありたいか？」これは2014年に、六本木ヒルズでその前年から毎年開催しているグローバルカンファレンス「イノベーティブ・シティ・フォーラム（ICF）」での冒頭のアンケート。「先端技術」、「都市開発」、「アート&クリエイティブ」の3つの分野での世界のオピニオンリーダーをはじめ延べ4000人が参加し、未来の都市とそのライフスタイルのあり方を議論する国際会議だ。答えの選択項目には以下の4項目があげられていた。growth（より成長している）、sustainability（より環境に優しい）、comfort（より快適）、diversity（より多彩）。結果、一番票を集めたのは diversity の4割だった。ちなみに他は comfort が3割、sustainability が2割、growth が1割となっている。

私はこの数字を見ていささか意外だった。なぜなら、日本人はやはりまだ画一化が好きであり、画一化していることに comfort（満足・安住）している人種であるはずだと思っていたからだ。ところが、最も日本人が苦手そうな diversity が票を集めたのはどういうことなのだろうか？ diversity「ダイバーシティ」は、日本語に訳せば「多様性」だ。たとえば、これからの日本について考えた場合、成熟を迎える中で人口は減る、高齢化が進んでいく。そのための労働力確保に外からの移民を受け入れることも多様性のはずだが、日本人にその覚悟ができていないことは明らかだ。しかし、ICF参加者の多くは未来の都市やライフスタイルのあり方に興味を持つ人たちだ。最初は意外性こそ感じたが、そのような人たちが「多様性」を支持したことはやはり当然だろう。ダイバーシティこそイノベーションを起こす重要な鍵なのである。

東京の魅力を考えるうえでのひとつの指針となるのが、森記念財団 都市戦略研究所が毎年発表している「世界の都市総合力ランキング」だ。２０１６年のランキングは1位がロンドン、２位がニューヨーク、３位が東京、４位がパリとなっている。２００８年の開始時から、東京はずっと横ばいの4位だったのだが、２０１６年のランキングで初めてパリを抜いて3位に上昇した。しかし、この順位上昇は円安などのマクロ的な要因によるところも大きい。ロンドンやニューヨーク、パリとは何が違うのかというところにもっと問題意識をもつべきだと考えている。

ランキングは、「経済」、「研究・開発」、「文化・交流」というカテゴリーに分けた上で、さらに70の指標にもとづいて評価した結果となっている。各都市の強みや弱みを洗い出すことで、いわゆるスウォット（ＳＷＯＴ）分析などに役立てることができる。たとえば、羽田空港の国際化をもっと進めることで、東京が弱かった海外とのアクセスや環境面を強化できるというようなことを一つひとつ分析していくことが可能になる。しかし、はたして理屈通りにいくものなのだろうか？ もちろんデータ解析は大事であり大変役立つものであることに間違いはないが、それよりも、もう少し〝目に見えにくい何か〟についても深く考えていく必要があるのではないだろうか。

なお、開始当初のランキングでは、しばらくニューヨークが1位でロンドンが2位だったのだが、２０１２年に逆転した。理由はロンドンオリンピック・パラリンピックの開催の影響が大きい。それをふまえれば、２０２０年の東京オリンピック・パラリンピックの開催で、東京の都市総合力はさらにアップするだろうとの予測を立てることができる。しかし、私は、それもそうそう楽観視できるものではないと思っている。大会開催に向け都市基盤整備などがさらに進むことは間違いないのだが、それだけでランクアップす

ると は限らない。東京はハード面においてすでにかなり充実していることを考えれば、例えばソフト面や人材面など、それ以外の何かを見出し、改善していく道筋を示すこともまた有意義ではないだろうか。

(2) イノベーションを起こすために都市に必要なもの

目に見えない、それ以外のものとは何か? 東京が、多様性があり、イノベーションの起き続ける都市になるには何に取り組むべきか?

イノベーションの定義を最初に唱えたオーストリアの経済学者ヨーゼフ・シュンペーターは「新結合」という言葉を使っており、多種多様なものが集まり、そこで結合し、そして初めて物事が生まれてくるという捉え方をしている。共創の中にブレイクスルーが起きてこそ、イノベーションが起きるとするならば、やはり多種多様な人・モノ・カネ・情報が集まりやすい大都市が有利だ。つまり、誤解を恐れずに言えば、世界やアジアのイノベーションの核になれるチャンスがあるのは、日本では東京しかないということである。

また、イノベーター理論には、人々をイノベーター(革新者)、アーリーアダプター(初期採用者)、アーリーマジョリティ(前期追随者)、レイトマジョリティ(後期追随者)、ラガード(遅滞者)と分類する定義がある。イノベーターがイノベーターとして活躍するためには、そのすぐ下の層、アーリーアダプターという即座にそれに反応や投資する層が必要だ。アーリーアダプターがつけば、さらにそれについていく人々(マジョリティ)も出てくる。そこで初めて産業としても成立する。地方都市と比べ東京の良いところは、イノベーターが多いだけでなく、それと同時に全国のメディアの多くが東京発の情報を扱っていることが大きい。イノベーターが多いだけでなく、それと同時に全国のメディアの多くが東京発の情報を扱っていることが大きい。東京発のイノベーションだからこそメディアに載り易く、アーリーアダプターがいち早く反応するのだ。イノベーションを起こした際、「奇想天外」、「変わっている」とただ言われるのではなく、変わっていてもついていく人、面白がる人、新たなアイディアを認める人がいることで、そこから先の発展の可能性が出てくる。人口・経済規模が大きく、多様なものが集まる東京だからこそ、多くの潜在的なイノベーター、アーリーアダプターが存在し、イノベーションが産業に結びつくチャンスがあるのである。ファッションも映画も食べものも、東京で流行ったモノが全国に広がっていくのもその一例だろう。

さて、多種多様なものが集まり、アーリーアダプターとなりうる層が厚いだけで、イノベーションの起こり続ける都市になるのだろうか？　私は、これらに加え「寛容性」、「文化理解」、「情熱・使命感」が個々人に、またそれを育む社会の仕組みが必要であり、東京に必要なものだと考えている。

寛容性

イノベーションを起こすためには、まず異なるもの、異なる価値観を受け入れられるだけの「寛容性」、アクセプタビリティが大事だ。「寛容性」があって、そこで初めていろいろな議論が混じり合い、お互いに影響を及ぼし、さらに考え方が進化し、共創が生まれていくと思うのだ。たとえば1＋1であれば、頑張ればようやく3程度にはなるかもしれないが、4＋4であれば15ぐらいになることも可能であろう。さらに4＋4＋3＋5のように多くの要素が集まれば集まるほど、そして組み合わせられれば組み合わせられるほど得られる結果もおのずと増えてくる。付加される部分が多くなるということは、一人あるいは一つの「高度さ」だけではなく「幅広さ」が重要視されるということでもある。画一であることが好まれる日本では、お互いの違いを知り、異なるものを受け入れる「寛容性」がまだ十分とは言えないのではないかと、残念ながら感じる。

文化理解

異なるものを受け入れるためには、まず自分自身を知ることから始めなければいけないが、日本人は日本文化の教育をしっかりと受けた経験を持つ人は少ないのではないだろうか。

訪日外国人旅行客が急増し、クールジャパンやＫＡＷＡｉｉコンテンツ、おもてなし、などが注目されているものの、文化交流という意味では表層的な部分に止まっている印象がある。それではなかなか多様性に発展しない。まず日本人自身が伝統文化から現代の生活文化・消費文化までの広義の日本文化への理解を深め、その上で外国人に日本文化の理解を促すことや、日本人が外国人や外国文化を受け入れることが、インバウンドだけでなく、多様性やイノベーションの観点でも必要だ。そういう私自身も、ＫＡＷＡｉｉコンテンツに関しては、あまり理解できていないのが正直なところである。

情熱・使命感

新しいものを何が何でもつくり上げる、社会に本当に必要なものをかたちにする、自分たちの信念を貫くという情熱、強い使命感に突き動かされて行動することが求められている。特に成熟した現代社会においてこそ、その行動力が必要なのだが、物心ともに豊かになり過ぎたためか、そのように行動する人が減ってきているように感じられることも気がかりだ。

スティーブ・ジョブスの「stay hungry, stay foolish」という有名な言葉がある。私はこれを「情熱を持って走り続けろ、常識や周りの評価にとらわれるな」という意味だと考えている。近年は、ともすれば「イノベーションを起こすこと」そのものが目的化してしまっており、そのようなセミナーも多く見受けられる。しかし、それでは目的と手段が入れ替わってしまっている。どんな課題を解決しなければいけないのか。

図表 9-1　急速な変貌を遂げた上海陸家嘴地区（2016 年）

なにを成し遂げなければいけないのか。その情熱・使命を実現していく過程に、イノベーションが存在するのである。イノベーションは、「イノベーションを起こそう」と思って起こすものではないのだ。

私は上海環球金融中心（上海ワールドフィナンシャルセンター）など中国での都市開発事業に取り組んできたが、上海の方々の都市開発に賭ける想いはただならぬものがあった。上海の浦東地区は壮大で魅力的なグランドデザインこそあったが、外資企業や香港資本がまったく関心を示さない時期があったことも事実だ。しかし、その強い想いがあったからこそ、「上海スピード」とも言える速度感で、わずか20年余りの間に「陸家嘴《りくかし》」と呼ばれる地域全体が、低層密集の市街地から、アジアでも屈指の金融・貿易センターへと変貌を遂げたのである。また、六本木ヒルズやアークヒルズなどで培った都市開発モデルや街の賑わいづくりの仕組みを展開するに当たり、その時代、その国、その地域にとってもっともふさわしい街をどう実現するかを私たちは徹底的に考え抜く。国際金融・貿易の中心地にふさわしい外観とスペックを備えたビルの開発だけでなく、東京で培ったビルマネジメントやタウンマネジメントのノウハウを結集し、さらに上海の文化や風習を捉えてローカライズした独自のイベントや施策にも継続的に取り組んでいる。上海版に「進化」させる上での原動力もまた「現地に根付いて街を育てる」という森ビルの強い想いであり、そこでは文化理解を深めることが不可欠であった。上海という急激な成長を遂げる土地と森ビルの都市開発との新結合であり、まさにイノベーションの一例だと言えよう。

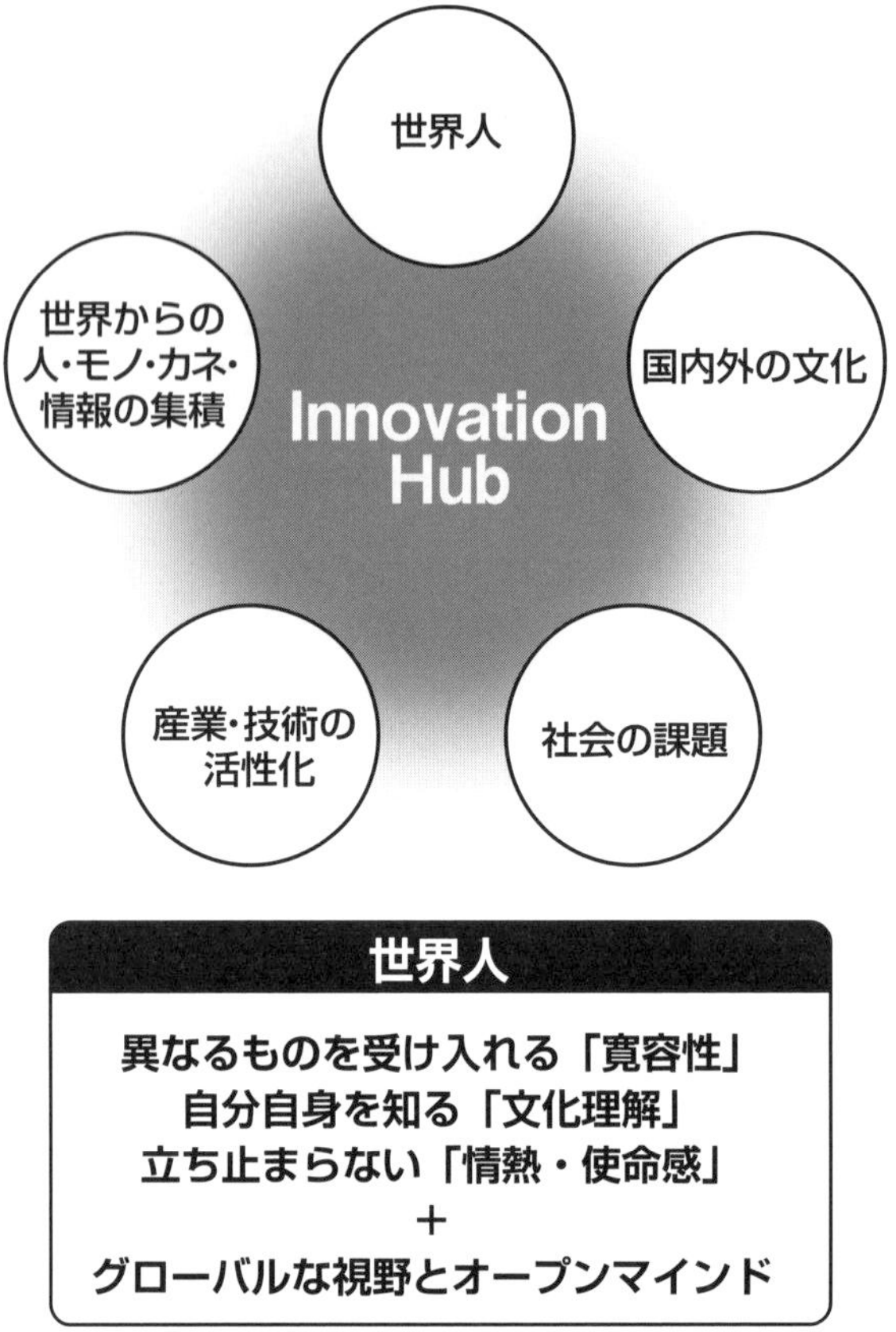

図表9-2　イノベーションハブを実現する５要素と「世界人」の要件

東京は、すでに多種多様かつ多量の集積があり、アーリーアダプターとなり得る層も多く抱えている。幅広い産業や高いレベルの技術もある。この土壌に加え、「寛容性」や「文化理解」、「情熱・使命感」を持ち、そしてグローバルな視野とオープンマインドを併せ持つ、いわば「世界人」とも呼ぶべき人々を東京から多く輩出することができれば、世界の人々や企業にとっても東京を訪れたり、東京で事業をしたりする魅力がますます大きくなるだろう。そうなれば、さらに多くの人が集ってくる正のスパイラルを展開し、東京は世界の人々との共創により新たな価値を生み出すハブ、イノベーション・ハブになれる。また、そうならなければこの変化の時代において、東京の国際競争力、魅力は半減し、衰退してしまうかもしれない。

そして、もし東京が世界中から人々を惹きつけ、イノベーションのハブになることができれば、そこから、そのグローバルなエネルギーを地方に広げていくことも可能になるのではないだろうか。地方創生も重要な取り組みであるが、まず、東京の魅力をどうアップさせ、どう世界中の人・モノ・カネ・情報を呼び込み、この先どう発展させていくかを考えるべきなのだと思っている。すなわち、東京こそが日本の先導役であり、日本の原動力となり得る。成熟した社会においてこそ、そして少子高齢化が進む社会においてこそ、あえてこのことを強調したい。そして、今まさに、この転換期にどう正しく行動するかが、我々の未来を左右することになると言っても過言ではないだろう。

2. 多様性を伸ばし、国際競争力を高める「教育」

東京が必要としている「寛容性」や「文化理解」、「情熱・使命感」を育むことができる環境をつくるには、やはり、教育における考え方の転換や挑戦を後押しする社会の仕組みづくり、そして都市そのものが人を育てるような場づくりが不可欠だ。ここではまず、失敗を恐れずに挑戦することについて述べ、そして、日本の伝統的な教えに根付く「守破離」の精神、英語教育とディベートの必要性について記そうと思う。

（1）〝失敗したくないプロ〟日本人

日本人にはアントレプレナー（起業家）精神が不足している、という意見が多い。確かに、モノを規格通りに製造することには長けている反面、その規格を構築するアイディアにおいては、世界においてやや遅れをとっている感は否めない。

私はよく〝失敗したくないプロ〟という言い方をするのだが、日本人は、その〝失敗したくない〟という思いが強すぎて、新しいこと、リスクのありそうなことへの挑戦意欲が不足している。会社においては、指示された仕事をそのままやるだけである。もちろん、日本人の緻密で勤勉な性格から、より正確でより迅速ではあるが、敷かれたレールから外れて新たなことにチャレンジするケースは少ない。つまりイノベーティブに自分で考えて行動することは少ないと言える。こうした背景には、日本の「教育」のあり方が影響していると思われる。この「教育」を改革することなくして、イノベーションを自ら起こして進むような、チャレンジ精神旺盛な人材を育成することは、なかなか望めない。

いわゆる学校教育のあり方も大事だが、それに加え、幼少時にどのような価値観を身につけられるかが重要なのだと思う。それはやはり家庭内での両親の育て方によるところが大きい。たとえば、なにか失敗をして、親に「それは駄目だ」と言われれば、子どもはやらなくなってしまう。しかし、親が失敗に気づいた時に、その原因を話し合い、「次はうまくいくから、おおいにやりなさい」とチャレンジの背中を押してあげれば、子どもの頭の中にモチベーションが生まれてくる。その行為は、実は社会においても同じで、失敗したくないと思う上司は、失敗したくない部下を怒ることができない、指導することもできないケースが多いのだ。そしてあろうことか、失敗を避けるために出る杭を打とうとする動きも少なくない。

先ほどの部下と上司の状況とは異なるが、出る杭を打とうとする日本企業の体質をあらわすような例がある。数年前にアメリカのベンチャー企業をいくつか視察した際、当時はまだ日本には導入されていなかった「ウーバー」（スマートフォンアプリによる自家用車ドライバーの配車サービス）や「エアビーアンドビー」（自宅の空き部屋を貸し出す人と宿泊する人とのマッチングサイト）を訪れた。これらのシステムはいずれも個人が保有する遊休資産（スキルのような無形のものも含む）をどう効率的に必要としている人に届けられるかというもので、私は、この〝シェアとマッチング〟こそがこれからのビジネスには必要であろうと確信した。ところが、「ウーバー」を日本に導入しようという動きになると、たちまちタクシー業界は「我々はドライバー教育をきちんと受けさせているが、それがない状況では危険だ」と猛反対。私は「業界の皆さんはそうかもしれないが、やはりエンドユーザーにとってのベネフィットの議論をすべきだ」と経済人が集まる会合等で何度も訴えたことがある。「エアビーアンドビー」も然りである。

学校でも、企業でも、社会でも、教育において〝出る杭を伸ばす〟指導がなされなければ、世界的な視野で主体的に活動できる人材は育たない。これは、まさに偏差値教育、受験教育、そして一度失敗すると再チャレンジのしづらい社会の弊害である。学校教育や受験、就職活動、企業の中などのあらゆる場面において、結果や努力だけではなく挑戦したことそのものも高く評価し、個性・才能を大いに引き出していくことが重要だ。これは、日本社会全体が挑戦の代償としての失敗に寛容にならなければならないということでもある。グローバル化がますます進む現代では、新たなことに挑戦し、失敗をしながら経験を積むことが大切だ。失敗の経験は自立して主体的に考えていくうえでの糧となり、そこから新しい発想が生まれてくる。まさしく、「失敗は成功の母」なのである。

(2) 開発途上は失敗の連続

「ヒルズ族」などという言葉も生まれ、六本木ヒルズは良くも悪くも成功者の象徴のようなイメージもつきまとうが、実際にはバブルとバブル崩壊という激動期のなかで開発が進み、完成した年もいわゆる「2003年問題」といわれたオフィスビルの大量供給による空き室増加の懸念に直面した時代だった。2008年に竣工した中国・上海の「上海環球金融中心」も、アジア通貨危機やリーマンショックの影響を受けるなど、順風満帆どころか逆風の連続だった。

私自身も1995年に森ビルに転じてすぐ、「中国の3つのプロジェクトを担当せよ」と言われ携わってきたが、1998年に上海に最初のビル「上海森茂国際大厦（現HSBCタワー）」を完成させたときには、ちょうどアジア通貨危機に見舞われた。当時は困難でもやり続けるしかないところもあったのだが、長期のプロジェクトであればそのような波は必ずやってくる。世の中の流れには大きなサイクルがあり、一度波に乗り遅れたとしても、また次の波がきたときに乗れるかもしれないのだから、成功するまで耐える力と耐えるやり方、そして最後には耐える意欲があるかないかが一番大事なのだと思っている。人はうまくいかないとまず気持ちが萎えてくるものだ。しかしそこで「駄目だ」と落ち込むのではなく、「なぜうまくいかないのか？」「こうしたらどうか？」と創意工夫や活路を見出す努力ができるか否かで大きくその後の結果が左右される。森ビル前社長の森稔も外から見れば成功の連続のように見えるだろうが、実はそうではない。「成功するまでやり続けるんだ」とよく話しており、〝たくさんの失敗の過程のなかで学んでいったこと〟が大きなバネになっていた。やはり失敗することを恐れてはならない。

教育の場でも、失敗しても、失敗しても、成功するまで挑戦し続けさせることで下地を伸ばすことが重要だ。失敗の先に成功を得られる体験を積み重ねられれば、失敗を恐れなくなるし、情熱や使命感の涵養にもつながるだろう。

（３）「守破離」の精神を呼び起こす

やはり〝失敗したくない〟からなのか、日本人はいつしか〝自分で考えること〟も苦手になってしまったようだ。しかし、日本人は根本的にそうだったのかといえば、私はそうではないと思っている。武道などには修業の段階を示す「守破離」という言葉がある。伝統のベースを守る（学び身につける）のち、その型を破って自分なりの新しい型を創出し、最後には師の型からも自分の型からも離れ、自由で自在になる。そうしてはじめて新たな伝統・流派が築かれていくというような教えだ。私はこれもイノベーションの一つだと捉えている。物事を受け入れて、本質を見極め、自分で考え、そこにいろいろな人の考えも加えながら新しいものへと進化させていく――そのプロセスはまさに守破離そのものであろう。日本人は、昔から伝統芸能や文化においてそういうことをやってきたのだから、本来イノベーションに対しても拒否反応があるわけではないはずだ。ところが、残念なことに戦後の高度経済成長で皆が豊かになってしまったからなのか、いつしか「船に乗っていれば、川の流れに沿って勝手に動いていくから、わざわざエンジンを回す必要がない」、「むしろ回して逆方向にいったら大変だ」という考え方になってしまったのではないだろうか。しかし「守破離」の精神は、今でも日本人のＤＮＡに残されているはずである。

重要なことは「守破離」の精神の実践であることに間違いないが、この精神を呼び戻すひとつのきっかけとして、たとえば文化教育の充実をあげることができるのではないかと考えている。

（4）国際社会に向け必要なのはリベラルアーツ教育、多言語教育、ディベート

私事になるが、私の出身校である武蔵中学校・高等学校には「三理想」というのがあり、「東西文化融合のわが民族理想を遂行し得べき人物」、「世界に雄飛するにたえる人物」、「自ら調べ自ら考える力ある人物」が掲げられていた。それは「幅広く物事を身につけ、それを深く人生に活かす」という、いわゆる一般教養の教育であり、ヨーロッパで伝統的に行われているリベラルアーツに繋がる概念だ。授業はオリジナルプリントや本などが教材となり、時には一見、手に負えないような高校レベルを大きく超えた内容にまで及ぶこともあるのだが、それにより思考することへの訓練ができ「自ら調べ自ら考える力」が養われるのだと思う。教育とは本来こうあるべきであり、このような、自分たちの社会、自分たちの文化とは何かと考えさせる本質的な教育を通じてこそ、自身のアイデンティティが確立され、相手や社会に対して敬意を抱くと同時に、自分の考えの軸が構築されるようになるのであろう。

また、国際性、とりわけ英語教育は「世界に雄飛する」上で重要な問題だ。中高大学と10年間勉強したにもかかわらず英語が話せないというのはよく聞くが、逆に英語を話せる日本人ほど正しい文法が使えている人種は少ないという話もあるそうだ。一見、喜ばしいことにも思えるが、これは要するに日本人以外は、あくまでも英語は自分の意志を伝えるためのツールであり、文法が正しいことにあまり意味はないと捉えているということなのだとも思う。文法を気にする前に自分の考えを伝える努力をすべきだということなのだが、日本人は、あまり効果的でない文法重視の英語教育に加え、〝失敗したくない〟を上乗せして自分を抑えてしまう。結果、苦手意識が芽生えますます話さなくなるという負の連鎖に陥ってしまうのだろう。

しかし、英語はもはやイノベーションにも欠かせないツールになっている。たとえば日本語のウェブユーザーが約１億１０００万人なのに対し、英語のユーザーは約８億７０００万人であることを考えても、情報を取りに行くには英語ができたほうが圧倒的に有利なのだ。特にインターネット関連の企業などは日進月歩であり、新しい最先端の情報ほど英語のサイトから得ることになる。「世界人」として活躍していくには、苦手と言って済まされる問題ではない。

さらに言えば、今後は英語だけでなく、中国語やスペイン語など、第２外国語、第３外国語の習得も必要だ。より多くの言語を知ることは、より多くの人とのコミュニケーションや、より多くの文化理解を可能にし、その幅が広ければ広い程、新しい結合を起こす可能性も大きくなる。そのためには、幼少の頃より英語など他の言語に触れられる環境も必要だが、やはりいかに使わなければならない環境、使える環境に身を置けるかが重要だ。受験英語に特化した英語教育の見直し、優秀な学生に積極的な海外留学を促す給付型奨学金の拡充や、日本国内の大学における外国人教授のカリキュラム受講の必修化など、社会的な仕組みづくり、公的支援の拡充などが求められる。

少し話は変わるが、３年ほど前に慶應義塾大学の夏野剛教授に、あるカンファレンスでの登壇をお願いしたことがある。彼は東京ガスから米国留学を経て、ＮＴＴドコモに入社してｉモードをつくった革新的な人物なのだが、大学の授業について「今の慶應の学生はすごい。自分が喋ると、カチャカチャカチャカチャとパソコンを叩いて、ネットですぐに調べる。調べて、ああ、そうかと思ったり、自分の説明よりも深い情報を得たりしている。つまり知識だけを教える教育はもう終わっている。この情報とこの情報と、こういった事実のなかでどう考えるかということを教える時代になってきている」と語っていた。確かに知識を詰め込むのではなく、「どう考えるか」を教える方向に教育のシステム自体が変わることは大変重要なことだ。いわゆるミレニアル世代の学生達が、こうした教育を受けることで、自分で考える力を修得し、そして社会に出て、個と個のインタラクティブな交流が進むと、更に自身の成長が促進される。教育のあり方が、人々の、社会の、そして都市の成長の大きな鍵となるのであろう。

人間と人間のインタラクション、いろいろな意見交換をする機会を増やすことが、教育においても重要である。そういう意味ではディベートも有効なのではないだろうか。日本では、ESSや英語クラブなどで、あるテーマに対して「あなたはこの立場で議論してください」というように進められていくケースが多いと思うが、英語ではなく日本語でもいいので、大学等でもっと広く行われるべきだと思っている。ある議題に沿って「良い」という賛成の立場に立って1時間程度ディスカッションし、その後は「悪い」という反対の立場でもやってみる。ディベートは一種ゲームのようなものではあるが、大切なのは自分の主張を通すということではなく、相手側の立場に立つということだ。そして、どれだけその意見に対して論理的な裏付けができるかということも重要になってくる。つまり、「寛容性」をもって多彩な意見を交わしていくことで、複眼的な視点が養われていくのである。

3. 東京都心における交流・教育の仕掛け

これまで何度も述べてきたように、東京には多種多様な人が集まり、それだけ多くの知識も集積している。しかし、知識はひとつの場に止まっているだけでは、新しい反応を起こさない。人と人とが国籍も世代

図表9-3　六本木ヒルズクラブ

も超えて交流し、知識も活発に行き交うような対流を生み出してこそ、人も知識も集まる都市の強みが大いに発揮されるのである。

そのためには人や情報がつながり合うハブ、結節点が都市の中に必要だ。森ビルはこのような交流の場、現代社会に適した学びの場を、都市を舞台に早くから提供してきたと自負している。森ビル創業者である森泰吉郎は大学の教授でもあり、森家は家系的にもアカデミックな分野の者が多いという背景もあるのだが、ここでは少し、森ビルの東京都心における交流・教育の仕掛けづくりの取組みを紹介したい。

(1) サードプレイスをつくる

森ビル前社長の森稔も重視していた「サードプレイス」という考え方がある。ファーストプレイスが会社、セカンドプレイスが家、そしてそれとは違う場所という意味で「サードプレイス」という位置づけがされている。残念ながら私は、森稔が「アークヒルズクラブ」などを構想した当時の詳細を知らないのだが、後にこの「サードプレイス」という言葉を聞いたとき、「アークヒルズクラブ」や「六本木ヒルズクラブ」は、仕事場とも違う、家とも違う、〝人が集まる居心地の良い場所〟を目指してつくられたのだろうと気づかされた。そして私自身、これはとても良い試みだとも思っている。経営者や起業家、あるいは芸術家や外交官など多様なメンバーが食事をしながら集まることのできるダイニングクラブのようなものだが、ここではいろいろな業界、専門、キャリアの人たちがランチョンセミナーに集まったり、干支の会を開いたり、はたまた囲碁の集まりを催したりとさまざまな交流を行っている。経済活動の場というよりも、会員相互のネットワークや文化が育まれる場として利用されることでサードプレイスにも通じる〝居心地の良さ〟も生まれているのだと思う。

(2) 人を育む場をつくる

1990年には、社会人の教育機関である「アーク都市塾」が開始された。これは森ビルが掲げるビジョン「世界的文化都心の創造」に向けて、「都市を創る(ハード面)」と「都市を育む(ソフト面)」の両面の街づくりを目指すなかでも、特にソフト面にフォーカスし〝自律的に自立する個人の支援〟を行っていくというものだ。その構想は、その後、さらに発展し、民間の会員制図書館であるライブラリーやカンファレンス施設であるアカデミーヒルズを設置するに至り、「知的活動の場」と「教育の機会」を提供している。また、アーク都市塾の流れはアカデミーヒルズで開講している「日本元気塾」などにも受け継がれている。我々は自律的に自立する人材を育む取組みを続けているが、グローバルな時代こそ、このような能力、資質が求められる。彼らこそが「世界人」として都市の中で活躍していくようになるのであろう。

図表 9-4　日本元気塾の様子

「日本元気塾」

「日本元気塾」は、いわば幕末の「松下村塾」の現代版を目指したもので2009年に第1期が開講された。日本におけるイノベーション研究の第一人者である一橋大学の米倉誠一郎教授に塾長をお願いしているが、氏の「そもそも人間一人ひとりが元気でなければ、国が元気になるわけがない」という想いが名前の由来となっている。興味深いのは、日本古来の「塾」という形式にこだわっていることで「人が人へ熱い思いを伝える」という意味が込められているそうなのだ。この姿勢は、大人数を相手に黒板を背にただ教科書を読むといった戦後の教育スタイルとは異なった、まさに今必要な学びのスタイルを実践しているということにある。講師と本気で語り合うトークセッションを通し、生き様や仕事の流儀などの言葉にはできない「暗黙知」を学び、そこから実行力や行動力を身につけていく。2016年は第5期として、藤森義明氏（元 LIXIL グループ取締役代表執行役社長兼CEO）、高島郁夫氏（株式会社バルス代表取締役社長）、奥山清行氏（KEN OKUYAMA DESIGN 代表）の講師陣の他に、特別講師陣に隈研吾氏（建築家）、為末大氏（陸上アスリート）、遠藤謙氏（義足エンジニア）をむかえている。今までに約400名が卒塾しているが、ここをきっかけに独立・起業、NPO法人の立ち上げ、地域イベント企画開催、企業内の新プロジェクト実施など多分野で幅広く活躍されていることは嬉しい限りである。

「街育プロジェクト」

森ビルは、子ども向けの教育プログラムの取り組みも積極的に行っている。

まずは「ヒルズ街育《まちいく》プロジェクト」を紹介したい。これは次世代の都市のあり方を考えていくための試みとして、2007年からアークヒルズや六本木ヒルズを舞台に行っている取組みだ。「安全」、「環境」、「文化」を基本テーマに、森ビルがそれまでに培ってきたさまざまな街づくりのノウハウを伝えながら、普段一般公開していない場所なども探検できるツアー形式の子どもを対象にしたプログラムとなっている。

たとえば、アークヒルズでは生態系や生物の多様性に配慮した、量ではなく質の良い緑化を目指している森ビルの取り組みを伝えている。

六本木ヒルズでは、「巨大都市模型」や、10万食の備蓄品を保管する「備蓄倉庫」、それ自体が制振装置の一部となっている「屋上庭園」などの見学を通し、各々の防災意識を高めて街づくりに積極的に参加してもらいたい、自分の住む街や東京を主体的に考えてもらいたいというメッセージを伝えている。

その他、ツアー内容は多岐にわたるが、いずれもそれぞれ企画・運営に携わっている専門家から、実際の探検・探索を通してレクチャーを受けられるプログラムである。専門家の側も、子どもたちの反応などから、

図表9-5　キッズワークショップ（写真は天体望遠鏡づくり）の様子

新たな気づきを得ることもできる。こうした一連のシステムこそ、あらゆる「学びの場」へと広げていくべきものである。

「キッズワークショップ」

また、六本木ヒルズでの夏休みのイベントとして「キッズワークショップ」も行っている。これは２００６年から本格的に開催しているもので、六本木ヒルズに入居する企業や店舗、さらに美術館や映画館などが子どもたちのための様々なプログラムを展開するもので、実に約60種類、約２７０講座にものぼる。人気店によるサラダづくりやピザづくりなどのシェフ体験や、法律事務所による模擬裁判体験、世界最先端のテクノロジーや研究と連携した講座など、顔ぶれや、体験、学習の内容も多種多彩だ。

これらのワークショップは多くの子どもたちが未知のことに触れられる機会、未来のことを考える機会となっており、この体験を通して子どもたちがより幅広いことに興味を持つことを期待している。

また、このキッズワークショップが特徴的なのは、多彩なプログラムが集まるプラットフォームになっているということだ。普段は仕事の中で活かされている専門性や専門家ならではの視点をキッズワークショップというプラットフォームに乗せ、それを子どもたちの学びの意欲とつないでいく。これも前述した〝シェアとマッチング〟のひとつのかたちである。都市がウェブの世界と異なるのは、実際に参加できる場があり、生の体験を得られるというところだ。さらに言えば、都市にはもともと多くの人たちが参加しており、人々が集まる場もある。こうした強みを持つ都市だからこそ、人やコトをつなぐ新たなプラットフォームの可能性がまだまだ潜んでいるのである。

これらのような新たな交流・学びの場づくりを通して、日本人の国際化がより進み、より視野が広がるようになれば、その反作用として日本の良い文化を残す方向にも力を加えていけるはずだ。しかし今は、我々は日本の中しか見ていないし、日本のことしか知らなくてもそれが当たり前になっていて自分たちだけが気持ち良くなっている、そんな状態なのだと思う。そのために逆に本当の自分の良さにも気づけていないのではないだろうか。

なお、「六本木ヒルズクラブ」や「アカデミーヒルズ」は、「森美術館」とともにいずれもタワーの上層部に置かれている。普通であれば、最も賃料が高い場所としてオフィスなどを入れたほうが事業採算上は効率が良いのだが、六本木ヒルズの開発の理念である「経済だけで文化がないような都市では、世界の人を惹きつけることはできない」という想いの方が強かった。街全体は経済活動の場としての比率が高いが、あえてその上にシンボルとなり得る文化・交流施設を置くことで、これまでにはないクリエイティブな都市空間を世界に向けてアピールできているのだと思う。

図表9-6　日常的にアートに触れられる「パブリックアート」
JAUME PLENSA <Roots> 2014

(3)「アート」の重要性

さらに六本木ヒルズで最も象徴的なのが、世界的にも珍しく超高層ビルの最上階に置かれた「森美術館」だ。おそらくこれもあまり例をみないことだと思うが、常設を持たない美術館として出発している。そのため、建物が完成する以前からMOMA（ニューヨーク近代美術館）などの世界有数の美術館とネットワークを構築し、独自の質の高い企画展を数多く行ってきた。「パブリックプログラム（教育普及活動）」として、シンポジウムやレクチャー、アーティストトークなど幅広い活動も行っており、それまで一般の方々にあまり馴染みのなかった現代アートに、より身近に触れられる場として広く貢献できているのではないだろうか。また、通常は夜の22時まで開館しているので、仕事の後、夕食の後、いつでも都心の真ん中でアート鑑賞ができる点も付け加えておきたい。

この森美術館は、六本木ヒルズが経済に特化した従来型の都心に対するアンチテーゼとして掲げた

「文化都心」を実現し、そのコンセプトを誰にでもわかるかたちで視覚化する上で欠かせないものだった。森ビルの考える「文化都心」とは、暮らしや仕事や買い物の合間に気軽に世界のアートに触れ、一流の人々から学び、旬な人々と交流できる場と機会と時間がある街である。コピーではない本物のアートに触れることは心の滋養になり、新しい発想の源泉になる。それになにより、「現代アート」の持つエネルギーは、未知の世界に惹かれ、常に新しいものを生み出したいと熱望している世界のトッププレーヤーたちとマッチしているのだ。

経済だけで文化がないような都市では、世界の人を惹きつけることはできない。ビジネスだけの都市では、やはり面白みも深みもない。芸術文化や食文化、伝統的な文化や最先端の文化などが混在しているような都市こそ魅力的であり、そういうところから新たな創造が生まれるものである。

(4)「ヴァーティカル・ガーデンシティ(立体緑園都市)」

森ビルの歴史は50年強なのだが、そのなかで六本木ヒルズ(2003年竣工)を完成させるまでには17年の月日がかかっている。それまでの歴史を少し振り返れば、東京大空襲で一面焼け野原になった戦後の様子を見た創業者の森泰吉郎が「この東京をもう一度復興させる」と強く意識したところから出発している。最初の頃は第1森ビルや第2森ビルというナンバービルを、徐々に土地を集約させる共同建築の手法でつくってきた。しかし、当時の都市開発の中心は財閥系の三井不動産や三菱地所が中心であり、森ビルはより競争力をつけなければ戦っていけない。そこで前社長の森稔が構想したのが「ヴァーティカル・ガーデンシティ(立体緑園都市)」だった。ヴァーティカル・ガーデンシティは、細分化された土地を大きくまとめ建物を集約・高層化するとともに、人工地盤や地下の活用により、地上に豊かなオープンスペースを創出し、職、

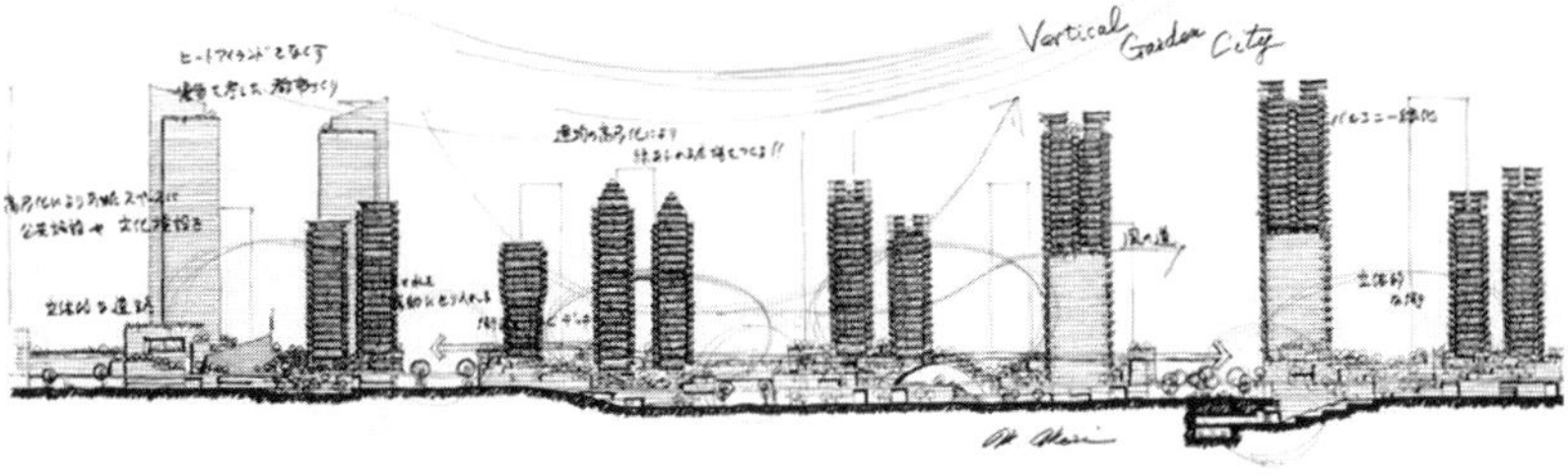

図表9-7　ヴァーティカル・ガーデンシティ構想

住、遊、商、学、憩、文化、交流などの多彩な都市機能を立体的重層的に組み込む都市づくりのモデルである。この構想を最初に具現化したのが、多数の地権者と市街地再開発事業に取り組んだ複合型の多機能な街、アークヒルズ（１９８６年竣工）だった。ここにはオフィスやホテルだけでなく、４００戸超の住宅も設けられ、クラシック音楽のコンサートホールとして世界からも高い評価を受けるサントリーホールが文化・交流の役割を担ってきた。業務系地域と住居系地域を区分する職住分離の都市構造に対し、オフィスや文化・交流施設の集積する「都心に住む」という、それまでにはなかった職住近接の都市開発の考え方は、この時に生まれている。

都心４区（千代田区・中央区・港区・新宿区）とニューヨークのマンハッタンはほぼ同じ面積で約６０００ヘクタールだが、開発当時の統計では、それぞれの昼間人口は約３００万人程度と言われていた。そして、夜間の人口になると、マンハッタンが１５０万人、東京が50万人程度だった。要するに、マンハッタンでは、半数がそこに住みながら働き、残り半数がブルックリンやニュージャージーから通勤していることになるが、東京では、都心４区に住み働いている人は50万人ほどしかおらず、残り２５０万人は郊外から通勤していたということになる。当時の平均通勤時間は片道約1時間10分だから往復で約２時間24分もかかる計算になる。これでは体力も消耗し時間の無駄にもつながる。そこで「もっと都心に居住し職住近接を果たそう」と考えたのだが、この考え方は非常に理にかなった正論であるにも関わらず、郊外に住宅街が拡張していく時代においては真逆の発想だったのである。

また、「都心に住む」ことは、共創やイノベーションに欠かせないフェイスツーフェイスのコミュニケーションの時間もつくり出す。最近はホームオフィスなども増えており、インターネットを介すればまったく顔を合わせずにビジネスが成立する場合もある。しかし、実はものすごくクリエイティブな人ほど、人とよく会い、それでインスパイアされるということが多い。本当に重要なビジネスであれば、インターネットだけのやり取りというわけにはいかないだろう。人と人との信頼関係を築くにも実際に会って話をすることが必要だ。食事をして、お酒を飲んで、そこでさまざまな会話を交わすといった顔を突き合わせての付き合いが重要だとすれば、都心に住み、通勤などに費やしていた時間を、人々との交流などに使った方が効率的だ。24時間を自由にデザインして人とのつながりや、価値のあるものを生み出すことができるのだ。この、24時間を自由にデザインするという感覚も、「世界人」には必要な資質であろう。こうしたことが、「都心に住む」という森ビルが行っている都市開発の考え方の根源にもなっており、「ヴァーティカル・ガーデンシティ」構想がそれを可能としている。

(5)「ヒルズ族」の時代を超えて

六本木ヒルズが完成し、「ヒルズ族」という言葉が使われるようになった2003年、森ビルでは「六本人（ロッポンジン）」という言葉を提唱していた。当時はヤフー、楽天、村上ファンド、ライブドア、リーマンブラザーズなどが最先端を走り、失敗を恐れない大変面白い多彩な人材が六本木ヒルズに集まっていた

図表9-8　テックショップ東京

頃で、「ヒルズ族」は外部から自然発生的に言われるようになった呼び名だ。しかし「ヒルズ族」という言葉は経済至上主義、拝金主義などのネガティブなイメージも伴ってきた。だが、ディベロッパーである森ビルが提供してきたものは、多様な人やモノが集まりやすいプラットフォームであり、ネットワーキングができるシステムだ。お金には換えられない人と人とのつながりこそが実際に集まる人たちの評価を得ているものであり、そういう意味で「ヒルズ族」という言葉のイメージを変えていく必要があるだろう。

幸いなことに、今でも失敗を恐れない元気の良い企業が集まってきてくれていることは我々にとっても励みになっている。六本木ヒルズのオフィス棟（森タワー）に世界を代表する2つのＩＴ企業が入居しているのもとても良いことであるし、アークヒルズでは２０１６年４月に３Ｄプリンターやレーザーカッターなど最新鋭の機材が揃う新たなモノづくりの場「テックショップ東京」がオープンしている。イノベーションの最先端の基地となり、創造力に満ちたメイカームーブメントの中心として、この工房をベースにプロダクトの開発や新たなビジネスが生み出されていくことにもつながるだろう。

森ビルは、このようなグローバルな最先端の企業が集まり、そのイメージを定着させることで、また他の企業あるいは個人にも「あそこを目指したい」という思いが芽生えていくことを期待している。そしてそのような場があることが、東京という都市の魅力の向上につながり、そのことに少しでも貢献できればと思っている。

4．これからの東京都心のあり方を模索する

最後に、私自身が今一番問題だと思うことを記したい。それは、あまりにも日本は危機意識が欠如しているということだ。早くそこに手を打たなければ、高齢化社会、人口減少のなかで加速度的に日本は低迷していく気がしてならない。危機意識が低いだけでなく、ドライブ（駆動）して良くしていこうという人が少ないことも大変気になるところだ。未知ではあるが、私が考える方向性について述べたいと思う。

冒頭で記したＩＣＦのアンケートの質問は「２０２５年の東京はどうありたいか？」だったが、この２０２５年というのは、団塊の世代が後期高齢者、75歳以上になるというタイミングだ。将来像を含めてあえて言うとするならば、私は、高齢化社会は必ずしもリスクばかりではないと考えている。相対的に社会保障費、医療費がかさむという問題はあるが、最近の75歳は元気な人も多く、また癌などの病気も、今後はお

そらく免疫治療などの先端医療技術の開発が進み、死亡率も低くなることが予想される。

〝高齢化社会はリスクではなく、むしろ好機と捉えるべき〟ではないだろうか。いろいろな医療を含めたテクノロジーの進化によって、高齢者の智恵や頭のなかに入っているものすごいものを活かせるビジネスが出てくる可能性もある。また、もちろん高齢者向けのサービスを行うビジネスをもっと開発するべきだと思っている。

たとえば、森ビルの「都心に住む」という考え方は、高齢者にも適しているといえる。なぜなら、セキュリティー面は都心のマンションなどのほうが優れている場合が多く、近くにはさまざまな施設も整っている。高齢者になればなるほど都心が過ごしやすいということは明白だ。郊外の一戸建てに住んでいた場合、朝起きて防犯用の重い雨戸を開けて、庭の草むしりをし、遠くのお店や病院に通うといった肉体的にも精神的にも負担になる生活を強いられることも多いと思うが、都心に住めば、朝カーテンを開ければ外の景色が見えて、玄関のカギひとつだけで治安が守られて、数分歩けばお店や病院だけでなく美術館やコンサートホールまで利用できる。そうなれば生活そのものを楽しむ余裕も生まれると思うのだ。

さらに昔の長屋で行われていた周りの人たちがフォローしていくようなシステムも、集合住宅やマンションであれば、オペレーションの工夫次第で可能になる。高齢者も住みやすい温かいサービスを考えられれば、マーケットとして捉えた場合でも、そのビジネス効果は大きいものになる。これを逃す手はない。

また、都市の地震などに対する防災機能に関しては、技術の進歩によって従来に比して格段の向上を達成してきている。もちろんテクノロジーだけではなく、ソフト的にも防災能力を高め、備蓄倉庫や震災訓練などで強いレジリエントな都市をつくることが必要である。森ビルの街づくりの基本理念のひとつに「逃げ出す街から逃げ込める街へ」というものがある。安全・安心は業務環境や生活水準に先立つ大前提だ。地震などの災害に対し、ハード面、ソフト面ともに安全で安心でいられる街づくりを進めることで、世界中の様々なトッププレーヤーたちから選ばれる街になるし、災害があってもサスティナブルな都市生活、業務活動が可能になる。この基本理念は、そうした場所の提供を誓っているものである。

このように、東京は少子高齢化や大地震のリスクなどの大きな課題を抱えている。これらの課題を乗り越え、東京が日本全体、アジア全体をリードしていくためには、やはり先にも述べたように、東京をイノベーションのハブにしならなければならない。大きな課題を抱えているからこそ、大きなイノベーションのチャンスもあるのである。いまよりもさらに多彩な人たちを惹きつけ、そこでフェイスツーフェイスの活発なインタラクションを起していくことこそがそのエンジンであり、2025年以降も東京の魅力を高めていくために不可欠なことだと言えよう。

そのためには、日本人の一人ひとりが自ら学び、日本文化を知り、海外に飛び出すなど多くの人と対話をすることで寛容性や文化理解を深めなければならない。情熱を持って目標に向かって挑戦することを、教育や社会の仕組みによって後押ししなければならない。そして都市の中に学びの場、交流の場をつくり、積極的な対流を生み出すことによって、都市そのものを「世界人」をひとりでも多く育てる空間にしなければならない。

東京を舞台に多くの「世界人」が活躍することでさらに多彩な人たちを惹きつけ、その活発なインタラクションによりイノベーションのハブになる。それは、東京をより魅力的で活力のある都市にするだけでなく、人々の夢を育てる都市にもすることだろう。

——東京こそ「世界人を育む都市」でありたい。

終章

創発する都市　東京

――カルチュラル・ハブがつくる東京の未来――

市川宏雄

1. 東京が直面する危機的な状況と大きなチャンス

東京は、わが国の政治・経済・文化・情報の中枢を担うとともに、多様な都市機能が高密度に集積した世界でも有数の大都市である。しかしグローバル化の進展に伴い、経済の拠点としてアジア主要都市が急速に台頭しつつある中で、東京の国際競争力が相対的に低下してきているのは、もはや言うまでもない事実である。わが国は少子高齢化・人口減少社会に突入したが、持続的な成長のための戦略は見つかっておらず、首都・東京の未来にも漠然とした不安が横たわっている。

その一方で、2016年には訪日外国人が2400万人、そのうち東京を訪れる外国人が1000万人を突破し、米旅行専門誌「コンデナスト・トラベラー」の実施する世界で最も魅力的な都市（アメリカの都市を除く、2016年）の1位・2位に東京・京都が選ばれるなど、日本の都市に世界の注目が集まっているのは明るい兆候だ。東京という都市に対するイメージが深まってきたと言うこともできるかも知れない。2020年に開催される東京オリンピック・パラリンピックは、東京への注目をさらに高めることになる。このチャンスを活かして、東京の魅力を世界に広く強力に発信し、同時に2020年以降の東京の進むべき方向を示すことができれば、これからの少子高齢化時代においても、人々は希望を見失わずに生きていくことができるだろう。

2. 東京の魅力とポスト2020のビジョン
――各委員の提案から見えてくること――

世界に発信すべき東京の魅力とは一体何なのだろうか。また、２０２０年以降の東京はどんな方向を目指して進むべきなのか。

先述した「コンデナスト・トラベラー」は、東京を「超現代的で、ネオンが輝く超高層ビルから、静寂な寺院、歴史的な神社、そして広大な森まで相反するものが混在する都市」だと評価している。確かに、こうした点は、現在の東京が持つ魅力のひとつなのだろう。

東京湾や隅田川の水辺、都内各所に遺された緑、遠景の富士山などの自然環境との共生。古くは縄文の文化から続く自然観に根差した独自の基層文化があり、その上に江戸時代以降、明治・大正・昭和・平成と重層的に積み重ねられてきた伝統的な文化と最先端の文化との混在。伝統工芸品からファッション、デジタル機器など、産業や日常生活で培われてきた質の高いものづくり。秋葉原電気街や神田古書店街など、多様でそれぞれに特色を持った商業集積や、大手町・丸の内・有楽町エリアや虎ノ門・六本木エリアなど、最先端の都市開発プロジェクト。世界で最も多彩で質の高いとされる食文化。これらは、本書の中でも取り上げてきた東京の魅力であり、音楽や絵画などの芸術文化や現代アートとも肩を並べることのできる文化の側面でもある。

だが、どれも抽象的で、これといった分かりやすい魅力だとは言い難い。やはり、現在の東京の特徴は、「ダイナミックな混在」という言い方に止まるのであろう。

また、2020年以降の東京の進むべき方向性、ポスト2020のビジョンとして、魅力検討委員会の各委員からは、「産業と文化が融合し進化した『美感遊創』という価値観を実現する都市」、「私たち自身がスポーツや芸術、エンターテインメントを大いに楽しむことのできる都市」、「寄付なども含む豊かな市民文化が成熟した都市」、「世界の人、モノ、金、情報を惹き付けるような磁力を持った都市」、「豊かな自然と最先端が相まみえ、いのちを育む都市」、「異文化との大交流によって、国際文化交流のハブになり、新しい文化を創りつづけていく都市」、「グローバルな視点に加え寛容性、文化理解、情熱・使命感を併せ持った世界人を育む都市」といった提案があった。

これらの提案には、産業、スポーツ、芸術、エンターテインメントといった都市の魅力創出の要素、都市に賦存する潜在力によって生み出される磁力や人材育成力、異文化との交流とそのハブとなるべき都市の空間的位置づけと役割などが、文化との接点で多彩に、そして色濃く表現されている。

これらを俯瞰したとき、「東京らしい文化を磨く」、「多様性を伸ばし、イノベーションの中心地になる」、「産業や文化等が融合した、新たな文化の発信地になる」という3つのキーワードが、これからの東京にとっての重要な視点として浮き上がってくる。それらをひとつずつ解説しよう。

(1) 東京らしい文化を磨く

大衆消費型文化・娯楽文化が世界のあらゆる都市に影響力を持つように、グローバル化は経済だけでなく、文化の面でも進展している。これは、見方を変えると、都市が均質化し、それぞれの個性が色あせてきているということもできる。例えばニューヨークをコピーしたような都市では、仮に経済の観点での競争力はあっても、文化の観点になった途端に何の強みもなくなってしまう。観光に訪れるとすれば、誰もが「ニューヨークをコピーしたような都市」ではなく、「ニューヨーク」の方を選ぶであろう。

文化のグローバル化、文化の均質化（フラット化）が起こる状況では、いかに他の都市にない独自の魅力を創り出すかが都市の競争力を左右する。東京は、自身のもつ魅力資源を活かし、東京らしい文化を磨かなければならない。

(2) 多様性を伸ばし、イノベーションの中心地になる

多種多様なものが集積し、新結合が起こるメガリージョン（大都市圏）はイノベーションの源泉だが、世界最大のメガリージョンである東京は、日本人の気質による同質性、閉鎖性があり、包容力のある多様性に欠けるという課題を抱えている。そこで、多様な集積を促す複数の用途を組み合わせた都市開発の推進や、社会人も含めた異文化交流ツールとしての英語教育の拡充、オープンマインド（※）の醸成、日本文化の継承に外国人の力や発想も取り入れるなど、多様性を伸ばす取組みが必要である。そして、多様性を伸ばしていく中でスパイキーな人材（尖った人たち、ビル・ゲイツ氏や孫正義氏といった新しいイノベーションを起こす人たち）も取り入れ、イノベーションの中心地であることを目指すべきである。

※オープンマインド：既成概念にとらわれず偏見がないこと。人の意見に耳を傾け、新しい考え方を受け入れるちから。未知の新しい体験を求める勇気と好奇心。開かれた、そして、変わり続けようとする、心の状態と六本木ヒルズブランドブックでは定義されている。

（3）産業や文化等が融合した、新たな文化の発信地になる

現代は文化、産業、芸術、技術が相互に刺激することを通じて、その相乗効果で発展する時代に入っており、それは現にさまざまな経済的、社会的効果をもたらす。基層となる文化に性質の異なる文化を取り入れ、それを模倣・消化・融合することで日本の文化は形成されてきたが、今後も海外の異なる文化を取り入れたり、産業や技術の分野での発展を芸術の分野に取り入れたりすることで、新たな文化の発信地になることを目指すべきである。

それにより、2020年以降の東京は、文化と産業が一体となり、芸術、技術、自然、歴史などが共生・融合し合うことで、新陳代謝が絶えず起き続ける都市となるだろう。そして、こうした融合現象は、東京における今後の経済発展の原動力になるはずである。

3．創発（そうはつ）とは何か

二度のオイルショックを経て、日本経済が高度成長から安定成長へと移行した1970年代終盤に首相に就任した大平正芳氏は、それまで経済偏重だった国政のあり方を見直し、これからは「文化の時代」であると説いた。

だが、大平首相の標榜した「文化の時代」が真の意味で到来したのは、まさに21世紀のいまになってからである。

現代のグローバリゼーションはまず、資本を地球規模で流動化させた。経済活動は国家や地域の垣根を越えて大きく発展し、それにともない、多くの人材が国境を越えて盛んに交流するようになった。すると、世

界のあらゆる箇所で同時多発的にさまざまなレベルでの文化交流が実現するようになり、文化のグローバル化が進展したのである。つまり、経済面だけでなく文化面でも世界がフラット化した今こそ、まさに「文化の時代」だと言えるだろう。

フラット化した世界では、スパイキーな要素のひとつである文化的な魅力（磁力と言い換えてもいい）こそが重要である。これを「都市」という装置に引きつけて見れば、ひとつの都市は文化の国際的な交錯の中心となることで、激化する都市間競争の中でも抜きんでた力を保ち続けることができると言える。

そうした文化的な魅力・磁力を持つには、多種多彩な集積が必要であり、さまざまな要素を掛け合わせることで新たな文化を生み出す力を持つ、「創発する都市」でなければならない。そうした期待感があるからこそ、ある都市に人や文化が集まり、人や文化が集まるからこそ、そこに新たな価値が生まれるのである。

ここで「創発（そうはつ）」という言葉を改めて定義したい。

創発とは、物理学や生物学などで使われる用語「emergence（発現）」から派生した言葉で、「個々が相互・複雑に作用することで、全体として、個々の要素の総和を大きく上回る構造変化や創造が誘発されること」、「生物進化の過程やシステムの発展過程において、先行する条件からは予測や説明のできない新しい特性が生み出されること」を意味する。もともとは、自然科学の複雑系理論のコンセプトを表現するための言葉だが、現在は物理学や生物学に止まらず、情報工学や経営学、組織論などにおいても用いられている。

ＭＩＴメディアラボ所長の伊藤穰一教授は、創発を「例えばアリは一匹一匹に高い知性はないが、群れとしてはとても複雑な共同作業をする。巣をつくり、ごみ捨て場や、死んだ仲間の墓地もつくる。個々の単純な動きが相互に作用し、いわばボトムアップで思いがけない高度な秩序が生まれていく。そういう現象を創発と呼ぶ」と説明する。また、「ソーシャルネットワークなどにより、人々が自分で判断し、発信できるようになれば、政治家に何かを決めてもらう必要もなくなり、草の根から、現場から、直接民主主義に近い政治的な秩序が生まれてくるのではないか」と、創発民主主義（Emergent democracy）という考え方を提唱し、政治における活用をも示唆している。もちろん、政治には全体としてのビジョン＝グランドデザインが必要だが、創発民主主義は政治の欠点を補完するシステムになり得る、と言っているのだろう。

これらを整理すると、創発とは、「個々の相互作用が全体の総和を超えた価値を生みだすこと」、「連続したプロセスの中で非連続な突然変異を出現させること」と捉えることができよう。また、原義の「emergence」からは離れるが、「創発」という漢字からは「創造」と「発展」、「誘発」、「発信」といった別の側面の意味も想起される。「創発する都市」には、こうした機能を持つことも期待されるのである。

4．創発する都市

都市は、この創発を具体的に実現させる壮大な場だと言える。人々が集まって暮らす単なる集落から発展し、時には交易の拠点として、時には生産の拠点として、社会的機能、経済的機能、文化的機能を生み出してきた。これらの現象は、まさに都市で行われた個々の活動の総和を大きく上回り、新しい特性を生み出す「創発」であったと言うことができる。

さらに歴史的に見ても、古代オリエントや古代ギリシャの各都市やローマ、シルクロードで結ばれたバグダッドや長安、ルネサンスの中心地となったイタリアの各都市、絶対王政期やベル・エポック期に文化が花開いたパリ、産業革命や金融の中心地として発展したロンドン、第一次・第二次世界大戦以降、世界の大衆娯楽文化の中心となったニューヨークなど、人・モノ・金・情報の集積や異文明との交流が行われてきた大都市は、文化や産業が創発される場であった。

たとえばルネサンスは、さまざまな要素が複合したことで、はじめてこの世に誕生した。それは、十字軍の遠征による中世ヨーロッパ文化とイスラム・ビザンツ文化との接触、イベリア半島を経由してラテン語に翻訳されたアラビア科学の流入、ヘレニズム・ローマ文化を受け継いだ学者たちのビザンツ帝国の滅亡に伴うイタリアの都市への流入、地中海貿易や毛織物工業で発展したイタリアの都市の豪商によるパトロンシップ、などだ。こうした一つひとつの出来事の積み重ねにより、「先行する条件からは予測や説明のできない新しい特性」としてルネサンスが生み出されたのである。これはきわめてダイナミックな創発の一例と言えるが、そのプロセスの変容は、ダンテの神曲（1300年代初頭）からレオナルド・ダ・ヴィンチやミケランジェロらの活躍した1500年前後まで約200年間（さらにその後のヨーロッパ各地における展開を入れれば300年以上）と、非常に長い時間をかけて起こっている。

東京は人口3600万人を上回る世界史上でも最大の都市圏であり、江戸開府以来400年以上の歴史に基づく重層的な都市構造や文化も有している。東京が、少子高齢化や人口減少などの課題がより一層顕著になる2020年以降も世界を代表する都市であり続けるためには、このポテンシャルを活かし、これまでに述べてきたような、大小の創発を起こし続ける都市となることが期待される。

5．歴史的なメガシティは「カルチュラル・ハブ」であった

東京が創発する都市となるためには、どうすればいいのか。ここで私が提案したいのは、東京が国際文化交流のハブ、すなわち「カルチュラル・ハブ」を目指すという戦略である。

ハブの語源は「車輪の軸」であり、複数のものが寄り集まり、交錯する場所を意味する。私のいう「カルチュラル・ハブ」とは、「文化におけるハブ」を意味する造語である。ここでは、世界中の文化のみならず、人々はもちろん情報、物資、富などを惹きつけ、既存の伝統的な文化に加えて新たな文化を生み出していく、国際的な文化交流センターという意味も付与しよう。この場合、新たに生みだされる文化は、すべて自国民の手によるものとは限らない。第8章で藤井宏昭氏は「日本の文化とは、日本と云う場所で花咲く文化」であり、「文化の大交流を展開し、世界の人々ともに新しい文化をつくりだす事」が望まれると述べている。日本の文化は、何も日本人の創り出す文化とは限らないわけだ。だとすれば、ここで重要なのはあくまで「東京」という場所であり、そこで生まれる文化の担い手について、国籍を問う必要はないのである。

「カルチュラル・ハブ」は私の造語だが、カルチュラル・ハブに該当する都市は、これまでにも歴史上数多く存在していた。例えば、古代地中海世界で栄えたアテネやローマ、イスラム教世界の中心地であったバグダッド、キリスト教世界とイスラム教世界の境界に生まれたコンスタンティノープル（イスタンブール）やコルドバ、東洋では唐の長安、ルネサンスの中心地となったフィレンツェ、産業革命の発祥の地であったロンドン、絶対王政期のパリ、現代ではニューヨークなどがカルチュラル・ハブの代表的な例と言えるだろう。これらの都市は、歴史的にはいずれも強大な軍事力を背景にした大国の中心都市であると同時に、交易の中心地でもあった。それぞれの都市の概略を簡単におさらいしておこう。

(1) アテネ

地中海交易で栄えたアテネなどギリシャの諸都市では、アレクサンドロス大王の東方遠征をきっかけに、ポリス社会を基盤に哲学、科学、文学、美術など極めて多彩に発展してきたギリシャ文化に、さらにオリエント文化を融合したヘレニズム文化が生まれ、ヨーロッパ文明の源流のひとつとなっている。

ギリシャ文化の特色は、ポリス市民による人間中心の文化であることにあり、理性が重視され、完成された美が追求された。「イリアス」や「オデュッセイア」を記したホメロス、三平方の定理で知られるピタゴラス、医学の父として知られるヒポクラテス、哲学ではソクラテスやプラトン、アリストテレスなどにより、各分野で後世につながる顕著な業績があった。

ヘレニズム文化でも自然科学に多くの業績が残されたほか、美術では人間の性格描写や感情表現などの技巧に優れる自由な作風が特徴で、この時代の代表的な作品としてミロのヴィーナスやサモトラケのニケなどがよく知られている。

(2) ローマ

ローマでは、ラテン語とローマ文字が発明され、共和制期の十二表法に起源をもつ法学や、文学、哲学、歴史学などが盛んになった。こうした学問は、政治家でもあったキケロやセネカなど、上層市民、社会の特権階級にある者が中心であった。ローマに最盛期をもたらした五賢帝の1人にも名を連ねるマルクス・アウレリウス・アントニヌスは自身も哲学者として知られ、哲人皇帝と呼ばれている。一方で、地中海交易に加えローマ街道により広大な帝国内の物流が活性化した恩恵は、皇帝や貴族が人気取りのために競って行った「パン（＝食糧）とサーカス（＝見世物）」によりローマ市民にまで及び、コロッセウムや浴場、世界中の食材を用いた饗宴などの大衆娯楽文化も発展した。また、宗教ではギリシャ神話のオリンポスの神々を引き継ぎ、ローマ神話が成立している。

(3) バグダッド

アッバース朝期のバグダッドは、海上交易とシルクロード交易により、中国からアフリカ大陸、イベリア半島をまたぐムスリム商人による一大交易の中心地であった。実際、当時のバグダッドは運河やティグリス川などを利用した円形計画都市であり、その4つの城門はペルシア湾方面、中央アジア方面、コンスタンティノープル方面、メッカ方面と、文字通り世界へと通じていた。

9世紀に設立された「知恵の館（バイト・アル＝ヒクマ）」では、ヘレニズムやペルシアの哲学や科学などに関する古典的な文献のアラビア語への膨大な翻訳が行われ、これらを積極的に取り込みながら、哲学や数学、天文学などの分野でアラビア科学として大いに発展している。この業績は、後にラテン語に翻訳されることで西ヨーロッパに広がり、ルネサンスが興るきっかけのひとつとなった。また、唐を破ったタラス河畔の戦いの際に、戦争の捕虜となった職人により、製紙技術がアラビア世界に伝わったこともよく知られている。

(4) 長安

バグダッドと同じ時期に栄えた唐の長安では大運河が結びつけた北部と南部の文化に、さらにシルクロードからもたらされた外来文化が溶け合って、独特のエキゾチックな文化が花開いている。唐代の詩人・李白の詩にも、「胡姫酒肆《こきしゅし》（ペルシア人の女性のいる酒場）」という言葉が出てくるが、国際都市として様々な民族が集まり、華やいだ雰囲気だったことが表現されている。また、当時の長安は朝貢貿易による東アジア文化圏の中心地であり、世界中から現代で言うところのアーティストや学者、学生が集い、お互いにインスピレーションを与えあうような都市であったとも言われている。

長安が隆盛を極めた時代、日本は奈良時代で、当時の首都・平城京は長安を模して建てられたとされている。その平城京の跡地では、２０１６年10月、ペルシア人の役人がいたとみられる木簡が発掘されている。おそらく、アッバース朝から唐を経て、日本にやってきたのだろう。長安がカルチュラル・ハブとなり、周辺の国々にも国際色豊かな時代が訪れていたことがうかがい知れる。平安京に起源を持つ祇園祭りの山鉾の装飾には、ピラミッドやイスラムの宮殿、旧約聖書の一節などが描かれており、ここにもシルクロードや長安を経由した国際的な文化の大交流が起こっていた痕跡が残されている。

(5) コンスタンティノープル（イスタンブール）

東ローマ帝国の帝都であったコンスタンティノープルは、地中海と黒海、バルカン半島とアナトリア半島と、東西南北、陸上交易と海上交易の要衝に建設された都市であり、８世紀には商工業を中心に、また東方正教会の首都としても発展した。一時、衰退の時代を迎えるが、15世紀にオスマン帝国の手により陥落すると、その帝都イスタンブールとして再興される。壮大なモスクやバザール等が建設されるなど、都市は急速にイスラム化が進められたが、その一方でユダヤ教徒やキリスト教徒にも居住権を認めたため、ヨーロッパ中から人々が集まり、国際的な都市として発展した。オスマンの芸術や陶器、アラビア文字の書道、細密画などの文化が栄えている。

(6) コルドバ

イベリア半島にあるスペインのコルドバは、10世紀には人口１００万人近くにもなったと言われる当時世界最大の都市であり、先述の「知恵の館」などイスラム世界に蓄積された古今東西の文献が翻訳され広く流布される拠点となるなど、西方イスラム文化の中心地であった。その特徴的な建築で知られるメスキータは、当時としては西方イスラム世界最大のモスクとしての威容を誇り、コルドバがキリスト教徒の手に陥落した後は、スペインに現存する唯一の大モスクでありながら、内部にキリスト教の礼拝堂を併せ持つ、2つの宗教が共存する稀有な存在となっている。

(7) フィレンツェ

ルネサンスの3大巨匠とも呼ぶべきレオナルド・ダ・ヴィンチ、ミケランジェロ、ラファエロがいずれもフィレンツェを舞台に活躍したように、まさしくルネサンス期の文化の中心地であった。当時のフィレンツェは、金融業と毛織物業で栄える交易都市であり、全欧州の貿易の基準通貨を握る程であった。その莫大な富により権力を握ったメディチ家の中でも、ロレンツォ・デ・メディチは学問と芸術の大パトロンであり、画家のボッティチェリら多くの芸術家や学者が集められ、その後のルネサンスの隆盛へと続く流れがつくられた。

これらの都市は、軍事力や経済力、大きな人口といったハードパワーを持った世界都市でもある。こうしたハードパワーを持つ都市だからこそ、人々の安定した生活が営まれ、文化も発展したのであろう。

一方、これらの都市では一様に、交易や外交、戦争捕虜による技術の伝播などにより、自然発生的に文化の交流が行われてきた。こうした交流により、いつしかカルチュラル・ハブとしての機能が成熟し、文化発展の拠点になったのだと言えよう。

とはいえ、世界的なメガシティでなくても、文化的なハブとなった都市もある。

例えば陶磁器の代名詞ともなっている中国の景徳鎮は、高品質の磁器に適した土の採れる田舎町であったが、宋の時代には既に世界的に知られ始め、明の時代には東は日本、西はペルシア、トルコ、アフリカ東岸まで、その陶磁器が広く輸出されるようになっている。また、清の時代になると、西洋人も景徳鎮を訪れるようになり、技法やデザインなどの国際的な交流も始まるなど、今日に至るまで、文化的に高い独自性を保っている。

しかし、景徳鎮は非常に稀なケースである。北方ルネサンスの中心地となったアントウェルペン（英語名：アントワープ）にしても、世界各地から多くの商人が集まる北ヨーロッパ最大の交易都市のひとつであったし、音楽の都として栄え、モーツァルトやベートーヴェン、シューベルト、ブラームスら多くの音楽家が活躍したウィーンにしても、オーストリア帝国の帝都であり、名家ハプスブルク家のお膝元であった。このように、カルチュラル・ハブと言える都市は、少なくとも繁栄当時は世界的な都市のひとつであり、国際的な交易の拠点、もしくは強大な権力によるパトロンシップの成立したところに見られるケースがほとんどなのである。

6．現代のメガシティも「カルチュラル・ハブ」である

前節では歴史的なメガシティが「カルチュラル・ハブ」であったことを確認してきたが、本節では、現代のメガシティも「カルチュラル・ハブ」であることを、ロンドン、パリ、ニューヨークの３大都市を事例に確認したい。

(1) ロンドン

ロンドンは産業革命によって、18世紀後半から飛躍的な成長を遂げた都市であり、大英帝国の首都であり、世界の金融の中心地のひとつでもあり、歴史的なイギリス王室が今も君臨している。テート・ブリテンにはイギリス美術の一大コレクションが、大英博物館には文字通り世界中の文化資源が集められ、シェークスピアなどが代表する芝居(プレイ)やミュージカルのシアターも街の中に多く、いつでも楽しむことができる。イギリスは様々なスポーツの起源も多く持ち、例えば現在のフットボール(サッカー)が成立したのもロンドンである。1960年代にはスウィンギング・ロンドンと呼ばれ、ビートルズやミニスカート、ボブカットなどが世界に大きな影響を与えるなど、音楽やファッションなど若者文化の一大発信源となっている。さらには、現代アートの世界をターナー賞やテート・モダンが牽引するなど、歴史的な集積と現代的なものが見事に併存している。

「ウインブルドン現象」という言葉があるが、イギリスのウインブルドンにはテニス愛好家を惹きつける強い求心力がある。伝統あるセンターコートを目指して世界各国の一流のプレイヤーが集まり、そのプレーを見ようと世界各国から多くの人々も集まる。世界のメディアやスポーツビジネス関係者も集まってくる。この「ウインブルドン現象」のようにイギリス以外のプレイヤーを惹きつける現象はテニスのみならず、外資系金融企業が多く集まるシティに代表される金融市場や、イギリス人だけでなくイギリスで活動する現代アーティストに広く門戸を開いているターナー賞などにも見ることが出来る。

ウインブルドンでは、最近は、開催国・イギリスの選手が他国の強豪に圧倒されてなかなか勝ち上がれなくなっているが、たとえ自国のプレイヤーが勝ち残れないとしても、世界のトッププレイヤーが集まる「プラットフォーム」となったことがイギリスの勝利なのである。なぜなら、テニスの聖地としての知名度の確立だけでなく、世界中から人、モノ、金、情報を呼び込むことで経済も社会も活性化し、多くの雇用も生まれ、国民の所得水準も上昇したからだ。

もっともプラットフォームになったからと言って自国の力が衰えるのではない。２０１３年にはアンディ・マリー選手がイギリス人選手として実に77年ぶりにウインブルドンを優勝したように、厳しい競争は自国のレベルアップをもたらす効果も生んでいる。

(2) パリ

パリは第1章で触れたとおりだが、それに加え、19世紀末から第一次世界大戦が始まるまでのベル・エポック（美しき時代）と呼ばれた約25年間には、ムーラン・ルージュ（キャバレー）やボン・マルシェ（百貨店）が開業するなど近代都市文化が発展したことを付言したい。

産業革命と植民地政策で発展した欧米列強諸国は、首都などの大都市に近代技術や土木技術を結集して便利で快適な生活環境を整備するなど国家の威信を競い合った。フランスではナポレオン3世の治世下でのセーヌ県知事であったオスマンによるパリ市大改造など、こうした生活環境の整備が進められたことで、デパートなどの大規模商業施設の建設、万国博覧会の開催などの近代都市文化の発展につながっているのである。

この時代、パリを発信地として、世界的にアール・ヌーヴォーという芸術・デザインの運動が起こっている。アール・ヌーヴォーはフランス語で「新しい芸術」を意味し、植物の蔓や女性の髪、波状曲線、唐草文様など、なめらかで非対称の曲線的模様を特徴としており、新時代の到来を思わせる豊かな装飾が好まれ、宝飾デザインから家具、建築、ポスターなど全ての装飾形式に流行をみた。万国博覧会を契機として世界に広められ、近代デザインの先駆となるなど歴史的意義が大きい運動であった。スペインの建築家、ガウディもアール・ヌーヴォーの影響を受けたとされている。

こうした歴史的な芸術・デザインの蓄積は、ルイ・ヴィトン（1821～92年）、ココ・シャネル、（1883～1971年）、クリスチャン・ディオール（1905～57年）、イヴ・サン＝ローラン（1936～2008年）などの著名なデザイナーを多く輩出し、ファッションの世界でのハブの座を揺るぎないものにしている。

（3）ニューヨーク

アメリカ合衆国は、第一次世界大戦後の好況のなかで空前の繁栄を迎える。超高層ビルの建設が相次いだニューヨークでは、レジャー産業（サーカス、遊園地など）や大衆娯楽（映画、ミュージカル、ポップミュージック、ダンスホール、ナイトクラブ、プロスポーツなど）の誕生、大衆消費社会（ドレス、化粧品、自動車のモデルチェンジなど）といった大衆文化が大いに花開いた。前述のパリと同じように、欧米列強が豊かで近代的な都市づくりを進めた成果の現れだと見ることができるだろう。

これに加え、アメリカ型の大衆文化の背景には、労働時間の固定化による余暇時間の発生、大量生産による工業生産量の増大と広告・宣伝の発達がある。こうした仕組みが世界に浸透する中で、アメリカ大衆文化もまた世界へ浸透していったことで、ニューヨークは現代の文化の中心地となっている。

ニューヨークの代表的な文化資源となっているミュージカルも、こうした背景の中で発展している。ミュージカルのルーツはヨーロッパのオペラが大衆化したオペレッタにあるのだが、それがアメリカでも輸入上演される中で、アメリカの国民性、社会環境、風俗を反映し、さらにアメリカの大衆芸能も取り入れて、20世紀初頭までにアメリカ独自のミュージカルの原型が形成された。1920年代にはアイルランド出身のビクター・ハーバード、スロバキア出身のルドリフ・フリムル、ハンガリー出身のシグムンド・ロンバーグら海外からアメリカに渡った優れた作者たちが登場し、その後も作曲家リチャード・ロジャースと作詞家オスカー・ハマースタイン2世のドイツ系ユダヤ人コンビが「サウンド・オブ・ミュージック」などの多くの名作を送り出すなど、海外からの移民がミュージカルの誕生、そして発展に大いに貢献している。まさに、カルチュラル・ハブとして、その都市ならではの特徴的な文化を生み出した事例と言えるだろう。

ミュージカルは、その後も、隆盛と衰退の波はあるものの、差別や貧困を克服して前進するアメリカ社会の姿を反映したり、ディズニーが登場したりするなど新しい変化を取り込みながら、アメリカ文化そのものと共に100年以上の歴史を重ねている。

7.「カルチュラル・ハブ」になるにはハブとしての求心力が必要

ある都市がカルチュラル・ハブへと成長する際、忘れてはならないポイントがある。それは、いくらその都市が巨大であっても、その都市単独ではカルチュラル・ハブにはなれない、という事実である。

カルチュラル・ハブは、ひとつの都市機能だけでは完結しない。いくつかの機能と要素を持ちあわせたあるひとつの都市があって、そこに世界中から人、モノ、金、文化が流入してこなければ、ハブにはなり得ないからだ。つまり、多様性こそが要件なのである。交通網や情報ネットワークの発達などで、そうした多様性が確保された上で、ハブとしての求心力となるオリジナリティが必要なのだ。

では、ハブとしての求心力となるような、東京の「文化的オリジナリティ」とはいったい何なのか。

世界のカルチュラル・ハブでいえば、たとえばパリには美術があり、ファッションがある。食の都としても知られている。また、ウィーンにはオペラや音楽があり、ニューヨークにはミュージカルがある。ロンドンには大英博物館があり、ローマにはヴァチカンやコロッセオがある。これらが世界的レベルのハイカルチャーを創り出している。しかし、東京にはいくつかの要素のダイナミックな混在はあるものの、世界中からその道を志す若者が集まるだけの「本場」は見当たらないし、世界中の誰もが訪れたくなるような絶対的な歴史資源も存在しない。

こうした事実は、江戸・東京には真の意味でのハイカルチャーが存在せず、あくまで大衆文化のみが栄えていたことに起因するのだろう。皇室が日本における真のエスタブリッシュメントであることは間違いなく、朝廷は過去2000年以上にわたって、雅の文化を継承してきた。だが、朝廷が存在したのは京都であり、江戸ではない。江戸時代、幕府は確かに江戸に存在したが、武士階級は日本の文化のエスタブリッシュメントとはいえず、高尚な文化の担い手にはなり得なかった。

また明治時代以降、東京は欧米文化を積極的に取り入れてきたが、これもまた、皮肉にも東京に「文化的オリジナリティ」が醸成されない要因となった。東京が近代国家の首都としてスタートした時点で、そもそもビハインドからのスタートであり、模倣（ものまね）からのスタートでもあった。いまでも、海外の著名なオーケストラの来日公演や著名美術館の来日作品展が大きな人気を博しているが、それはすなわち、私たちがいまだに「本場の西洋文化」に憧れを抱き続けているからにほかならない。いまやミシュラン1つ星以上のレストラン数でパリをも凌ぐ東京だが、そういった名店は、本場フランスや本場イタリアで修業したシェフが東京で開いた店であることが多い。逆に、食の修業をしに世界中の若い料理人が日本に集まってくるという話はあまり聞かないだろう。

もちろん、江戸・東京発の素晴らしい文化やコンテンツがあることは否定しない。しかし、その文化やコンテンツがグローバル社会の中で受け入れられ、東京に学びに来ようという程の資源になっていないことは、厳然たる事実なのである。世界中の人や文化を惹きつけ、新たな文化を生み出すカルチュラル・ハブを実現し、創発する都市となるためには、ハブとしての求心力を持つだけの、「文化的オリジナリティ」をいかに醸成するかについて、今後考えていかなければならない。

8. 国際的な文化交流におけるグラビティモデル

オランダの経済学者ヤン・ティンバーゲンが初めて用い、国際経済学での貿易における基本的な理論となっているものに、グラビティモデルがある。これは、貿易額に経済規模（GDP）の大きさと地理的な距離が影響を与えることを示した理論で、図表10-1の式のように、経済規模が大きい国との方が貿易額が大きくなり、一方で距離が遠くなると小さくなる。天体同士の引力が天体の重量に比例し、天体間の距離に反比例することに似ているため、グラビティ（重力）モデルと呼ばれている。

貿易だけでなく、観光（サービスを貿易するもの、とも捉えられる）もこのグラビティモデルにより説明されている。その場合は、図表10-2の式のように、質量は観光を受け入れる国1の魅力と観光客側の国2の豊かさ、距離は時間的・費用的な要素も踏まえて計算される。実際に、韓国、中国、台湾、香港からの旅行客が訪日外国人の約70%を占めているように、

$$貿易額 = 定数 \times \frac{国1の経済規模 \times 国2の経済規模}{距離}$$

図表 10-1　貿易のグラビティモデルの概念

$$観光・国際交流 = 定数 \times \frac{国1の魅力 \times 国2の豊かさ}{時間的・費用的な距離}$$

図表 10-2　観光におけるグラビティモデルのイメージ

距離の近いこれらの国や地域の経済が豊かになったことが、訪日外国人数を大きく伸ばしている主な要因のひとつだと言えるだろう。なお、これらに続き5番目に訪日旅行客が多いのは世界最大の経済大国であるアメリカである。

本書の第4章（青山佾氏）や第5章（竹中平蔵氏）で見てきたとおり、観光は文化としての側面が強いものである。国際的な文化交流においても、このグラビティモデルの概念はひとつのヒントになるのではないだろうか。

分かりやすく言い換えれば、文化資源の魅力や集積、すなわち文化的なオリジナリティが質量（分数における分子）、文化的な認知度・理解度や立地、言語の共通性などが距離（分数における分母）である。つまり、文化交流のハブとしての求心力を高めるには、質量（魅力や集積）を高め、距離（認知度・理解度や言葉の壁）を縮めることが必要である。ここで、質量を「魅力や集積」と表現したのは、文化の質量は規模だけでなく、そこにしかないもの＝ユニークネスが極めて重要だという意図である。

先に述べた世界史上のカルチュラル・ハブの例でも、街道や航路などの新しい交易ルートが確立されたことにより文化交流が活性化されたり、長安とバグダッドのようにお互いが文化の一大中心地であったことでその文化交流の規模が大きいものになったりしている。現代のアメリカ大衆消費型文化が世界に浸透しているのは、技術の発展により移動に要する時間が限りなく短縮されたことに加え、英語が世界的に普及したことで言語面での距離が近くなったことも大きい。スウィンギング・ロンドンも、ビートルズやジェームズ・ボンド、ツイギーといった質量の大きい分かりやすいアイコンが、メディアの力で世界中に瞬く間に広がったことにより、認知度の高まりによる文化的な距離が短縮され、文化の大きな交流が起こった例と言えるだろう。

こう考えると、地理的に近いアジアの諸都市が競って文化的な魅力を高めようとしている現状は、グラビティモデルにおける距離の近い（分母が小さい）ところで文化交流の相手が成長していることを意味し、国際的な文化交流の大きなチャンスと捉えることもできる。

また、クールジャパンやビジット・ジャパンの戦略により、日本の魅力資源やコンテンツが世界に広く発信されていることは、日本と他国との心理的な距離を縮めるものであり、グラビティモデルに照らしてみても大きな意味を持っていると言えるだろう。もちろん、自分たち自身の伝統的な文化を継承・発展させることや、現代アートなどを振興し新たな文化を育成することは、質量そのものを大きくする重要な取組みとなる。

東京の文化的な魅力を高めるには、こうした質量と距離のそれぞれを意識しながら取組みを継続していくことが必要であろう。

9．いまや文化は世界中の大衆の手にある

この、人や文化を引きつける「重力」は、大なり小なり、どのような都市でも持っている。ただし、それを強力な重力、すなわち「ハブとしての求心力」にまで高めていくことは容易なことではない。重力を求心力にまで高めるには、人々がそこに「見にいきたい」、「体験しにいきたい」、「学びにいきたい」と思えるような、都市空間に落とし込まれた拠点を持たなければならないと考えられる。

一般的に、「ハブとしての求心力」を高める要素となるのが、前述した「文化的オリジナリティ」である。その都市にしか存在しない、独自の文化的な魅力があれば、海外からも自然と人は集まってくる。たとえば、

ニューヨークのブロードウェイにミュージカルを見にいったり、パリに最上級のフランス料理を食べにいったり。このあたりは、前々節で述べたとおりである。そして、私たちの東京に、「これは」という文化的オリジナリティが見当たらないことも、すでに確認した。

だが、文化の世界では、時代を経るにつれて、大きな地殻変動が起こっている。

これまで、文化というと王室や貴族などのエスタブリッシュメントの側から生まれるのが常であり、大衆から起こる文化はローカルチャー、サブカルチャーなどと言われ、あまり真剣には取り扱われてこなかった。ところが、18世紀後半以降の市民革命や産業革命の時代に入ると、文化の中心は王室・貴族から資産家・新興富裕層へと次第に移っていく。

その典型的な例が、王室のための完全オーダーメイドの服飾から富裕層向けのオートクチュールへと移行していった、パリのファッション産業であろう。同様に、豪奢な宮廷料理が富裕層・市民向けへと派生していったのが、今日のフランス料理である。

さらに、第一次世界大戦、第二次世界大戦を経ると、大量生産などによる労働生産性の向上と労働条件の改善により、所得や時間に余裕が生まれた一般大衆が文化の中心になっていく。ニューヨークの頁でも述べたが、映画やテレビが発展し、ロックスターやアイドルが生まれたのも、こうした環境が実現したからである。

現在では、文化の裾野はますます幅広い層に広がっている。たとえば、最新のファッションを廉価に楽しむことのできるファストファッションのブランドが世界中に店舗を構えていたり、あるいは、スマートフォンで撮影・編集した動画を、誰もが簡単にインターネットの動画サイトに投稿できるようになったりしている。また、人気アーティストのコンサートツアーには何十万もの人が参加し、莫大なお金が動くようになっている。

かつて文化といえば、それを楽しむだけの生活のゆとりのある人、すなわち王侯・貴族など、ごく限られた人たちが占有するものであった。ところが、度重なる技術革新と世界規模での経済発展、そして文化自体の産業化によって、いまや文化は、ごく普通の人がごく当たり前に享受できるものになったのだ。

10. 東京はサブカルチャーの時代を経て、世界のカルチュラル・ハブになれる

これまで見てきたように、今や文化は世界中の大衆の手にあり、エスタブリッシュメントや資産家によるパトロンシップがなくても、経済活動に支えられた消費の活力があれば、文化の発展を十分支えられるようになってきている。だとすれば、江戸時代から大衆文化を育み、そこから発展させた最先端のサブカルチャーを生み出し続けている東京には、強い追い風が吹いているとも言えるだろう。

真の文化のエスタブリッシュメントのいなかった東京に、上流階級が求める高級な文化では、オリジナリティは期待できない。だが、長らく大衆文化の中心地として栄え、世界最大規模の都市圏人口を持つ東京は、世界の他の都市にひけをとらないポテンシャルを持っていると考えられる。世界中の人や文化を惹きつけ、新たな文化を生み出すカルチュラル・ハブを実現するためには、この比較優位にある分野を中心に文化の質量を増大させつつ、世界に発信していくべきだろう。

東京が比較優位を持つ分野は、やはりクールジャパンの代表的な事例にもなっているサブカルチャーだろう。アイドルにしろ、アニメにしろ、当初は一部の層のみにしか人気のないマイナーなものであっても、メディアや口コミで注目されたり、大胆な発想と最先端の技術を持ったクリエイターがプロデュースしたりすることによってムーブメントになり、それが文化のジャンルとして定着しているものもある。今では主流な

文化のひとつとして認められている映画や雑誌、ポップミュージックなども、当初は文学や美術、演劇、クラシック音楽などと比較して、サブカルチャーと見なされていた。日本の歌舞伎も、常識外れ、奇抜な出立ちといった意味の「傾く（かぶく）」が語源であり、幕府の庇護ではなく、江戸の市民が楽しむことで現代まで発展してきたものである。これも、もともとのサブカルチャーがメインカルチャーになった事例だと言えよう。このような変化が、アイドルやアニメなどの現代日本のサブカルチャーでも起こる可能性は十分にありうるだろう。

さらに、ＡＩなどテクノロジーの進化が、音楽やアニメの制作現場や表現方法に劇的な変化をもたらす可能性もありうる。実際、ヤマハが開発した「ボーカロイド」は、メロディーと歌詞を入力することでサンプリングされた人の声を元にした歌声を合成することができるもので、今までとは全く違う音楽の作り方を可能にした。大勢のクリエイターや一般のネットユーザーが、そのキャラクターの１人である「初音ミク」で音楽を作り、インターネット上に投稿したことで一躍ムーブメントとなり、若い世代はボーカロイドの曲をカラオケなどでも楽しんでいる。また、２０１６年に大ヒットしたアニメ映画「君の名は」は、手書きで精緻に描かれる自然描写やきめ細かく描かれた風景と、最先端の３ＤＣＧの技術の組み合わせにより作り出される美しい世界観でも多くの人を魅了している。

こうした、まだメインカルチャーとは認められていない文化（＝サブカルチャー）や日本独自の伝統的な文化に、外国人の感性や最先端のテクノロジーなどを取り込んで発展させ、さらに現代の日本ならではの、独自の様々な付加価値をつけることで、サブカルチャーを、世界を代表するメインカルチャーに押し上げていくことが、東京にとっての突破口になるはずだ。

また、訪日外国人旅行客の増加で注目の高まっている日本独特の伝統文化についても、今後その独自性を保ちながら再生・継承・発展させていく必要がある。

11．カルチュラル・ハブを都市空間に落とし込む

サブカルチャーを日本独自の文化＝「文化的オリジナリティ」にまで発展させられれば、それが東京にとっての、カルチュラル・ハブの求心力になり得る。この仮説が正しいとすれば、今度はこの仮説を、「拠点」として都市空間に落とし込む必要がある。

これまでに述べてきたようなサブカルチャーの観点では、東京の代表的な例には、銀座・新橋に歌舞伎が、秋葉原にアニメやアイドルなどのオタク文化が、原宿にKAWAii文化があり、それぞれが象徴的で、世界でも他に見られない空間となっている。こういった場所と資源の個々の魅力や拠点性を高めていくことと、これらを全体としてコーディネートしつつ発信していくことが不可欠である。

この他にも、サブカルチャーに限らず、文化の拠点が育っている場所には次のようなところがある。

日本橋

江戸時代、5つの主要街道の出発点であり、町人の街として栄えた日本橋を中心としたエリアでは、江戸時代創業の専門店や伝統の味を守る料理店などの老舗・名店に加え、近年は、日本橋仲通りや福徳神社の再生など江戸の街並みと日本橋・日本橋川の再生、江戸ならではの文化の再生に向けた取り組みが行われている。こうした取り組みは、今後、日本橋が東京における歴史的な文化、江戸時代の文化を最も象徴するエリアとして復活する可能性を高めている。

上野

上野には美術館や博物館などの文化施設や芸術系の大学などが集積しており、東京における伝統的な西洋文化の軸ということができる。２０１６年には「上野ウェルカムパスポート―上野地区文化施設共通入場券―」が発売され、これら美術館や博物館などの回遊が促されている。こうした取り組みに加え、営業時間の延長や若い世代の料金の無料化など、芸術文化にもっと触れやすくするための取り組みが求められる。

六本木・赤坂・虎ノ門

六本木は国立新美術館、六本木ヒルズの森美術館、東京ミッドタウンのサントリー美術館の3館が形成するアートトライアングル、現代アートや映像、パフォーマンスなどの多彩な作品が一夜限りで街中に展開される六本木アートナイトなど、アートの街として比較的新しい分野に積極的に取り組んでいる。

一方で、六本木は外国人ビジネスマンや外国人観光客が多く集まるナイトスポットも多く、国際色豊かなエンターテインメント地区としても知られている。大使館や外資系のホテルなどが多く集まる国際性は、赤坂や虎ノ門方面にも広がっている。これらの地区では、２０２０年の東京オリンピック・パラリンピックを意識した都市開発の動きも活発であり、１９６４年大会のレガシーとして国道２４６号線（青山通り・玉川通り）が新しい文化のひとつの軸となったように、環状二号線周辺が２０２０年大会のレガシーとして、新しい文化の軸に育つ可能性もある。

渋谷

世界にも類を見ないスクランブル交差点が象徴的な渋谷は、センター街などの雑多な繁華街、公園通りか

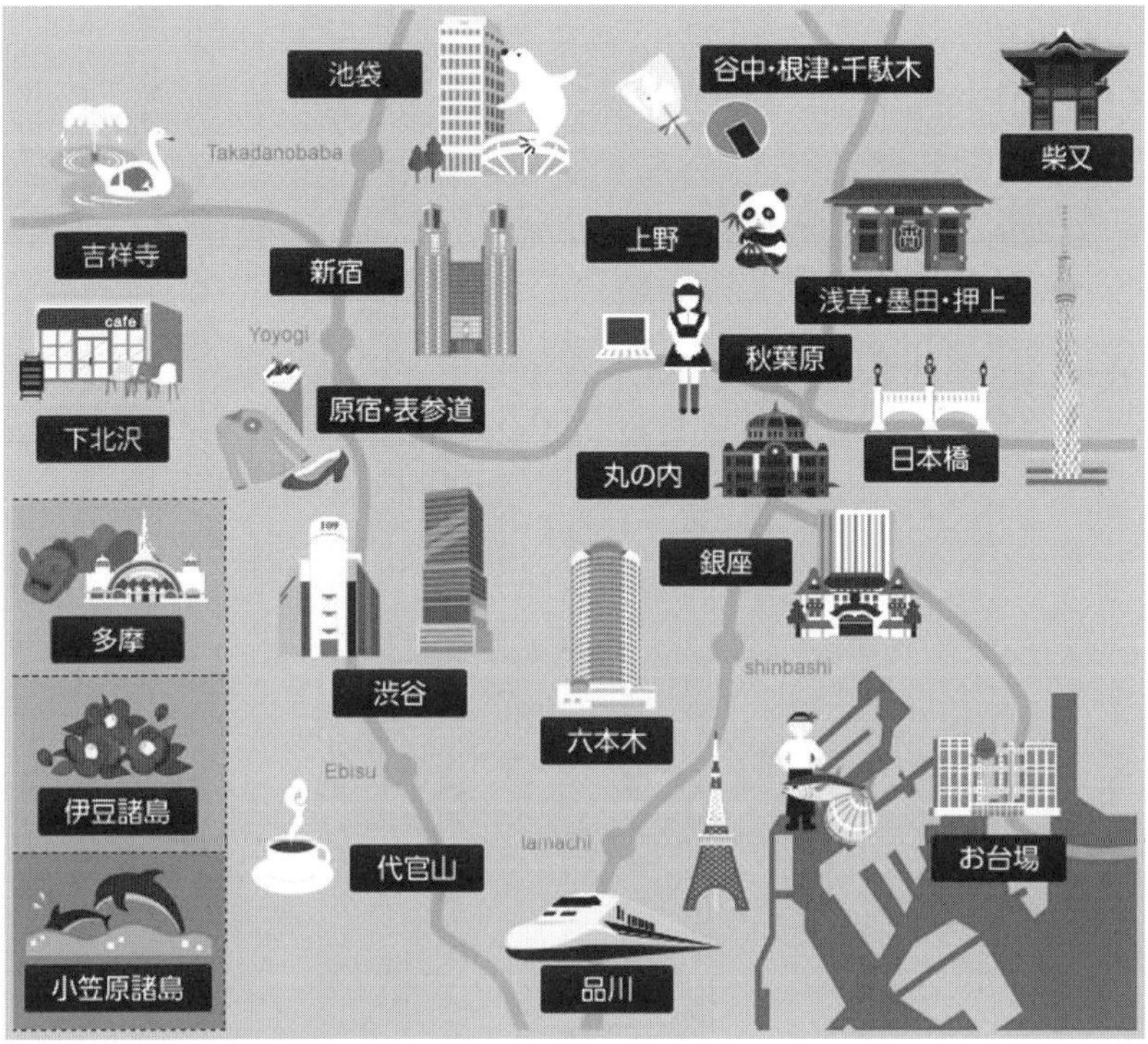

図表 10-3　東京都内の個性豊かなエリアの紹介
（出典：東京の観光公式サイト「GO TOKYO」）

ら神南エリアを中心に広がるファッションの発信地といった商業文化に加え、Bunkamura の音楽ホールや美術館などもあり、メインカルチャーもサブカルチャーも併せ持っている。現在進められている渋谷駅周辺の再開発も、まだ詳細な内容までは発表されていないが、コンテンツ産業やファッション産業を重視したプロジェクトが進められていくであろう。東京の中で、メインカルチャーとサブカルチャーの融合が進むとすれば、六本木と並んでその可能性が最も高い街とも言うことができる。

丸の内

日本の近代オフィス街発祥の地として発展した丸の内は、世界トップクラスの業務集積エリアだが、近年の再開発により、丸の内仲通りを中心にさまざまな飲食店やショップ、アートスポットなども充実し、業務エリアでありながら文化性を高めている。また、ロンドンのロンバート街にならって次々とレンガ造りの建物が建設されるなど、かつては一丁倫敦《ロンドン》と呼ばれた歴史もある。東京駅舎や三菱一号館などにより、その当時の姿の再生も試みられている。

これらは、東京の都市空間に表出した文化的な拠点の事例である。このほかにも、第2章などで見てきたように、皇居や東京湾、東京中に点在する神社、祭り、庭園なども、東京の都市空間における文化的な特徴である。

こういった地域の強みを活かして、東京は最先端で個性のあるエリアが集積する魅力的な都市だという世界的な認識を得られるよう、今後の都市開発においても単にオフィスやマンションを供給するだけでなく、それぞれの地域の持つ文化をバージョンアップさせ、拠点としてのイメージを高めていくことを重視した取組みが求められる。こうした文化的な側面を重視した都市開発は、東京のカルチュラル・ハブ化を実現するための手法のひとつである。

12. カルチュラル・ハブ実現に向けた3つの提案

これから東京が「カルチュラル・ハブ」となるためには、今まで述べてきた既存の拠点に加えて、日本の伝統や特質を生かして新たな機能集積をもつハブの登場が必要である。そこで、期待されるであろう三つの新たなハブを提案したい。

こうした機能をもったハブとなるエリアはどこなのかという疑問も当然のことに湧き上がる。答えはおそらく二つある。一つは、既存のハブとして機能をもったエリア（それには施設も含まれる）に新たな機能が組み込まれることで、それまでとは異なったタイプのハブとなるもの。もう一つは、それまでは特別な特徴をもっていなかったエリアが時間的経緯とともに「化ける」ことで特定な機能をもったハブとなるパターンである。30年前になんでもなかった原宿の裏通りの竹下通りが、ＫＡＷＡ:ｉｉ文化の拠点となるなど誰が予想しえただろうか。こうした、ちょっとした思わぬきっかけから新しい何かが湧き上がることは、歴史的に世界の街角で起きている。

（提案1）テクノロジーアートの世界的なハブ

２０１６年リオデジャネイロオリンピック閉会式での東京への五輪旗の引き継ぎ式（Flag Handover Ceremony）で披露されたパフォーマンスでは、伝統的な「和」とは異なる現代的な東京が表現され、世界から高い賞賛と２０２０年大会に向けた大きな期待を集めた。アニメーション、ＡＲ（拡張現実）やＣＧなどの最新技術が駆使されたダンスパフォーマンス、電子音の入った音楽など、まさに現代の最先端を感じさせるものであった。こうした現代の最先端、ともすれば未来的とも言えるテクノロジーアート、メディアアートの領域は日本が得意としているところである。

例えば、五輪旗の引き継ぎ式でもクリエイティブチームのひとりであった総合演出家・演舞振付師のMIKIKO氏が振付・ライブ演出を手掛けるテクノポップユニットのPerfumeは、そのダンスとサウンド、現実と仮想の垣根を曖昧にするような映像表現による独特の世界観により、世界中にファンを獲得している。そのPerfumeのダンスと、メディアアートと産業や企業とのコラボレーションを仕掛けるライゾマティクスのプロジェクションマッピングを組み合わせたパフォーマンスは、世界最大の広告祭「カンヌライオンズ国際クリエイティビティ・フェスティバル」のサイバー部門で2013年に銀賞を受賞している。

また、2014年11月から2015年5月に日本科学未来館で開催された「チームラボ 踊る！ アート展と、学ぶ！ 未来の遊園地」では、テクノロジーアートをインタラクティブに楽しめる展示などが人気を博し、46万人以上が来訪した。このチームラボの常設展が、2016年にシンガポールのマリーナベイ・サンズと、韓国・ソウルのロッテワールドに相次いでオープンしている。

こうした日本のアーティストの活躍は非常に喜ばしいのだが、東京でこうしたテクノロジーアートを楽しめる環境は、実はあまりない。常にテクノロジーアートの最新作を楽しめる施設（美術館、シアター、ナイトクラブ等）や、都市空間を大胆に活用したテクノロジーアートの世界的なフェスティバル、コンテストの開催など、アーティストの活躍の場を東京の中にできるだけ多くつくり、この分野での「本場」という世界からの評価の確立を目指すべきだろう。こうした評価ができあがれば、東京でのチャレンジを志すアーティストが集まる原動力にもなるし、国内外からの観光客を集める資源にもなる。例えば、大規模用地と、東京の夜景を一望できる水辺空間のある臨海部は、こうしたテクノロジーアートの最新作をいつでも楽しめる美術館やシアターの整備に向いているのではないだろうか。もちろん､他にも多くの候補地はあるはずである。

ただし、東京で都市空間を活用しようとしても、法規制の壁があったり、公園管理者や交通管理者、河川管理者、港湾管理者などの理解や許可を得られなかったりして実現できない、制約されてしまうことが少なくない。ロンドンではオリンピックの文化プログラムを機に都市空間を活用したイベント開催に行政関係者や警察も前向きになったと言われている。もちろん、安全には十分に配慮する必要はあるのだが、東京でも2020年オリンピック・パラリンピックを契機として、ロンドンと同じような変化を起こすことが大いに期待される。

また、テクノロジーアートには、制作費が多くかかるという課題もある。広告規制などを緩和することで企業協賛という形での支援を促したり、アーティストへの寄付を控除する税制などによって支援したりする仕組みを作ることが必要となる。

（提案2）職人の技術（食、ものづくり、伝統工芸など）を継承・発展できるハブ

日本全国のものを、東京をショーケースに国内外に発信する、と言えば、銀座などに出店するアンテナショップや百貨店などでも既に行われていることだ。しかし、これはあくまで物が買える、食を楽しめるくらいの範囲のものが多い。

職人の技術を継承するには、こうした消費者としての支え手だけではなく、実際に技を身につけて受け継ぐ人が必要である。この技術の継承者は、日本人に限る必要もない。むしろ、外国人の継承者を育てていくことで、伝統的な職人の世界に、新たな視点や発想を取り入れることができる。東京に多く集まる観光客に、職人技術の体験を一種のアクティビティとして提供することで、彼らに知ってもらうきっかけになり、その

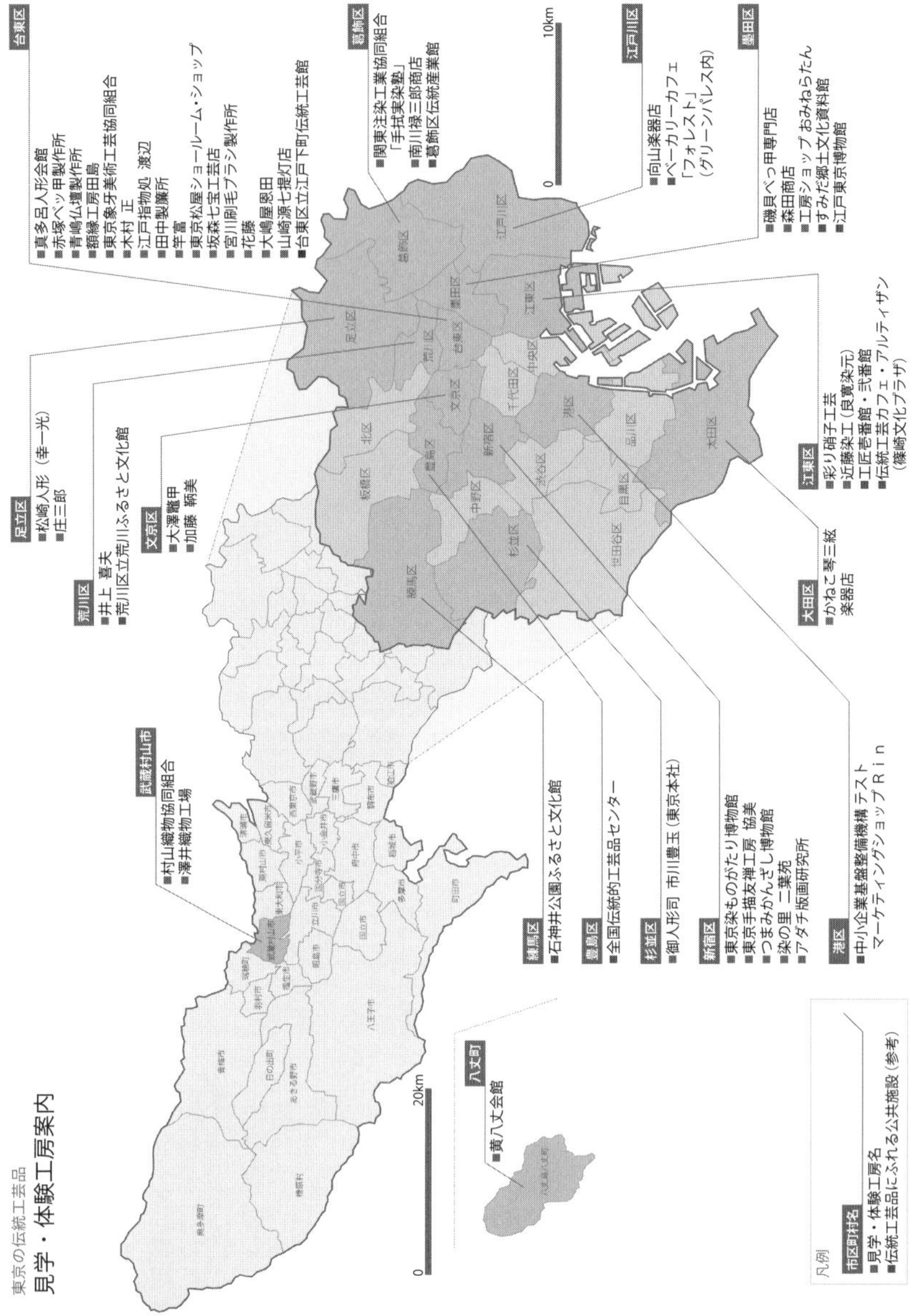

図表 10-4　見学・体験が可能な東京の伝統工芸品
（出典：東京都パンフレット「東京の伝統工芸品　見学・体験工房案内」）

うちの僅かでも興味を持ってもらえれば、外国人を含めた技術の継承者が生まれるきっかけにもなり得る。具体的に、東京のここに行けば体験できるというセンターと、都内各地に点在する工場・工房をネットワーク化して海外にも発信することが求められる。ネットワーク化については、東京都から「東京の伝統工芸品見学・体験工房案内」というパンフレットが発行されているが、東京の中に中心となる場所・施設をつくりながら、こうした取組みと連動させてさらに発展させていくことが求められる。もちろん、そこでは英語による説明や発信が不可欠である。

外国人が技術を継承していくには、例えば和食にしても、伝統工芸品にしても、「本場東京」で正しく学んだ職人だと世界でも認められる仕組みが求められる。ドイツのマイスター制度のような仕組みを、教育・認定システムとして導入してはどうだろうか。技術を身に付けるためのプロセスを用意し、技術を身に付けたことを公式に認定することで、外国人であっても職人の世界で働きやすくなるし、彼らが出身国に戻ったときにも、日本で技術を身につけてきた者だという評価を得られるようになる。そして、技術がそれぞれの国に持ち帰られることで、またそこに新たな創発が生まれる可能性が出てくる。今後、職人の技術を継承・発展させるためには、こうした技術の習得と世界への発信を目指した制度を作る必要があるだろう。

農林水産省は、世界各国において日本食や日本産食材のファンを増やし、輸出とインバウンドを一体的に推進するため、日本食・食文化の海外発信を強化するために、「海外における日本料理の調理技能の認定に関するガイドライン」などを整備しているが、これはあくまで、民間団体等が自主的に認定できるようにするためのガイドラインだ。日本国内で定められたカリキュラムに則って技術を習得した外国人に、日本政府（農林水産省）が直接認定を出すことで、より信頼度の高い認定システムとすることが出来るだろう。

職人の技術（食、ものづくり、伝統工芸など）を継承できるハブになるには、そのための教育・認定システムと、そのエントリーとしての職人技術を体験できる場のどちらも必要であろう。

なお、日本にも厚生労働省の行っている「現代の名工」や「ものづくりマイスター制度」といった仕組みがあるが、これは、経験豊かで高い技能を有すると認められるベテランを認定する制度であり、技術を身に付けたことを認定し、世界に発信させることを目指した制度とは異なる。

（提案3）伝統的な日本の文化に欧米の文化を融合するハブ

伝統的な日本文化のひとつである歌舞伎は、海外公演や現代風にアレンジされたスーパー歌舞伎など、異なるものを取り込んだ新しい取組みを続けている。こうした変化は、歌舞伎に限らず、これからもっと多く、しかも劇的に起こるだろう。

これまでにも第2章などで述べてきたように、日本の文化は、大和の時代からの八百万の神々の信仰・文化を基層に、中国からの渡来文化や仏教の流入、遣隋使や遣唐使の時代の国際的な文化交流、南蛮文化の流入、明治維新・文明開化による欧米文化の流入、現代の大衆消費文化の流入など、その都度ごとに異なる文化を受け入れ、模倣、消化し、融合することで、新たなかたちを創造してきた。異なる文化を取り入れることが、日本文化の発展の原動力だったのである。前述のように、現代では、欧米の文化ばかりを取り入れているように思われるが、この主従関係を入れ替えて考えることで、新しいアイディアも生まれるのではないだろうか。東京はアジアにある巨大都市であり、独自の洋食や擬洋風建築などを生み出してきた歴史もある。日本を含む東洋の文化を再評価し、それを現代風にアレンジしていくことは、そうした東京の強みを活かすことでもある。

例えば、原宿には穏田神社があり、以前は地名としても穏田と呼ばれていた（現在の渋谷区神宮前1、4

〜6丁目の辺り）。この穏田という地名は、諸説あるのだが、徳川家康が信頼のおける伊賀忍者を住まわせていたからだとも言われている。西麻布の笄町（現在の南青山6、7丁目、西麻布2〜4丁目の辺り）も、甲賀と伊賀の両家の屋敷にちなみ「甲賀伊賀町」から転じて「笄ヶ町（こうがいがちょう）」、「笄町（こうがいちょう）」となったとも言われている。他にも江戸城の半蔵門など、東京には忍者にまつわるエピソードのある土地が多い。渋谷・原宿はサブカルチャーの聖地として、1980年代の竹の子族から、現在はKAWAiiファッションに至るまで、多くのトレンドを生み出してきた。こうした地域の特徴に、外国人からいまだに人気の高い「忍者」を取り込み、そこに欧米のポップさなどを加えることで、原宿を中心とした「忍者ファッションの発信」というものが、これからの新しいサブカルチャーとしてあり得るかも知れない。これはあくまでアイディアの一つでしかないが、サイクルの短いトレンドという性格もあるサブカルチャーを、なにが新しいトレンドとなり、なにが今後のメインストリームのカルチャーとなり得るのか、常に模索しながら、発信をしていく作業を繰り返していく必要がある。

少し話しはそれたが、「東京を舞台に、日本の伝統文化や東洋の文化をベースに、欧米の文化や現代のエッセンスを取り入れる」。これが、これからの「文化の時代」の都市戦略の一つのキーワードになるだろう。こうした動きはすでに、現代的な都市開発の手法で江戸の街並みの再生に取り組む日本橋や、アジアの現代アーティストの作品を積極的に取り扱う森美術館などに現れ始めている。日本ならではの美的感覚が融合したファッションや化粧品がアジアの女性から高い支持を集めているのも、この流れの一部だと言うこともできるのではないだろうか。

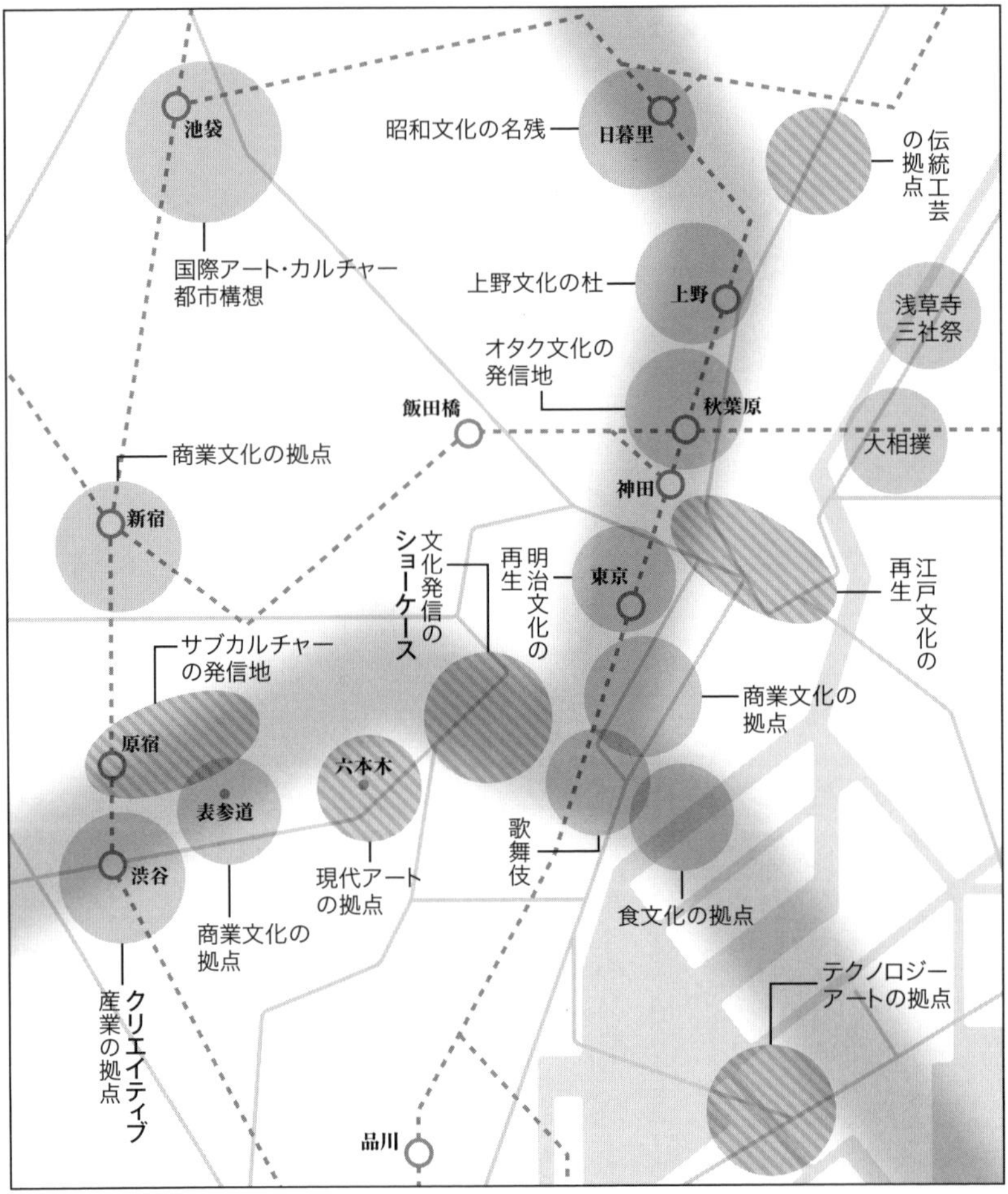

図表 10-5　あたらしい東京文化の創発の軸のイメージ（筆者作成）

13. 東京はどんな都を目指すべきか

「花の都パリ」という言い方がある。では東京は、これからどんな都を目指すのか。

森記念財団 都市戦略研究所が２０１６年に発表した都市のイメージ調査（CITY PERCEPTION SURVEY）では、世界の41都市の住民に対するアンケート形式で各都市をイメージするキーワードを調査した。ロンドンは「ビッグベン」が3位に、ニューヨークは「自由の女神」が3位に、パリは「エッフェル塔」が1位になるなど、象徴的な文化資源が都市のイメージを形づくっている。パリはその他にも「ロマンティック」、「美しい」、「ファッション」、「愛」がトップ5に並ぶなど、やはり「花の都」のイメージが根強いことがわかる。

ひるがえって東京の結果を見てみると、「混雑した」、「テクノロジー」、「現代的な」、「日本」、「忙しい」がトップ5に並ぶ。やはり象徴的な文化資源のイメージがないことが見て取れるだろう。しかし、6位に「文化」がランクインし、「伝統」、「桜」、「マンガ」、「アニメ」などが下位に点在しており、象徴的な文化資源はないものの、文化的なイメージを持たれていることも、実はうかがい知れるのである。

これはあくまで一つのアンケート調査の結果ではあるのだが、東京がどんな都を目指すのか、その答えを導き出すためには、私たち日本人自身がまず、東京の本当の魅力を理解し、また世界からのイメージ・期待を正確に知ることから始めなければならない。

TOKYO

City Perception Ranking		
順位 キーワード		回答数
1 CROWDED	混雑した	254
2 TECHNOLOGY	テクノロジー	206
3 MODERN	現代的な	133
4 JAPAN	日本	127
5 BUSY	忙しい	104
6 EXPENSIVE	高価な	80
6 CULTURE	文化	80
7 CLEAN	清潔	72
8 SUSHI	寿司	59
8 FOOD	食	59
9 ORGANIZED	整理されている	57
10 TRADITIONAL	伝統	51

世界最大規模の都市圏人口を抱える東京は、CROWDED/**混雑した**という印象が連想されている一方で、ORGANIZED/**整理されている**というように効率的かつ秩序だった都市としての印象や、TECHNOLOGY/**テクノロジー**やMODERN/**現代的な**という先進的なイメージも同時に連想されている。ランドマークについては、SKYTREE/**スカイツリー**やTOKYO TOWER/**東京タワー**という単語が挙げられているものの、それらの単語はほとんど日本人の回答者からしか挙げられていない。これらのことから、東京のイメージは、世界的に認知されているランドマークを有していないものの、先進的かつ効率的な大都市であるといえる。

図表 10-6 都市のイメージ調査における東京のイメージ
（出典：森記念財団 都市戦略研究所『都市のイメージ調査』、以下図表 10-9 まで同）

City Perception Ranking			
順位	キーワード		回答数
1	EXPENSIVE	高価な	153
2	HISTORY	歴史	141
3	BIG BEN	ビッグベン	136
4	CULTURE	文化	108
5	RAIN	雨	84
6	TRADITION	伝統	71
7	BEAUTIFUL	美しい	69
8	FOG	霧	65
9	DIVERSE	多様性	61
10	QUEEN	女王	57

ロンドンはHISTORY/**歴史**、TRADITION/**伝統**といった歴史的な側面を表す単語が連想されると同時に、多文化的な都市であることを表すCOSMOPOLITAN/**国際的**やDIVERSE/**多様性**も連想されている。また、BIG BEN/**ビッグベン**やDOUBLE DECKER/**二階建てバス**といった固有名詞も幅広く挙げられている。RAIN/**雨**やFOG/**霧**、COLD/**寒い**などの天候に関する単語が多く挙げられていることもロンドンならではの特徴であるが、これらの単語は訪問経験のない人の方が強く連想する傾向がある。これらのことを総合すると、ロンドンのイメージは、気候的な印象は良くないものの、豊富なランドマークと長い歴史や伝統に彩られた世界都市であるといえる。

図表 10-7　都市のイメージ調査におけるロンドンのイメージ

NEW YORK

City Perception Ranking

順位	キーワード		回答数
1	BUSY	忙しい	147
2	SKYSCRAPERS	超高層ビル	126
3	STATUE OF LIBERTY	自由の女神	92
4	METROPOLIS	主要都市	88
4	DIVERSE	多様性	88
5	BIG APPLE	ビッグアップル…	87
6	CROWDED	混雑した	76
7	BIG	大きい	73
8	MODERN	現代的な	71
9	EXPENSIVE	高価な	67
10	FASHION	ファッション	59

ニューヨークは、SKYSCRAPERS/**超高層ビル**、METROPOLIS/**主要都市**、DIVERSE/**多様性**、COSMOPOLITAN/**国際的**、BIG/**大きい**といった都市の力を象徴するような単語と、BUSY/**忙しい**、CROWDED/**混雑した**、FAST/**速い**といったせわしない雰囲気を表す単語が主に連想されている。また、BIG APPLE/**ビッグアップル**(ニューヨークの愛称)、TIMES SQUARE/**タイムズ・スクエア**、BROADWAY/**ブロードウェイ**といったランドマークなども連想されており、ニューヨークのイメージは、多文化的な活力がみなぎり、せわしない都市活動が繰り広げられている世界都市であるといえる。

図表 10-8　都市のイメージ調査におけるニューヨークのイメージ

City Perception Ranking

順位	キーワード		回答数
1	EIFFEL TOWER	エッフェル塔	311
2	ROMANTIC	ロマンティック	288
3	BEAUTIFUL	美しい	222
4	FASHION	ファッション	207
5	LOVE	愛	169
6	CULTURE	文化	168
7	ART	アート	142
8	FOOD	食	97
9	HISTORY	歴史	84
10	TERRORISM	テロリズム	70

パリは対象都市の中でも極めて特異なイメージを形成しており、文化や恋愛に関係する単語との関係性が非常に強いことが分かった。また、ランドマークに関する回答が第一位となった都市はパリのみであることを考えると、EIFFEL TOWER/**エッフェル塔**がいかに世界的に幅広く認知されているかが分かる。その他にもLOUVRE MUSEUM/**ルーヴル美術館**やARC DE TRIOMPHE/**凱旋門**なども訪問経験の有無にかかわらず連想されている。また、ROMANTIC/**ロマンティック**、BEAUTIFUL/**美しい**、LOVE/**愛**などポジティブな単語も多数挙げられた。これらのことを踏まえると、パリのイメージは印象的なランドマークと景観的な美しさ、愛や文化に満ち溢れたロマンチックな都市であるといえる。

図表10-9　都市のイメージ調査におけるパリのイメージ

14. 「カルチュラル・ハブ」の実現により期待される効果

人口減少や相対的な経済力の低下により、今後、東京のハードパワーは徐々に弱まっていき、国際競争力が後退することは免れないだろう。しかし、2020年の東京オリンピック・パラリンピック大会を契機に、カルチュラル・ハブとして世界から認められるものをつくることができれば、ハードパワーが多少低下したとしても、そのソフトパワーで都市の魅力を高めていくことができる。実際、ハードパワーでは東京と比較して劣る都市、例えばミラノやウィーンなどは、それぞれがファッションやクラシック音楽のカルチュラル・ハブとしての地位を保っており、その点では東京を上回る魅力を持っていると言える。それが人々を惹きつける力になり、その力による集積がまた、新たな変化や価値を生み出している。都市の繁栄にとっては、なにかひとつでも、世界的なカルチュラル・ハブを持つことが重要なのである。

幸い、東京には豊かな自然、巨大だが成熟した社会システム、江戸開府以来400年の間に形づくられた重層的な都市空間があり、その中には現代にも息づく伝統的な祭りや、サブカルチャーをはじめとした新たな大衆文化のうねりの、ダイナミックな混在という魅力がある。それぞれの質はともかくとして、美術館や音楽ホールなど文化施設の量的なストックも大きい。さらに、2020年に向けて世界からの注目も高まり、訪日外国人も急増している。これだけのポテンシャルを持つ都市は、世界でも限られているはずだ。東京には今、新しいタイプの文化のカルチュラル・ハブをつくるチャンスが到来していると言えよう。

このチャンスを活かして、東京のカルチュラル・ハブ化を達成することこそが、文化のみならず、経済、産業、テクノロジーの分野でも創発が次々に展開されていく、「創発する都市 東京」の実現につながるはずだ。A

Iが都市や文化にどのような影響を与え、人々のライフスタイルや都市の構造をどう変えていくのか。主体的に言えば、アート作品の創り方や楽しみ方に、AIをどう活かしていくのか。ベストセラーとなった「ワーク・シフト」を著したリンダ・グラットン教授が最新作「ライフ・シフト」の中で指摘するように、日本に生まれる子どもの2人に1人が100歳以上まで生きると言われる超長寿社会の中で、精神的な健康と肉体的な健康を、都市や文化がどのようにサポートしていくことが望まれるのか。こうした時代が大きく変ろうとするエネルギーも捉え、創発の相乗効果で東京の魅力をさらに高めることができれば、ハードパワーの衰えが予想される21世紀中盤以降においても、東京は世界を代表する都市として、国際競争力を保ち続けるに違いない。

東京都の現在の人口は約1350万人。人口減少社会に突入したわが国にあって、東京都の人口は現在もまだ増え続けている。おそらく、2020年代後半まで増え続けると思われる。東京のインフラは昼間人口をベースに作られているから、それだけの人口を受け入れる余力があるのだ。だが、さすがの東京も、2030年以降は人口減に転じ、都市としての規模を縮小させていく。

一方、丸の内、日本橋、渋谷、虎ノ門で現在進められている都市再開発の大規模プロジェクトは、2025年ごろまでに一応の完結を見ることになる。そのとき、来たるべき規模縮小社会に向けて、東京はどんなランドスケープとそれに相応しい都市活動を生み出しているのだろうか。その答えとなり得るのが「カルチュラル・ハブ」であり、「創発する都市」であるというのが、現在の私の主張である。

東京オリンピック・パラリンピックが開催される2020年まで、あと3年程度。東京が人口規模で縮小社会に転ずる2030年まで、あと13年。そう多くの時間が残されているわけではないが、東京のあるべき未来像について、今後多くの実りある議論がなされることに期待したい。

本書は、特定非営利活動法人都心のあたらしい街づくりを考える会に設置された魅力検討委員会の活動に基づいてまとめられたものである。

この法人は、様々な分野の知識・経験をもつ者が協力し、特定非営利活動促進法に掲げる街づくりの推進に係る活動を行い、東京都心地区を重点に、広範な視点から好環境の街づくりの提案をし、啓発・政策提言等を行うことにより、豊かで魅力的な都市空間の形成及び地域の活性化に貢献し、ひいては東京、日本の魅力増進に寄与する、21 世紀の世界都市モデルとなる街づくりを誘導することを目的としている。

現在、都市構造等について街づくりの技術的・専門的側面から調査検討を行う都市構造検討委員会と、都市の魅力向上について国際性・文化性等の側面から調査検討を行う魅力検討委員会の二つの委員会が設置されている。

特定非営利活動法人　都心のあたらしい街づくりを考える会

設立	2004年10月
会長	伊藤滋（早稲田大学特命教授）
理事長	福川伸次（一般財団法人地球産業文化研究所顧問）
委員会活動	都市構造検討委員会（2017年3月現在　15名）
	魅力検討委員会（2017年3月現在　14名）
事務局（事務局長）	一般財団法人日本開発構想研究所（阿部和彦）

魅力検討委員会 主な活動概況

2008.5	書籍『グローバルフロント東京　魅力創造の超都市戦略』
2008.6	シンポジウム『グローバルフロント東京への挑戦』
2011.11	提案書『希望と緑にあふれる立体創造都心　グローバルフロント東京の具体像〜10年で実現するための113の政策提言〜』
2017.3	書籍『創発する都市 東京　カルチュラル・ハブがつくる東京の未来』

魅力検討委員会

（委員長・副委員長以下五十音順）

委員	所属・役職	在任期間
福川伸次（委員長）	一般財団法人地球産業文化研究所顧問	2006～
青山佾（副委員長）	明治大学教授	2006～
明石康	公益財団法人国際文化会館理事長	2006～
石井宏治	株式会社石井鐵工所取締役社長	2006～
市川宏雄	明治大学教授	2006～
栗山昌子	日本賢人会議所副会長	2006～
竹中平蔵	東洋大学グローバル・イノベーション学研究センター長・教授	2007～
辻慎吾	森ビル株式会社代表取締役社長	2014～
野中ともよ	NPO 法人ガイア・イニシアティブ代表	2006～
福富光彦	元国土交通省政策統括官	2014～
藤井宏昭	独立行政法人国際交流基金顧問	2006～
松井直人	元国土交通省大臣官房技術審議官（都市局担当）	2014～
森浩生	森ビル株式会社取締役副社長執行役員	2006～
山下保博	元東京都 都市計画局長 建設局長	2014～

歴代委員	所属・役職（委員辞任当時）	在任期間
大賀典雄	ソニー株式会社相談役	2006～2010
越智隆雄	衆議院議員（現職）	2006～2010
柿澤弘治	元衆議院議員	2006～2008
黒川和美	法政大学教授	2006～2010
柴田高博	元国土交通省都市・地域整備局長	2006～2014
杉浦浩	元東京都都市整備局技監	2012～2016
中川雅治	参議院議員	2006～2010
成戸寿彦	元東京都技監兼都市計画局長	2006～2012
畠山向子	財団法人畠山記念美術館館長	2006～2008
廣瀬勝	帝京平成大学客員教授	2006～2013
森稔	森ビル株式会社代表取締役会長	2006～2012
安田幸子		2006～2010
与謝野馨	衆議院議員	2006

編著者プロフィール

福川 伸次（ふくかわ しんじ）

東京大学法学部卒業後、1955年通商産業省入省。内閣総理大臣秘書官、大臣官房長、産業政策局長等を経て86年通商産業事務次官に就任。88年退官後、神戸製鋼所副社長、副会長、電通総研研究所長、ジェットスター・ジャパン会長等を歴任し、産業構造審議会委員等も務めた。現在は一般財団法人地球産業文化研究所顧問の他、東洋大学理事長、日本産業パートナーズ取締役会長、KDDI取締役等。

市川 宏雄（いちかわ ひろお）

明治大学公共政策学大学院ガバナンス研究科長・教授。森記念財団業務理事。1947年東京生まれ。早稲田大学理工学部建築学科、同大学院博士課程を経てカナダ政府留学生としてウォータールー大学大学院博士課程修了（Ph.D.）。専門は都市政策、都市地域計画、危機管理、次世代政策構想。現在、渋谷区基本構想審議会会長、文京区都市計画審議会会長、日本危機管理士機構理事長、日本自治体危機管理学常任理事等を務めている。

青山 佾（あおやま やすし）

明治大学公共政策大学院教授。1943年東京生まれ。都市論、日本史人物論、自治体政策。中央大学法学部卒業。67年都庁入庁。都市計画局課長、高齢福祉部長、計画部長、政策報道室理事などを歴任。99～2003年、石原慎太郎知事の下で東京都副知事。04年より現職。

竹中 平蔵（たけなか へいぞう）

東洋大学国際地域学部教授・グローバル・イノベーション学研究センター長、慶応義塾大学名誉教授、アカデミーヒルズ理事長など。1951年和歌山県生まれ。一橋大学経済学部卒業後、日本開発銀行入行。大阪大学経済学部助教授、ハーバード大学客員准教授、慶応義塾大学総合政策学部教授などを経て、2001年より小泉内閣で経済財政政策担当大臣、郵政民営化担当大臣などを歴任。

辻 慎吾（つじ しんご）

1985年横浜国立大学大学院工学研究科修了後、森ビル入社。六本木ヒルズ運営室長、タウンマネジメント室長などを歴任し、2006年取締役、08年常務取締役就任。営業本部長代行としてオフィス・住宅・商業の営業統括や、中国・上海での開発事業におけるタウンマネジメント運営などを担当。09年取締役副社長に就任し、経営企画室を立ち上げ。11年6月に代表取締役社長に就任し、現在に至る。

野中 ともよ（のなか ともよ）

上智大学大学院文学研究科前期博士課程修了。NHK、テレビ東京でキャスターを務めた後、日興フィナンシャル・インテリジェンス、アサヒビール、三洋電機など企業役員を務める。また財政制度審議会、法制審議会、中央教育審議会など政府審議会委員を歴任。2007年NPO法人ガイア・イニシアティブ設立。East West Center（ハワイ大学）客員教授。"Club of Rome"（ローマクラブ）公式メンバー。

藤井 宏昭（ふじい ひろあき）

国際交流基金　顧問、森アーツセンター理事長。東京大学より外務省入省、米国アムハースト大学卒業。大平外務大臣秘書官、北米一課長、在米大使館参事官、人事課長、アジア局審議官、香港総領事、北米局長、官房長、駐OECD大使、駐タイ大使、駐英大使を歴任し、1997年より国際交流基金 理事長、2003年より顧問、04年より森アーツセンター理事長を務める。1976年から1年間ハーバード大学国際問題研究所フェローとして研究活動に従事。在外勤務地はワシントンD.C.、ニューデリー、ジュネーヴ、ハーバード、香港、パリ、バンコック、ロンドン。

森 浩生（もり ひろお）

東京大学経済学部卒。1986年日本興業銀行入行。95年森ビル入社。2013年取締役副社長執行役員就任（現任）。05年より上海環球金融中心投資代表取締役（現任）、上海環球金融中心有限公司董事長（現任）、12年より森大厦（上海）有限公司董事長（現任）、13年より森ビルホスピタリティコーポレーション代表取締役社長（現任）等を務めている。

編集補助　特定非営利活動法人　都心のあたらしい街づくりを考える会
事務局　　阿部和彦　成吉栄　浅野裕　清水陽一朗　小林穣

創発する都市 東京
カルチュラル・ハブがつくる東京の未来

2017年4月17日発行

編　者　福川伸次・市川宏雄
発行者　高橋栄一
発行所　都市出版株式会社
〒102-0072
東京都千代田区飯田橋4-4-12　ワイズビル6F
Tel 03-3237-1790　Fax 03-3237-7347
振替 00100-9-772610

装丁　　株式会社 Asyl
印刷・製本　大日本印刷株式会社

ISBN 978-4-901783-57-6　C0036 ¥2500E